Nomos Universitätsschriften

Medien und Kommunikation

Band 6

Jaqueline Griebeler-Kollmann

# Strukturinnovationen im Journalismus

Die Auswirkung unternehmensstrategischer Entscheidungsprämissen
auf das journalistische Handeln

 **Nomos**

**Die Deutsche Nationalbibliothek** verzeichnet diese Publikation in
der Deutschen Nationalbibliografie; detaillierte bibliografische
Daten sind im Internet über http://dnb.d-nb.de abrufbar.

Zugl.: Eichstätt-Ingolstadt, Univ., Diss., 2017

ISBN 978-3-8487-5086-3 (Print)
ISBN 978-3-8452-9288-5 (ePDF)

ISIL DE-824

1. Auflage 2019
© Nomos Verlagsgesellschaft, Baden-Baden 2019. Gedruckt in Deutschland. Alle Rechte,
auch die des Nachdrucks von Auszügen, der fotomechanischen Wiedergabe und der
Übersetzung, vorbehalten. Gedruckt auf alterungsbeständigem Papier.

# Erklärungen

Erklärung der Eigenständigkeit der Arbeit

Ich, Jaqueline Griebeler-Kollmann, geb. am 08. August 1978 in Itapiranga, versichere, dass ich die vorliegende Dissertation selbstständig und ohne unerlaubte fremde Hilfe angefertigt habe. Ich habe keine weiteren als die in der Arbeit angegebenen Schriften und Hilfsmittel genutzt. Die den verwendeten Werken wörtlich oder inhaltlich entnommenen Stellen habe ich als solche gekennzeichnet. Auch habe ich keine Hilfe von Vermittlungs- oder Beratungsdiensten wie Promotionsberatern o. ä. in Anspruch genommen.

Erklärung über frühere Promotionsversuche

Ich versichere, dass von mir, Jaqueline Griebeler-Kollmann, geb. am 08. August 1978 in Itapiranga, keine früheren Promotionsversuche unternommen oder Promotionen abgeschlossen wurden und dass diese Dissertation in gleicher oder anderer Form in keinem anderen Versuch oder in einem anderen Prüfungsverfahren vorgelegen hat.

Offenburg, 30. Juni 2017.
Jaqueline Griebeler-Kollmann

# Inhaltsverzeichnis

Abbildungsverzeichnis — 11

Tabellenverzeichnis — 13

Diagrammverzeichnis — 15

Danksagung — 17

Kapitel 1 — 19

1 Einleitung und Themenstellung: Strukturinnovationen im Journalismus — 19

Kapitel 2 — 30

2 Theoretische Konzepte — 30
  2.1 Theorie der Strukturierung: Struktur und Handeln aus soziologischer Sicht — 31
    2.1.1 Struktur im allgemeinen und technischen Sinn — 33
    2.1.2 Das Handeln und die Situationsanpassung — 35
    2.1.3 Redaktionelle Handlungskompetenz und die Programme des Journalismus — 36
    2.1.4 Das Entscheidungsprogramm und die Herausbildung neuer Strukturen — 38
  2.2 Struktur und Organisation: Die organisatiosbezogene Perspektive — 43
    2.2.1 Structure follows Strategy: Strategie, Struktur und Organisationsgestaltung — 46
    2.2.2 Strategien der Verlage in der Zeitungskrise — 49
    2.2.3 Die Strategien der Verlage und die Reorganisation der Redaktion — 52
    2.2.4 Strategiewechsel und die Ökonomisierung des redaktionellen Handelns — 59

*Inhaltsverzeichnis*

| | |
|---|---|
| Kapitel 3 | 66 |
| 3  Forschungsdesign: Beobachtung und Befragung in der Redaktion | 66 |
|    3.1   Die erste Methode: Die Beobachtung | 66 |
|        3.1.1  Feld und Gegenstand der Beobachtung | 69 |
|    3.2   Die zweite Methode: Das Experten-Interview | 73 |
| | |
| Kapitel 4 | 77 |
| 4  Einführung neuer Redaktionskonzepte und die Restrukturierung | 77 |
|    4.1   Gründe für die Einführung neuer Redaktionskonzepte | 78 |
|        4.1.1  Zeitungskrise und Organisationsanpassung | 78 |
|        4.1.2  Neue Medien, neue Redaktionen | 81 |
|        4.1.3  Phasen der Umstrukturierung | 82 |
|    4.2   Ziele bei der Einführung | 87 |
|    4.3   Die Umsetzung in der Redaktion | 93 |
| | |
| Kapitel 5 | 99 |
| 5  Die Redaktionskonzepte heute: Zielerreichung und aktueller Entwicklungstand | 99 |
|    5.1   Newsdesk aktuell: Erfolge und Misserfolge | 99 |
|    5.2   Entwicklungsstand des Konzeptes und Merkmale der aktuellen Redaktionsstruktur | 104 |
|        5.2.1  Die Organisationsform: „Hybrid" zwischen Ressort- und Desk-Struktur | 104 |
|        5.2.2  Funktionen und Rollen: Die spezialisierte Arbeitsteilung und ihre Folgen | 110 |
|        5.2.3  Spezialisierung und Qualitätssteigerung | 115 |
|        5.2.4  Die Spezialisierung und die Rolle des Desk-Leiters | 117 |
|        5.2.5  Parallele Rollenausführung und die Organisationsebenen im Newsroom | 121 |
|        5.2.6  Zentralisierung am Desk und der hohe Koordinationsaufwand im Newsroom | 124 |
|        5.2.7  Die soziale Situation und die Kommunikation des Desk-Managers | 128 |
|        5.2.8  Koordinationshandlungen und Entscheidungsprogramme | 132 |

## Kapitel 6 — 136

**6 Die Redaktionskonzepte heute: Der alltägliche Produktionsprozess** — 136
- 6.1 Phase 1: Tagesplanung — 136
- 6.2 Phase 2: Die Morgenkonferenzen — 137
  - 6.2.1 Telefon-, Wochenplan- und Sonderkonferenzen — 142
  - 6.2.2 Themenorientierung in der Praxis und die Ressortautonomie — 144
- 6.3 Phase 3: Kommunikation und Koordination nach den Konferenzen — 146
- 6.4 Eine Pause zwischendurch: Die Mittagszeit — 148
- 6.5 Phase 4: Die Produktionszeit — 149
  - 6.5.1 Print dominiert weiterhin — 151
  - 6.5.2 Crossmediale Arbeitsweise und die Zusammenarbeit zwischen Online und Print — 153
  - 6.5.3 Der Newsroom als permanente Redaktionskonferenz — 156
  - 6.5.4 Serielle Produktion mehrerer Ausgaben: Der „Fließband-Journalismus" — 158
  - 6.5.5 Kooperationen und die Aufbereitung der Inhalte für die „Konkurrenz" — 160
  - 6.5.6 Engere Zusammenarbeit zwischen Redaktion und Verlag — 162
  - 6.5.7 Personalsituation belastet Redakteure und beeinträchtigt Qualität — 165
  - 6.5.8 Ressourcenbezug bei der Handlung — 167
- 6.6 Phase 5: Die Überschriftenkonferenz bzw. die Seitenabnahme: Der Tag geht zu Ende — 169
  - 6.6.1 Umweltbezug bei der Handlung — 170
- 6.7 Die aktuellen Ziele der Redaktion — 171

## Kapitel 7 — 175

**7 Strukturinnovationen im Journalismus und das Ende einer Print-Ära** — 175
- 7.1 Organisation und Struktur — 176
  - 7.1.1 Struktur, Hierarchie und die Ebenen der Redaktion — 179
  - 7.1.2 Struktur und Ressourcenallokation — 180
  - 7.1.3 Struktur und journalistische Programme — 183
  - 7.1.4 Struktur und Rollen — 184

*Inhaltsverzeichnis*

| | | | |
|---|---|---|---|
| | 7.2 | Organisation und die Prozesse | 185 |
| | | 7.2.1 Produkte bzw. Medienangebote: Standardisierung und Produktentwicklung | 187 |
| | 7.3 | Organisation und die Beziehungen: Die Erweiterung der Umweltsphären | 190 |
| | 7.4 | Strukturinnovationen und Ökonomisierung | 193 |

**Kapitel 8** — 199

8  Literaturverzeichnis — 199
    8.1  Quellen aus dem Internet — 206

**Kapitel 9** — 207

9  Anhang — 207
    9.1  Anhang 1: Interviewleitfaden — 207
    9.2  Anhang 2: Beobachtungsinstrument — 208

# Abbildungsverzeichnis

| | | |
|---|---|---|
| Abbildung 1: | Das Entscheidungsprogramm als Koordinations- und Entscheidungshandeln. Quelle: Eigene Darstellung in Anlehnung an Altmeppen (1999), Rühl (1968, 1979) und Esser (1999). | 40 |
| Abbildung 2: | Situativer journalistischer Handlungsprozess. Quelle: Eigene Darstellung in Anlehnung an Altmeppen (1999), Rühl (1968, 1979), Giddens (1988) und Esser (1999) | 43 |
| Abbildung 3: | Grundmodelle der Redaktionsorganisation. Quelle: Meier 2013: 169. | 55 |
| Abbildung 4: | Aufgabenverteilung im Newsroom (Crossmediale (Lokal-)Redaktion). Quelle: Meier 2013: 175. | 56 |
| Abbildung 5: | Idealtypischer Vergleich der Systeme Wirtschaft und Publizistik. Quelle: Kiefer 2005: 193. | 63 |
| Abbildung 6: | Konfliktivität zwischen Wirtschaft und Publizistik. Quelle: Eigene Darstellung in Anlehnung an Heinrich (1999: 267; 2001: 81 ff.) und Meier/Trappe/Siegert (2005: 217 f.). | 64 |
| Abbildung 7: | Systematik der Beobachtungsvarianten nach Gehrau. Quelle: Gehrau 2002: 28. | 68 |
| Abbildung 8: | Räumliche Aufteilung von Newsroom A zur Zeit der Beobachtung. Quelle: Eigene Darstellung. | 106 |
| Abbildung 9: | Räumliche Aufteilung von Newsroom B zur Zeit der Beobachtung. Quelle: Eigene Darstellung. | 108 |
| Abbildung 10: | Räumliche Aufteilung von Newsroom C zur Zeit der Beobachtung. Quelle: Eigene Darstellung. | 109 |

*Abbildungsverzeichnis*

Abbildung 11:   Räumliche Aufteilung von Newsroom D zur Zeit der Beobachtung. Quelle: Eigene Darstellung.   110

Abbildung 12:   Organigramm Redaktion C (Mantel-Desk). Quelle: Verlagsunterlagen.   112

# Tabellenverzeichnis

| Tabelle 1: | Gründe für die Einführung des Newsdesks zusammengefasst. Quelle: eigene Darstellung. | 87 |
| Tabelle 2: | Ziele bei der Einführung des Newsdesks. Quelle: eigene Darstellung. | 93 |
| Tabelle 3: | Umsetzung in der Redaktion. Quelle: eigene Darstellung. | 98 |
| Tabelle 4: | Ziel- bzw. Fit-Erreichung/Erfolge bzw. Misserfolge. Quelle: eigene Darstellung. | 103 |
| Tabelle 5: | Aussagen über die Merkmale der aktuellen Redaktionskonzepte bzw. -struktur. Quelle: eigene Darstellung. | 135 |

# Diagrammverzeichnis

Diagramm 1: Räumlicher Aufenthalt (Durchschnittlicher Prozentsatz). 111

Diagramm 2: Aufteilung der Funktion des Desk-Leiters (Durchschnittlicher Prozentsatz). 121

Diagramm 3: Rollenausführung nach Organisationsebenen (Durchschnittlicher Prozentsatz der Redaktionen). 124

Diagramm 4: Soziale Situation während der Handlung (Durchschnittlicher Prozentsatz). 128

Diagramm 5: Kommunikation des Desk-Leiters im Newsroom (Durchschnittlicher Prozentsatz). 129

Diagramm 6: Art der Kommunikation (Durchschnittlicher Prozentsatz). 132

Diagramm 7: Koordinationshandlung nach Interaktionspartnern (Durchschnittlicher Prozentsatz). 133

Diagramm 8: Dauer der Redaktionskonferenz im Newsroom in Minuten. 141

Diagramm 9: Gesamtdauer der Redaktionskonferenzen pro Tag in Minuten (inklusive Telefonkonferenzen) 141

Diagramm 10: Dauer der Telefonkonferenzen in Minuten pro Tag (Durchschnitt). 143

Diagramm 11: Belastung bzw. Konzentration während der Handlung (Durchschnittlicher Prozentsatz). 147

Diagramm 12: Ausgeführte Tätigkeiten in Minuten am Tag (Durchschnitt). 150

*Diagrammverzeichnis*

Diagramm 13: Bezug zum Produkt bzw. Distributionskanal (Durchschnittlicher Prozentsatz). 152

Diagramm 14: Bezug der Handlung zu den Organisationsprogrammen (Durchschnittlicher Prozentsatz). 164

Diagramm 15: Bezug zu den allokativen Ressourcen (Durchschnittlicher Prozentsatz). 167

Diagramm 16: Bezug zu den autoritativen Ressourcen (Durchschnittlicher Prozentsatz). 168

Diagramm 17: Umweltbezug bei der Handlung (Durchschnittlicher Prozentsatz). 171

# Danksagung

Ich möchte mich bei allen Personen bedanken, die mich bei dieser Arbeit unterstützt und begleitet haben. Zuerst richte ich meinen Dank an Professor Dr. Klaus-Dieter Altmeppen, Katholische Universität Eichstätt-Ingolstadt sowie an Professor Dr. rer. pol. habil. Frank Habann, Hochschule für Technik, Wirtschaft und Medien Offenburg für die konstruktive und motivierende Betreuung dieser Arbeit. Dank gebührt insbesondere Professor Dr. Klaus-Dieter Altmeppen für die geduldige und immer wieder aufbauende Begleitung während der schwierigen Phasen des Projektes.

Bedanken möchte ich mich weiterhin für die Offenheit und Vertrauen aller beobachtenden Personen sowie aller Interviewpartner. Ihre Erfahrungen und Wissen prägen den größten Teil dieser Arbeit. Ebenfalls für die Korrekturen, Verbesserungsvorschläge und Gespräche bedanke ich mich bei Tanja, Heike, Christina, Britta und Katharina.

Zum Abschluss möchte ich insbesondere meinem Mann Carlito und meinem Sohn Luca für ihre verständnisvolle Unterstützung über all diese Jahre bedanken. Ohne sie hätte ich den heutigen Tag sicherlich nicht erlebt. Vielen Dank!

# Kapitel 1

## 1 Einleitung und Themenstellung: Strukturinnovationen im Journalismus

Welche Folgen haben unternehmensstrategische Entscheidungsprämissen auf das journalistische Handeln? Wie verändern sich Redaktionen und der Journalismus, wenn Medienhäuser ihre Strategie neu ausrichten? Und woran machen sich die Veränderungen in der Praxis fest?

Antworten auf diese Fragen versucht die vorliegende Arbeit zu liefern. Seit der Zeitungskrise 2000/2001 erleben deutsche Zeitungsverlage bzw. Printredaktionen kontinuierliche Restrukturierungsprozesse, die in unterschiedlichem Ausmaß und jeweils anderer Auswirkung immer mehr Redaktionen in Deutschland erreichten. Spätestens seit Mitte 2001 spüren Printverlage aufgrund des „dramatischen Rückgang[s] der Werbeerlöse" und des Aufkommens der Online-Angebote die drastischen Veränderungen in der Branche (Pürer/Raabe 2007: 394). Von etwa 23 Milliarden Euro im Jahr 2000 schrumpfen die Gesamtnetto-Werbeerlöse 2003 auf 19 Milliarden Euro. Der Gesamtumsatz ging von 6,56 Milliarden (2000) auf 4,45 Milliarden Euro (2003) zurück (vgl. Pürer/Raabe 2007: 394; Keller 2004: 44 ff.).

Die Restrukturierungsprozesse in den Printredaktionen stehen insbesondere mit dem Strukturwandel im Medienbereich in Verbindung, der durch technologische Innovationen, zunehmende Medienkonvergenz, neuen Medienkonsum sowie verschärfte Wettbewerbsbedingungen (vgl. Hofstetter/Schönhagen 2014: 231) gekennzeichnet ist. Diese Veränderungen eröffnen Verlagen neue Möglichkeiten für die Verwertung ihrer publizistischen Inhalte, setzten sie allerdings unter enormen Druck (vgl. Pürer/Raabe 2007: 394). Röper berichtet in diesem Zusammenhang über die Strategien der Medienhäuser, um den marktwirtschaftlichen Anforderungen entgegenzuwirken (vgl. Röper 2002: 478 ff.). Darunter zählen Sparmaßnahmen, Personalkürzungen, Zusammenlegung oder Schließung von Redaktionen, Leistungsreduktionen im publizistischen Bereich sowie Anpassungen in den Online-Angeboten (vgl. Röper 2002: 478 f.; Pürer/Raabe 2007: 394 f.).

Grundsätzlich verfolgen die Verlage Strategien, die eine Erlössteigerung sowie eine Kostenreduzierung erzielen (vgl. Beck/Reineck/Schubert 2010: 232). Auf unternehmensinterne Ebene setzen sie auf *Kooperationen* und *Zentralisierung*, nach außen sind *unternehmensübergreifende Kooperationen* sowie eine *Konzentration* auf dem Markt zu beobachten (vgl. Beck/ Reineck/Schubert 2010: 232). Als weitere Strategie können die *Produktdifferenzierung* (Büschken/von Thaden 2007: 597) und die *Diversifikation* ihrer Geschäftsfelder genannt werden (vgl. Beck/Reineck/Schubert 2010: 134 ff.). Im Allgemeinen wird einerseits das Printgeschäft weiterentwickelt; andererseits die zusätzlichen Möglichkeiten der digitalen Märkte für Nutzer und Werbekunden ausgebaut (vgl. Bundesverband Deutscher Zeitungsverleger 2016: 38).

In der Redaktion, als Funktionsbereich bzw. „eigenständige Abteilung des Medienunternehmens" (vgl. Althans 1996: 129), werden die betrieblichen bzw. redaktionellen Abläufe ebenfalls anhand der Strategie der Medienhäuser neu definiert. Im Zuge der Umstrukturierungen können im redaktionellen Bereich insbesondere die Integration von Print und Online und die Mehrfachverwertung des Contents, die Synergien zwischen der Produktion der Inhalte bzw. die Syndizierung von Artikeln, die Zusammenlegung von Redaktionen sowie die Einrichtung von Autorenpools genannt werden (vgl. Beck/Reineck/Schubert 2010: 160).

Als Folge der neuen strategischen Ausrichtung wurden die Produktionsprozesse und die Arbeitsaufteilung in den Redaktionen teilweise reorganisiert, insbesondere durch die Digitalisierung und die Konvergenz der Plattformen und der Arbeitsprozesse sowie durch die Einführung neuer crossmedialer Organisationsformen, Workflows, Koordinierungsmechanismen und Funktionen, die unter dem Begriff Newsdesk bzw. Newsroom zusammengefasst werden (Meier 2013: 174). Im Newsroom werden klassische redaktionelle Grenzen wie die Ressorts aufgehoben und durch Projektteams ersetzt, in der Regel aus Kostengründen (vgl. Blöbaum 2000: 137). Weitere Merkmale sind die Aufteilung bzw. die Spezialisierung der Funktionen in Blattmacher/Editor und Reporter sowie das themenorientierte Arbeiten (s. Kapitel 5, S. 104).

Newsrooms bzw. Newsdesks produzieren Informationen für mehrere Zeitungen bzw. Produkte eines Verlages, die über eine Mantelproduktion auch die Inhalte der Lokalredaktionen mit einbeziehen. Auch der Verkauf des selbstproduzierten Contents für „Kunden" wird realisiert, oftmals mit kleineren Änderungen des Inhalts. Der journalistische Inhalt wird medienspezifisch für unterschiedliche Mediengattungen oder Produkte – je nach Geschäftsmodell bzw. je nach den jeweiligen Distributionskanälen des Medienunternehmens – aufbereitet: für Online, Print, Fernsehen, und Internet bzw. die mobile Kommunikation (vgl. Meier 2004: 103 f.).

Durch die Newsdesk-Produktionsweise entstehen in den Redaktionen parallele Workflows, die durch die Charakteristika der verschiedenen Distributions- bzw. Medienkanäle, wie beispielweise dem Erscheinungsrhythmus oder der Zielgruppe, bestimmt werden. Vom sogenannten einstufigen Prozess im klassischen Printbereich entwickelt sich die redaktionelle Content-Produktion zu einem „mehrstufigen Produktionsprozess" (Kiener et al. 2012: 6), wobei Print- und Online-Produkte sowie mobile Anwendungen und Social-Media-Plattformen parallel oder sukzessiv bedient werden.

Aufgrund der Verzahnung medialer Produktionsprozesse und Distributionskanäle entwickeln sich Zeitungsverlage zu multimedialen Medienunternehmen bzw. „Medienhäusern" (Beck/Reineck/Schubert 2010: 69), die nicht nur die Printausgabe distribuieren, sondern ihre Nutzer auf verschiedenen Wegen erreichen (vgl. Kansky 2010: 176 ff.). So können durch die crossmedialen Redaktionen die technischen Möglichkeiten der Digitalisierung zur Reichweitenerhöhung genutzt werden, um die Verluste im Printbereich teilweise auszugleichen sowie um neue Zielgruppe im Internet zu erreichen (vgl. Meier 2013a: 120). Darüber hinaus wird eine stärkere Bindung der Nutzer an das Medium verfolgt (vgl. Hofstetter/Schönhagen 2014: 231) sowie mehr Qualität erhofft (Beck/Reineck/Schubert 2010).

Durch die Restrukturierung der Redaktionen sollten Synergien und Ersparnisse entstehen (vgl. Hofstetter/Schönhagen 2014; Erdal 2007, 2009; Meier 2007; Brüggemann 2002). So kann die Einführung neuer Redaktionskonzepte als eine Antwort auf die steigenden Anforderungen an die Redaktionen gesehen werden. Böskens nennt rückläufige Werbeeinnahmen, Kürzungen des Etats, Personalabbau, starre Organisationen sowie die Konzentration von Konkurrenten als einige der Faktoren, die Redaktionsstrukturen und Workflows modifizierten (vgl. Böskens 2009: 116). Von Bedeutung ist ebenfalls die Anpassung der redaktionellen Arbeit an das digitale Zeitalter (vgl. Siles/Boczkowsky 2012).

Seit der Einführung des ersten Newsroom in den regionalen Zeitungsredaktionen wurden die Redaktionskonzepte aufgrund der neuen, dazugekommenen Anforderungen mehrmals verändert bzw. optimiert. So wird der heutige Newsroom nicht als abgeschlossenes, sondern als „unvollendetes Projekt" gesehen, der aufgrund der dynamischen Veränderungen der Branche immer wieder justiert wird. „Eine Redaktion ist heute wie eine Art permanentes Versuchslabor": der „Daueranpassungszustand" der Redaktionskonzepte fester Bestandteil der aktuellen Praxis geworden (s. Kapitel 5, S. 101).

Aus der empirischen Untersuchung im Rahmen dieser Arbeit geht hervor, dass die aktuelle Organisationsform in den beobachtenden Redaktionen als ein „Hybrid zwischen Ressort- und Desk-Struktur" zu bezeichnen ist, denn der deutsche Journalismus bzw. die regionale Zeitungsredaktio-

*Kapitel 1*

nen haben aus den vorhandenen Bedingungen eigene Modelle entwickeln müssen (s. Kapitel 5, S. 104). So kann das eine oder das andere Ressort weiterhin parallel mit den Funktionen und Rollen aus dem Desk koexistieren oder Kunden-Ausgaben aus dem Newsroom produziert werden. Wie crossmedial, partizipativ oder themenorientiert eine Redaktion tatsächlich arbeitet, kann von Redaktion zu Redaktion variieren.

Newsrooms haben sich als „effizienter" und „anpassungsfähiger" gegenüber neuen Anforderungen erwiesen, die Arbeitsweisen werden allerdings als „anstrengender" empfunden. In der aktuellen Newsdesk-Praxis erfolgt die erstrebte Themenorientierung nicht immer unproblematisch und die Produktion der Inhalte orientiert sich überwiegend an einem Produkt. Auch die Konvergenz der Medien funktioniert nicht immer reibungslos oder publikumsorientiert, denn die Integration der Plattformen stößt manchmal an technische und menschliche Grenzen oder an die Unterbesetzung der Redaktionen. Positiv wird die Flexibilität beim Personaleinsatz und die Rationalisierungspotenziale der neuen Redaktionskonzepte sowie der intensive Austausch und die kurzen Kommunikationswege im Newsroom bewertet.

Durch die permanenten Anpassungen der Redaktionskonzepte in den letzten Jahren verändern sich die Strukturen im regionalen Printjournalismus grundlegend. Dabei hat der Strukturwandel nicht nur die Arbeitsweisen und die Organisationsform in den Redaktionen modifiziert, er hat darüber hinaus tiefgreifende Auswirkungen auf das journalistische Handeln und auf das System Journalismus als Folge. Denn innerhalb einer journalistischen Organisation spielen die strukturellen Aspekte, im Sinne von Programmen bzw. organisationsspezifischen Regeln, Praktiken, Ressourcen und strukturellen Merkmalen der Medienorganisationen eine herausragende Rolle für die Konkretisierung des Handelns (vgl. Altmeppen 1999: 36).

So ist der Strukturwandel im Journalismus nicht nur an die oben beschriebenen Veränderungen der Arbeit, sondern an der Anpassung der journalistischen Programme (Rühl 1979: 242, Altmeppen 1999: 40) bzw. des journalistischen Handelns an den strategischen Entscheidungen der Medienorganisationen festzumachen. Aus der Beobachtung in den Redaktionen können beispielweise eine Konzentration der Entscheidung im Newsroom bzw. am Desk, die parallele Ausführung mehrere Rollen sowie eine Verschiebung der redaktionellen Erwartungen aufgrund der Kooperationen festgehalten werden. In der Praxis stellt sich darüber hinaus ein gewisser Autonomieverlust der Lokalredaktionen und Ressorts zugunsten des Produktionsprozesses am Desk. Auf eine Verschiebung des Orientierungshorizonts der Redaktion weist die empirische Untersuchung ebenfalls hin (s. Kapitel 7, S. 175).

Die Restrukturierungsprozesse der letzten Jahre in den Printredaktionen können sowohl aus soziologischer als auch aus betriebswirtschaftlicher bzw. organisationsbezogener Perspektive eruiert werden. Aus soziologischer Sicht wird der Strukturwandel seit der Einführung neuer Redaktionskonzepte hier im Allgemeinen als „Strukturinnovationen im Journalismus" zusammengefasst. Dabei wird die Hervorbringung [neuer] Strukturen (vgl. Schimank 2010) im Journalismus untersucht, die im sozialen Handeln der Journalisten festzustellen sind. Dadurch sollen die rekursiven Verschränkungen von Handeln und Strukturen identifiziert werden, die das redaktionelle Handeln aufgrund der vorgegebenen Möglichkeiten oder Restriktionen von Unternehmensstrukturen (vgl. Altmeppen 2008: 239) fördern oder einschränken.

Im Sinne der Theorie der Strukturierung ist die *Struktur* als eine *Eigenschaft sozialer Systeme* zu verstehen, die sich in *reproduzierten Praktiken* vollzieht und verfestigt (vgl. Giddens 1988: 223). *Strukturierung* definiert man in dieser Hinsicht als die „Bedingungen, die die Kontinuität oder Veränderungen von Strukturen und deshalb die Reproduktion sozialer Systeme bestimmen" (vgl. ebd.: 77). Aufgrund des rekursiven, kontinuierlichen Charakters des Handelns reproduzieren und verändern Handelnde die Systeme fortlaufend, was in der *Dualität von Handeln und Struktur* festgehalten wird (vgl. ebd.: 215).

In Anlehnung an die Theorie der Strukturierung werden in dieser Arbeit die Zeitungskrise 2000/2001 und der hier allgemein gennannte „mediale Wandel" als *„Ausgangspunkt"* (ebd.: 301) für die strukturellen Veränderungen im deutschen Printjournalismus festgelegt. Dabei weisen die Restrukturierungsprozesse in den untersuchten Redaktionen ähnliche Implementierungsschritte auf, die „einen *typischen Verlauf der Entwicklung"* (ebd.: 301) darstellten. Diese Entwicklungsverläufe in den untersuchten Redaktionen werden durch die Aussagen der Interviewpartner rekonstruiert. Darüber wird ausführlich im Kapitel vier berichtet (s. Kapitel 4, S. 77).

Aus betriebswirtschaftlicher Sicht sind die Veränderungen innerhalb der Redaktion als Folge der neuen strategischen Ausrichtung der Verlage zu verstehen. So werden im Rahmen von Unternehmensstrategien alle Funktionsbereiche auf die Erreichung der übergeordneten Unternehmensziele ausgerichtet (vgl. Ansoff 1965; Ansoff et al. 1976; Jung/Bruck/Quarg 2011: 114), um den Erhalt des Unternehmens zu sichern bzw. die Wettbewerbsfähigkeit zu steigern (vgl. Johnson/Scholes/Whittington 2011: 22). Dabei legt das Unternehmen in bedeutendem Maße fest, wie der Produktionsprozess

*Kapitel 1*

und die Arbeit in der Redaktion erfolgen sowie welche Ressourcen zur Verfügung gestellt werden. Hierfür können die „Rationalisierungsprozesse" sowie die „Zusammenarbeit mit den Kooperationspartnern" auf mehrere Redaktionsebenen als Beispiel herangezogen werden (s. Kapitel 5, S. 99).

Die strukturelle Anpassung der journalistischen Arbeit an die oben beschriebenen Anforderungen (s. Kapitel 1, S. 19) ist stark auf ökonomische Zwänge zurückzuführen. In dieser Arbeit wird davon ausgegangen, dass die „Möglichkeiten und Restriktionen von Unternehmensstrukturen" (vgl. Altmeppen 2008: 239), die in den Entscheidungsprämissen der Medienunternehmen aufgespeichert sind, eine Auswirkung auf die journalistischen Entscheidungen bzw. auf das journalistische Handeln haben. Aus diesem Grund werden die *Folgen unternehmensstrategischer Entscheidungsprämissen auf das journalistische Handeln* untersucht, was als Forschungsfrage zu betrachten ist.

Die Ausrichtung der redaktionellen Arbeit an den markwirtschaftlichen Anforderungen wird häufig mit dem Begriff der „Ökonomisierung" bzw. „Kommerzialisierung der Medien" in Verbindung gebracht (vgl. Böskens 2009; Altmeppen 2008; Kiefer 2005: 22 ff.; Heinrich 1994: 171). Darunter versteht sich die zunehmende „Überlagerung des publizistischen Regimes durch die Systemrationalität des ökonomischen" (vgl. Kiefer 2005: 22), was vor allem eine Verschiebung der Leitwerte bedeutet: „Die publizistischen [Leitwerte] treten zurück ins zweite Glied, die ökonomischen werden dominant" (vgl. ebd.: 22). Erkannt werden die „Ökonomisierungstreiber" (Altmeppen 2008: 242) in den Entscheidungsprämissen und -programmen sowie in der Ressourcenallokation und in den Medienangeboten (vgl. Altmeppen 2008: 242).

So wird die publizistische Arbeit in der Redaktion ebenfalls auf die primären Ziele der Medienorganisationen ausgerichtet: die Steigerung der Wettbewerbsfähigkeit sowie das Bestehen des Wettbewerbs. Altmeppen ergänzt in diesem Zusammenhang, dass die „Redaktionen nicht nur in unternehmerischem Denken geschult, sondern strukturell (durch Zielsetzungen, Regeln und Ressourcen) ökonomisiert [werden]" (vgl. ebd.: 244). Die Ziele der Redaktionen legen sich nicht nur aus den (eigenen) publizistischen, sondern auch aus den betriebswirtschaftlichen Zielen der Medienorganisationen zusammen. Diese Ziele werden in den sogenannten Entscheidungsprämissen formuliert (ebd.: 242).

> Entscheidungsprämissen legen fest, wie die nachfolgenden Entscheidungswege und Entscheidungskompetenzen geregelt und welche dafür passenden Organisationsprogramme und -werte entworfen werden. Entscheidungsprämissen formen die Spielregeln der Organisation, sie

sollen die Planbarkeit und Steuerung des unternehmerischen Handelns erhöhen, denn anhand dieser Spielregeln richten die Unternehmensmitarbeiter dann die Spielzüge aus, mit denen die Organisationsziele erreicht werden sollen (Altmeppen 2008: 241).

Es sind die Entscheidungsprämissen, die die Struktur der (Medien-)Organisation determinieren (vgl. Martens/Ortmann 2006: 441), die verallgemeinerten Bedingungen, die als Basis für weitere Entscheidungen herangezogen werden (ebd.: 441). Die Organisationsstruktur „übersetzt" somit das Ziel der Organisation in konkretere Verhaltenserwartungen und steuert das Verhalten der Organisationsmitglieder *„im Hinblick auf das Organisationsziel"* (vgl. Kieser/Walgenbach 2007: 7).

Dabei werden unternehmensinterne und unternehmensexterne Faktoren abgestimmt (Johnson/Scholes/Whittington 2011: 28), was in dem Begriff des Strategic-Fit-Ansatzes zusammengefasst wird (vgl. Jung/Bruck/Quarg 2011: 114). Die (interne) Struktur des [Medien]-Unternehmens kann in dieser Hinsicht als das Ergebnis der (externen) strategischen Ausrichtung betrachtet werden (vgl. Chandler 1987: 14 ff.). Auch die Struktur der Redaktion ist somit Ergebnis der Unternehmensstrategien der Verlage.

Der Prozess der Ökonomisierung im Journalismus äußert sich durch verstärkte betriebswirtschaftliche und marketingorientierte Denk- und Handlungsweisen in der redaktionellen Arbeit. Beispiele hierfür sind permanente Optimierungs- sowie Rationalisierungsprozesse, die gemeinsame Ressourcennutzung zwischen kooperierenden Redaktionen bzw. Verlagen und die Produktion von Kundenausgaben. Darüber hinaus setzen sich Redaktion und weitere Verlagsabteilungen häufiger zusammen, um die Themenplanung zu gestalten. Die Redaktion öffnet sich „dem kommerziellen Bereich (Anzeigenabteilung im Verlag, Werbung im Rundfunk), mit dem sie sich abstimmen muss" (vgl. Weischenberg/Malik/Scholl 2006: 78 f.). Dabei folgt der Ökonomisierung der Redaktion eine Ökonomisierung des redaktionellen Handelns.

> Im Handeln der Akteure bilden sich distinkte Muster von Verknüpfungen (sowohl der Handlungselemente als auch der Handlungen im Zeitverlauf) heraus – im Sinne regelhaften Handelns. Bei häufiger Replikation solcher Arbeitsregeln und der dabei stattfindenden Reproduktion spezifischer Ressourcen kann es zur Ausbildung von dauerhaften Strukturen kommen. Werden diese von einem Großteil der Akteure einem Bereich geteilt, kommt es zur Bildung eines Sets an Handlungsregeln (in der Journalismustheorie auch unter dem Begriff der „Programme" diskutiert) (Quandt 2011: 289).

*Kapitel 1*

Programme werden in dieser Hinsicht als „Strukturierungsleistungen" betrachtet (vgl. Altmeppen 1999: 45). Sie organisieren und strukturieren die gesamte Aussagenproduktion und orientieren das journalistische Handeln (vgl. Altmeppen 1999: 9). Insbesondere das Entscheidungsprogramm spielt bei der Verfestigung alter oder bei der Herausbildung neuer Strukturen eine Schlüsselrolle. Die Entscheidungen, die von Rühl als die Ordnungsmerkmale der Redaktion betrachtet werden, sind auf den *Erwartungserwartungen* bzw. auf der redaktionellen Strukturebene der Erwartungen festgehalten worden (vgl. Rühl 1979: 79).

Diese sogenannten *Strukturmomente* des Journalismus sind in den *Programmen* (Regeln) und in den *Ressourcen* zusammengefasst. Aufgrund des rekursiven Charakters des Handelns werden die „neuen" Entscheidungsprämissen des Unternehmens in den Strukturen der Redaktion bzw. im Handeln der Redakteure „strukturiert" und gelten als Grundlage für die nachkommenden Handlungen bzw. Entscheidungen.

> Für die organisationale Ebene der Medien bedeutet dies, dass die institutionellen Ordnungen den neuen Bedingungen angepasst werden müssen und dass die Akteure und Akteurskonstellationen der Medienorganisationen sich bei ihrem medienwirtschaftlichen Handeln mit neuen Spielregeln vertraut machen und den Einfluss weiterer Partner oder Kontrahenten in den machtvollen Handlungen berücksichtigen müssen. Diese Konstellation führt zu einer Ökonomisierung der Ökonomisierung. In einem spiralförmigen Verlauf werden die Prozesse und Strukturen sukzessiv ökonomisiert, durch Anpassung der institutionellen Ordnungen und des Akteurshandelns an die veränderten ökonomischen Erfordernisse und Erwartungen (Altmeppen 2008: 246).

Die Ökonomisierung der redaktionellen Arbeit wird in dieser Hinsicht nicht innerhalb des Systems Journalismus generiert. Sie erreicht die Redaktion aufgrund des Dependenzverhältnisses zwischen der journalistischen Produktion von Informationen und Inhalten und den Distributionsleistungen der Medien bzw. der Verlage. Dieses Dependenzverhältnis wird im Begriff der *Ko-Orientierung* zwischen dem Journalismus und den Medien zusammengefasst (vgl. Altmeppen 2006: 158).

Altmeppen geht aber davon aus, dass „Medien dem teilsystemischen Orientierungshorizont der Wirtschaft folgen, ihr Code also in der Unterscheidung von Zahlung/Nichtzahlung besteht. Journalismus dagegen orientiert sich an Öffentlichkeit und damit am Code öffentlich/nicht öffentlich" (ebd.: 28). Die aktuelle Verzahnung zwischen Redaktion und Vertrieb innerhalb der Verlagshäuser kann eine Verschiebung dieser Leitwerte verursachen, da in der täglichen redaktionellen Praxis die Grenzen zwischen beiden Systemen nicht immer offensichtlich sind. Erklärt wird die Ökonomisierung des Systems Journalismus durch die „Spirale der Ökonomisierung" (Altmeppen 2008: 246).

> Mit der Spirale der Ökonomisierung wird der Faden der Strukturationstheorie [...] aufgenommen, insbesondere die Dualität von Handeln und Struktur. Denn das wirtschaftliche Handeln der Medienunternehmen wird auf dem Markt sichtbar, auf den Absatz-, Beschaffungs-, Finanz- und Werbemärkten realisiert sich das wirtschaftliche Handeln und es verändert die Marktstrukturen. [...] Medienwirtschaftliches Handeln und Strukturveränderungen, -anpassungen und -modifikationen gehen Hand in Hand (Altmeppen 2008: 246).

Die strukturelle Ökonomisierung des Systems Journalismus bzw. woran die Ökonomisierung des journalistischen Handelns in der redaktionellen Praxis festzumachen ist, musste empirisch erforscht werden (vgl. ebd.: 246). Aus diesem Grund werden im Rahmen der vorliegenden Dissertation die strukturellen Veränderungen der letzten Jahre innerhalb der redaktionellen Praxis empirisch untersucht bzw. festgehalten, die Hinweise auf die Ökonomisierungsprozesse liefern können. Anhand eines für die Beobachtung entwickelten Klassifikationssystems versucht die Erhebung einige der Veränderungen in den journalistischen Routinen der Redaktionen sowie dessen Auswirkung auf das journalistische Handeln zu erfassen, die auf strukturelle Innovationen hinweisen.

Analysiert wurden vier regionale Zeitungsredaktionen, die Newsdesk-Strukturen aufweisen und beispielhaft den Strukturwandel der letzten Jahre in den Printhäusern darstellen. Die Implementierung eines Newsrooms als Auswahlkriterium ist begründet in der Annahme, dass die neu eingeführte Organisationsform den Startpunkt für die strukturellen Veränderungen in den Redaktionen darstellt. Da regionale Abonnementzeitungen das „Rückgrat der deutschen Presse" (Pürer/Raabe 2007: 15) bilden können sie beispielhaft die strukturellen Anpassungen darstellen.

Für die Untersuchung der Auswirkung unternehmerischer Entscheidungsprämissen auf das journalistische Handeln wurde die tägliche redaktionelle Arbeit über einen längeren Zeitraum hinweg beobachtet. Ausgewählt wurde aus diesem Grund die Methode der nicht-teilnehmenden Beobachtung (Gehrau 2002: 28), da sie das Erleben der sozialen Akteure in ihrem natürlichen Aktionsfeld in alltäglichen Situationen ermöglicht (vgl. Mikos 2005: 318). Beobachtet wurden die Redakteure bzw. die Journalis-

*Kapitel 1*

ten, die in der Zeit der empirischen Untersuchung die Rolle des Desk-Managers innehatten.

Darüber hinaus wurden die Restrukturierungen der letzten Jahre mithilfe der persönlichen Befragung (Lamnek 2005: 330) rekonstruiert. Interviewpartner waren Mitarbeiter der Chef-Redaktion, die tagtäglich im Spagat zwischen journalistischen und ökonomischen Anforderungen ihre Entscheidungen treffen und damit den Strukturwandel begleiten und mitgestalten. Als *Schnittstelle* zwischen dem System Medien und dem System Journalismus *produzieren* oder *reproduzieren sie die Struktur* (Giddens 1984) und können somit durch ihr Handeln das Ausmaß der *Ko-Orientierung* zwischen Journalismus und Medien teilweise beeinflussen bzw. überprüfen. So wird der Restrukturierungsprozess der letzten Jahre ebenfalls aus der Perspektive der Redaktion rekonstruiert.

Aufgebaut ist die vorliegende Arbeit in neun Kapitel: Der Einleitung bzw. thematischen Einordung (s. Kapitel 1, S. 19) folgt die Darstellung der theoretischen Konzepte, die die Untersuchung stützen (s. Kapitel 2, S. 30). Die Strukturierungsprozesse werden aus einer betriebswirtschaftlichen sowie aus einer soziologischen Perspektive ausgearbeitet, die aufeinander aufbauen. Dabei wird versucht, eine Verknüpfung zwischen der Journalismus- und die Organisationsforschung herzustellen. Im dritten Kapitel (s. Kapitel 3, S. 66) werden die ausgewählte Methode sowie die Vorgehensweise der Untersuchung beschrieben.

Die Ergebnisse der Feldphase stellt Kapitel vier bis sechs dar: Hier werden die Veränderungen des journalistischen Umfelds unter Einbezug der erhobenen Daten präsentiert. Auch die Strukturinnovationen, die sich durch die Beobachtung des redaktionellen Handelns ableiten lassen, werden dargestellt. Kapitel vier (s. Kapitel 4, S. 77) stellt zunächst die Einführungsgründe und -ziele für die Implementierung neuer Redaktionskonzepte dar. Die Interviewpartner rekonstruieren die Veränderungen innerhalb der Redaktionen und beschreiben, wie die Mitglieder der Redaktion in den internen Wandlungsprozessen partizipierten.

Im fünften Kapitel (s. Kapitel 5, S. 99) wird der aktuelle Stand der Redaktionskonzepte bzw. die gegenwärtige Redaktionsstruktur dargestellt. Die Erkenntnisse aus diesem Kapitel leiten sich sowohl aus den Aussagen der Experten als auch aus der Beobachtungserhebung in den Redaktionen ab. Die Interviewpartner berichten über die aktuelle Struktur, über die Unterschiede zwischen den vorherigen und aktuellen Redaktionskonzepten sowie über die Erfolge bzw. die Misserfolge des Restrukturierungsprozesses im Laufe der Jahre. Kapitel fünf stellt in dieser Hinsicht wichtige Merkmale der aktuellen Redaktionsstrukturen sowie der redaktionellen Arbeit dar,

## 1 Einleitung und Themenstellung: Strukturinnovationen im Journalismus

die den Strukturwandel im deutschen Printjournalismus anschaulicher machen.

Ebenfalls wichtige Hinweise über die Strukturierungsprozesse liefert Kapitel sechs (s. Kapitel 6, S. 136). Der Schwerpunkt liegt bei diesem Abschnitt der Arbeit in der Darstellung der gewonnenen Daten aus der Beobachtung innerhalb der Redaktionen. Diese werden anhand des Tagesablaufes der untersuchten Personen dargestellt und durch die Aussagen der Interviewpartner ergänzt. Mithilfe der Beobachtung konnten wichtige strukturelle Innovationen erhoben werden, die im Handeln der untersuchten Personen beobachtet wurden. Beispiele hierfür sind die ausgeführten Tätigkeiten und Rollen, die gemischte formale Struktur sowie der Bezug der Handlungen zu den journalistischen Programmen. Im sechsten Kapitel berichten die Interviewpartner ebenfalls über die aktuellen Ziele der Redaktion.

Im letzten inhaltlichen Kapitel (s. Kapitel 7, S. 175) werden die Ergebnisse der Arbeit ein letztes Mal zusammengefasst und analysiert. Dabei versucht das siebte Kapitel die Ergebnisse aus der empirischen Untersuchung mit der Theorie zu verknüpfen. Die Auswirkung unternehmensstrategischer Entscheidungsprämissen auf das journalistische Handeln bzw. die Strukturinnovationen im Journalismus werden dabei reflektiert.

Kapitel acht beinhalten das Literaturverzeichnis (s. Kapitel 8, S. 199). Die wichtigsten Dokumente und Materialien aus der Forschungsarbeit werden im Anhang (s. Kapitel 9, S. 207) dargestellt. Er beinhaltet den Leitfaden für die Experteninterviews sowie das Codebuch aus der Beobachtung.

Im folgenden Kapitel (s. Kapitel 2, S. 30) werden als Erstes die theoretischen Grundlagen präsentiert.

# Kapitel 2

## 2 Theoretische Konzepte

In der vorliegenden Arbeit wird die *Auswirkung unternehmensstrategischer Entscheidungsprämissen auf das journalistische Handeln untersucht*. Die Forschungsfrage basiert auf der Annahme, dass die strukturellen Veränderungen der Redaktionen in den letzten Jahren als eine Folge der Implementierung neuer Unternehmensstrategien der Printverlage zu betrachten sind, nach dem Prinzip „Structure follows Strategy" von Alfred D. Chandler Jr. (Chandler 1987). Chandler geht davon aus, dass die Implementierung einer neuen Strategie tief greifende Folgen für die Organisationsform und die Struktur eines Unternehmens mit sich bringt (vgl. Chandler 1987: 14). In Anlehnung daran werden die Restrukturierungsprozesse in den untersuchten Redaktionen, insbesondere die Implementierung von Newsroom-Konzepten, als eine Konsequenz der veränderten marktwirtschaftlichen Strategien der Printverlage betrachtet.

Als theoretische Grundlage der Untersuchung dienen die *Strukturationstheorie* von Anthony Giddens (Giddens 1988) sowie die Studien aus den Bereichen der Journalistik und der Journalismusforschung, wie beispielweise das Prinzip der *Ko-Orientierung* von Klaus-Dieter Altmeppen (Altmeppen 1999, 2006) und die Untersuchungen von Manfred Rühl (Rühl 1968, 1979) und Klaus Meier (Meier 2004, 2010, 2013) über die journalistische Praxis.

Die Theorie der Strukturierung gewann in den letzten Jahren insbesondere in der empirischen Redaktionsforschung an Bedeutung, vor allem für die Untersuchung der strukturellen Veränderungen in den Redaktionen und/oder des journalistischen Handelns. Unter den Studien zählen eine vom Schweizerischen Nationalfonds (SNF) geförderte Untersuchung von Hofstetter und Schönhagen (2014) über den Wandel redaktioneller Strukturen und journalistischen Handelns in der Schweiz, die Beobachtung von Altmeppen (1999) über Koordinationsprozesse in den Redaktionen, sowie der Beitrag von Wyss (2002) über redaktionelles Qualitätsmanagement. Darüber hinaus stützen die Untersuchung von Quandt (2005) über journalistisches Handeln im Netz, die Arbeit von Sjovaag (2013) zur journalistischen Autonomie sowie die Untersuchung von Usher (2013) über die Routinen eines Radiosenders in den USA auf die Theorie der Strukturierung.

Einen weiteren theoretischen Baustein dieser Arbeit bilden Theorien und Konzepte aus der Organisationsforschung bzw. den Betriebswissenschaften sowie aus der Medienökonomie. In Betracht kommen hier Alfred D. Chandlers (Jr.) Prinzip „Structure follows Strategy" (Chandler 1987) und die Strategiedefinitionen von Henry Mintzberg (Mintzberg et al. 2012), der Begriff der Konfliktivität zwischen Wirtschaft und Publizistik (Heinrich 2001: 81 ff.) sowie das Konzept der organisationalen Gestaltung bzw. Konfiguration (Johnson/Scholes/Whittington 2011). Des Weiteren spielen theoretische Grundlagen aus den Bereichen der Unternehmensstrategie bzw. des Strategischen Managements (Porter 2013; Bea/Haas 2009; Welge/Al-Laham 2008; Johnson/Scholes/Whittington 2011) sowie aus dem Produktions-Management (Ansoff 1976; Kiener et al. 2012) eine Rolle.

Einblicke in die Strategien der Verlage seit der „Krise am Neuen Markt" (Beck/Reineck/Schubert 2010: 232) bzw. seit der ersten Zeitungskrise ab 2000/2001 bietet darüber hinaus eine Studie von Beck, Reineck und Schubert (2010) im Auftrag des Deutschen Fachjournalisten-Verbandes (DFJV).

## 2.1 Theorie der Strukturierung: Struktur und Handeln aus soziologischer Sicht

Um den Zusammenhang zwischen Strategieimplementierung und journalistischem Handeln herzustellen, kommt als Erstes die Strukturationstheorie in Betracht (Giddens 1988). Die Theorie des englischen Soziologen Anthony Giddens liefert wichtige Annahmen, um Strukturierungsprozesse innerhalb sozialer Systeme zu erklären.

Die Strukturationstheorie ermöglicht die Überwindung des Spannungsverhältnisses zwischen Theorien, die den Fokus auf Strukturen und denen, die ihn auf das Handeln richten (vgl. Kieser/Walgenbach 2007: 65). Sie legt den Schwerpunkt auf die „über Zeit und Raum geregelten gesellschaftlichen Praktiken", und nicht *exklusiv auf die Erfahrung* der Akteure oder *exklusiv auf die Existenz einer gesellschaftlichen Totalität*, die die Akteure beispielsweise mit nicht steuerbaren Systemzwängen konfrontiert (vgl. Giddens 1988: 52). Das Individuum und die Gesellschaft sind nicht als Gegensatz, sondern als Dualität zu betrachten (vgl. ebd.: 215).

Die Struktur ist in diesem Zusammenhang nicht außerhalb der Individuen, sondern als Rahmenbedingung für das Handeln zu verstehen. Diese Rahmenbedingungen erschaffen und reproduzieren die Handelnden „in und durch ihre Handlungen" selbst (vgl. Giddens 1988: 52). Sie reprodu-

*Kapitel 2*

zieren und verfestigen die vorhandenen Strukturen aufgrund der *Rekursivität der Praktiken* über die Zeit hinweg (vgl. ebd.: 77).

So wird die Struktur als eine Eigenschaft sozialer Systeme definiert, die sich in *reproduzierten Praktiken* vollzieht und verfestigt (vgl. ebd.: 223). Sie ist als *Mittel* und als *Ergebnis* „der kontingent ausgeführten Handlungen" zu verstehen (vgl. ebd.: 246). Auch die Systeme werden als „reproduzierte Beziehungen zwischen Akteuren oder Kollektiven, organisiert als regelmäßige soziale Praktiken" betrachtet (vgl. ebd.: 77). Dabei besitzen soziale Systeme institutionalisierte Aspekte, die sogenannten *Strukturmomente*, die die *Beziehungen über Zeit und Raum hinweg stabilisieren* und erstrecken (vgl. ebd.: 240).

Das Zusammenspiel zwischen Handeln und Strukturbildung wird *in der Dualität von Handeln und Struktur* (vgl. ebd.: 215) festgehalten und ist Voraussetzung für Systemveränderungen. Dabei spielt das Handeln bzw. die Handelnden eine ausschlaggebende Rolle für die Herausbildung neuer Strukturen. Als Handeln versteht sich in dieser Hinsicht das *sichtbare Verhalten* bzw. der *aktuelle Vollzug* der Akteure, wobei sie das System fortlaufend reproduzieren und verändern (vgl. ebd.: 224). Es wird als ein kontinuierlicher Prozess verstanden, deren reflexive Steuerung von Handelnden vorgenommen wird (vgl. ebd.: 60).

Diese kontinuierliche Reproduktion von Alltagspraktiken fasst der Begriff der *Routinen* zusammen. *Routine, Rekursivität* und *soziale Reproduktion* weisen auf den repetitiven Charakter des Alltagslebens hin und werden in der Theorie der Strukturierung mit dem Aspekt der *Routinisierung* in Verbindung gebracht (vgl. ebd.: 88).

> Routinisierte Praktiken sind der wichtigste Ausdruck der Dualität von Struktur in Bezug auf die Kontinuität sozialen Lebens (Giddens 1988: 336). Routinen sind konstitutiv sowohl für die kontinuierliche Reproduktion der Persönlichkeitsstrukturen der Akteure in ihrem Alltagshandeln, wie auch für die sozialen Institutionen; Institutionen sind solche nämlich nur Kraft ihrer fortwährenden Reproduktion (Giddens 1988: 111 f.).

Das Handeln der Akteure wird in dieser Hinsicht nicht immer direkt motiviert, sondern durch die Routinen „koordiniert" (vgl. ebd.: 56 f.). Es sind die Routinen, die die Rahmen für „autonomes Handeln" bilden, da sie das Handeln an die Struktur anknüpfen. Routinen dauern in allen Formen sozialen Wandels fort, selbst wenn dabei Veränderungen entstehen (vgl. ebd.: 141).

Die routinierten Überschneidungen von sozialen Praktiken bilden in der Strukturbeziehung die sogenannte *Transformationspunkte* (vgl. ebd.: 45 f.), die strukturelle Modifikationen über die Zeit hinweg ermöglichen. Aufgrund des *Wiederholungscharakters des Handelns* (Routine) fließen „Veränderungen" in die Regeln und Praktiken ein, die sich im Laufe der Zeit verfestigen bzw. stabilisieren und als Bedingung für das zukünftige Handeln funktionieren.

*Strukturierung* definiert man in dieser Hinsicht als die „Bedingungen, die die Kontinuität oder Veränderungen von Strukturen und deshalb die Reproduktion sozialer Systeme bestimmen" (ebd.: 77). Die Strukturationstheorie geht in dieser Hinsicht davon aus, dass aufgrund der immanenten Beziehung zwischen Struktur und Handeln die „Struktur sowohl ermöglichenden als auch einschränkenden Charakter besitzt" (vgl. ebd.: 222).

Diese „Routinisierung" des Handelns ist für die Untersuchung der Strukturinnovationen im Journalismus von herausragender Bedeutung, denn die Routinen in den organisierten Redaktionen geben Hinweise auf die strukturellen bzw. organisationsbezogenen Aspekte der journalistischen Praxis. Es sind die veränderten Routinen, die sich über die Zeit stabilisieren und die neuen Rahmenbedingungen bzw. Strukturen für das zukünftige Handeln der Journalisten bilden.

### 2.1.1 Struktur im allgemeinen und technischen Sinn

Strukturen werden in der Theorie der Strukturierung in einem *allgemeinen* und in einem *technischen Sinn* unterschieden. Im allgemeinen Sinn werden *sie in Bezug auf die Strukturmomente* bzw. die *institutionalisierten Aspekte* von Gesellschaften betrachtet (vgl. Giddens 1988: 240). In der technischen Definition stellen sie „Regeln und Ressourcen oder Mengen von Transformationsbeziehungen" dar (vgl. ebd.: 77). Sie sind somit als „Regeln-Ressourcen-Komplexe" zu erfassen, die an der institutionellen Vernetzung sozialer Systeme beteiligt sind" (ebd.: 240). Regeln und Ressourcen sind rekursiv in Institutionen eingelagert und, nach Giddens, die wichtigsten Aspekte der Struktur (vgl. ebd.: 76).

Die technische Definition von Strukturen als „Regel-Ressourcen-Komplexe" wird insbesondere für die Untersuchung des Strukturwandels innerhalb der journalistischen Organisationsform Redaktionen herangezogen. Anhand der Veränderungen in den „journalistischen" Regeln können Strukturinnovationen innerhalb der Redaktionen festgestellt werden. Dabei wird beispielsweise beobachtet, in wieweit die Entscheidungsprämissen des Medienunternehmens die angewandten Regeln in der Redaktion modifizieren bzw. beeinflussen.

Auch in der Anwendung bzw. in der Verteilung der Ressourcen innerhalb einer Organisation können Strukturveränderungen festgestellt werden. Ressourcen werden in allokativ und autoritativ unterschieden. Während sich *allokative Ressourcen* auf die Kontrolle über materielle Produkte oder Aspekte der materiellen Welt beziehen, konzentrieren sich die *autoritativen Ressourcen* auf die Macht bzw. Machtverteilung und auf die Koordination des Handelns (vgl. Giddens 1988: 45 f.).

Im Hinblick auf den Journalismus bilden das Personal, die Technik und das Kapital die allokative bzw. die sachbezogene Ressourcen. Die autoritativen Ressourcen sind das Organisationswissen, das Unternehmensimage, die Führungskompetenz und die Verhandlungsfähigkeit (vgl. Altmeppen 1999). Ressourcen spielen insbesondere innerhalb von Organisationen eine große Rolle für die Strukturierungsprozesse, denn Organisationen bedienen sich „innerhalb diskursiv mobilisierter Formen von Informationsflüssen" über die autoritativen und die allokativen Ressourcen (vgl. Giddens 1988: 259).

Beispiel hierfür ist ihre Aufteilung innerhalb des Medienunternehmens bzw. welche und wie viele Ressourcen der Redaktion zur Verfügung gestellt werden. Werden die Ressourcen eingeschränkt oder gekürzt, schrumpfen ebenfalls die Spielräume für das Handeln der Redakteure im Newsroom. Auch die Konzentration der Entscheidungen im zentralen Großraumbüro steht mit der Ressourcenallokation in Verbindung.

Im Rahmen von Organisationen spielen weiterhin die *Strukturprinzipien* bzw. die Organisationsprinzipien eine herausragende Rolle für Strukturierungsprozesse, da sie ebenfalls als Bezugsrahmen für das Handeln fungieren. Mithilfe der *Strukturprinzipien* werden die Formen institutioneller Vernetzung analysiert bzw. dargestellt, die den sozialen Wandel ermöglichen (vgl. Giddens 1988: 300 f.). Für diese Arbeit sind insbesondere die Klassifikationsgröße *Episode* und *Episodenbeschreibung* aus der Strukturationstheorie relevant (vgl. ebd.: 300 f.).

In einer *Episode* werden die Sequenzen des Wandels dargestellt. Darunter versteht sich eine „Reihe von Handlungen oder Ereignissen", die ihre eigene Sequenz aufweisen, in der bestimmte definierte Elemente einen Anfang sowie ein Ende des Wandels kennzeichnen und den Prozess institutioneller Veränderung darstellen (vgl. ebd.: 300 f.). In der *Episodenbeschreibung* wird darüber hinaus die „Skizze vergleichbarer institutioneller Formen des Wandels" zusammengefasst, die die strukturellen Innovationen rekonstruieren können (vgl. ebd.: 300). Festgelegt werden dabei ein *Ausgangspunkt* und ein *Endpunkt* „der vermuteten Veränderungssequenz", sowie der „typische Verlauf der Entwicklung" (vgl. ebd.: 301 ff.).

In Anlehnung daran werden in dieser Arbeit die Zeitungskrise 2000/2001 und der hier allgemein gennante „mediale Wandel" als *Ausgangspunkt* für die strukturellen Veränderungen im deutschen Printjournalismus festgelegt. Dabei weisen die Restrukturierungsprozesse in den untersuchten Redaktionen ähnliche Implementierungsschritte auf, die einen *typischen Verlauf der Entwicklung* darstellten. Diese Entwicklungsverläufe in den untersuchten Redaktionen werden durch die Aussagen der Interviewpartner rekonstruiert. Darüber wird ausführlich im Kapitel vier berichtet (s. Kapitel 4, S. 77).

### 2.1.2 Das Handeln und die Situationsanpassung

Eine herausragende Rolle für die Herausbildung neuer Strukturen spielt, wie schon oben beschrieben, das Handeln der Akteure. Vom Handeln spricht man allerdings erst dann, wenn Akteure die Möglichkeit haben, eine Auswahl zwischen verschiedenen Alternativen zu treffen (vgl. Esser 1999: 38). Aus diesem Grund wird Handeln nicht alleine als die Intentionen eines Menschen, sondern als das *Vermögen, bestimmte Dinge zu tun*, verstanden (vgl. Giddens 1988: 60). Es ist somit „das Ergebnis einer im Prinzip immer auswählenden, intelligenten, aktiven, kreativen *Anpassung* der Akteure an die vorgefundenen *Gegebenheiten*" einer Situation zu betrachten (vgl. Esser 1999: 35).

Die Selektion des Handelns ergibt sich in diesem Zusammenhang zunächst durch die vorgegebenen Bedingungen einer Situation (vgl. ebd.: 29 ff.). Dabei dreht sich alles um die Erkennung der *strukturierten* Umstände einer Situation, […] die dazu führen, dass „Akteure in *strukturiert*-typischer Weise agieren – und dadurch *strukturierte* externe Effekte und darüber jeweils *strukturierte* neue Situationen schaffen, so daß der gesamte Zusammenhang wie ein einziges übergreifendes und kausales „Gesetz" erscheint" (ebd.: 31 f.).

So werden aus der Anpassung der Akteure an die vorgefundenen Gegebenheiten neue Strukturen bzw. Erwartungen geschaffen, die für das zukünftige Handeln vorausgesetzt bzw. erwartet werden. Die Ergebnisse aus der empirischen Untersuchung zeigen Beispiele solcher „typischen Anpassungen" der Akteure (vgl. ebd.: 32) an die Situationsbedingungen. Dabei orientieren Redakteure ihre Entscheidungen nicht nur an journalistische

Prämissen, sondern passen sich ebenfalls an situationsbedingte Unternehmensgegebenheiten an (s. Kapitel 4-6, S. 77-174).

Die vorgefundenen Gegebenheiten einer Situation können *äußere und innere Faktoren* sein und sie haben Auswirkungen auf das Handeln (vgl. ebd.: 51). *Äußere Bedingungen* stellen *materielle Opportunitäten, institutionelle Regeln und signifikante Symbole (Bezugsrahmen)* dar (vgl. ebd.: 56). Sie geben Hinweise auf die Opportunitäten bzw. Restriktionen einer Situation (ebd.: 54). *Die inneren Bedingungen* fassen „das *Wissen* und die *Werte* über die Wahrscheinlichkeiten und die Präferenzen sowie den Satz an inneren *Einstellungen*" eines Akteurs zusammen (vgl. ebd.: 54 ff.).

Dabei geht man davon aus, dass Handelnde jede Situation mithilfe des soggenannten Wissensvorrats definieren und bewältigen (vgl. Schütz/Luckmann 1988: 133). Der Begriff des Wissensvorrats fasst im journalistischen Kontext die vorberuflichen und beruflichen Erfahrungen von Journalisten zusammen, die als typisches, relevantes Wissen abgespeichert und in beruflichen Situationen abgerufen werden (vgl. Altmeppen 1999: 57). Darüber hinaus entwickeln Handelnde routinemäßig ein „theoretisches Verständnis" für die Gründe ihres Handelns, wofür sie auch in der Lage wären, ihr Handeln zu erklären. Dieses theoretische Verständnis über das, was sie tun oder unterlassen, wird als Handlungskompetenz von Akteuren eines Systems untereinander vorausgesetzt (vgl. Giddens 1988: 56).

### 2.1.3 Redaktionelle Handlungskompetenz und die Programme des Journalismus

In den Redaktionen wird diese erwartete Handlungskompetenz bzw. dieser „Komplex der Handlungserwartungen" in der formalen Organisation und im Konstrukt der *journalistischen Programme* erfasst (Rühl 1979: 242).

> Journalistische Programme, so kann man zusammenfassen, repräsentieren strukturierende Merkmale der journalistischen Arbeit, die sich nach organisierenden Formen, Tätigkeitsregeln, Mustern der Berichterstattung und Organisationszielen unterscheiden lassen und die zur Institutionalisierung generalisierter Deutungsmuster beitragen. Programme sind Sets übergeordneter Merkmale, die als Elemente und Operationen systemkonstituierend sind (Altmeppen 1999: 40).

Die Programme können wie eine Art „Korridor" verstanden werden, der „im Ziel des journalistischen Handelns, der Veröffentlichung" mündet (vgl. Altmeppen 1999: 52 f.).

Sie steuern, stabilisieren und entlasten somit den journalistischen Produktionsprozess (vgl. Rühl 1989: 365) und können als „Strukturierungsleistungen" betrachtet werden (vgl. Altmeppen 1999: 45).

Die „Redaktion", als Abteilung des Medienunternehmens, welche die journalistischen Leistungen erbringt (vgl. Meier 2013: 166) wird somit durch eine Art „Korridor einerseits von – mehr oder weniger – geplanten, bewußt eingerichteten Strukturen „organisiert". Ausgerichtet an „Normen, Strukturen, Funktionen und Rollen des Journalismus" können journalistische Organisationen als ein „System von Strukturierungen" oder als „ein Relevanzsystem" für das Handeln der Journalisten verstanden werden (vgl. Altmeppen 1999: 54).

Aus einer organisatorischen, strukturationstheoretischen Perspektive betrachtet weist die Redaktion somit ebenfalls rekursiv institutionalisierte Bestandteile auf (vgl. Altmeppen 1999: 36). Dieses „strenges organisatorisches Korsett" hilft der Redaktion die thematischen und zeitlichen Erwartungen des Publikums zu erfüllen (vgl. Meier 2013: 166).

> Die Redaktion ist mit ihrer hierarchischen Struktur, der Ressortdifferenzierung und mit Koordinationseinrichtungen wie der Redaktionskonferenz oder – neuerdings – dem Newsdesk selbst wieder eine arbeitsteilige Organisation, in der Redakteure die publizistischen Inhalte, den sog. redaktionellen Teil, erstellen und verantworten (Pürer/Raabe 2007: 11).

Diese Strukturen der Redaktion, im Sinne von Handlungserwartungen, bilden somit die Grundlage für das zukünftige Handeln der Redakteure (vgl. Rühl 1979: 72 f.). Durch die Gewährleistung der Erwartungen im redaktionellen Handeln verfestigen sich somit die Strukturen der Redaktion (vgl. Rühl 1979: 74 f.).

Darüber hinaus unterteilt Rühl die journalistischen Programme in *Input-* und *Output-Programmierung* bzw. *Zweck-Programmierung* (Rühl 1979). Bei der Input-Programmierung geht es darum, die Informationen und Probleme aus der Gesellschaft auszuwählen und zu verarbeiten; sie bezieht sich auf den Eingang von Ereignissen ins System. Die Output-Programmierung bzw. Zweck-Programmierung steht im Zusammenhang mit den Leistungen und Wirkungen, die das System Journalismus an die Gesellschaft zurückgibt. Sie beziehen sich ebenfalls auf die Organisationsziele.

Die hier angewendete Klassifikation der Programme orientiert sich stärker an Altmeppen (1999: 40), da sie die „organisatorischen und institutionellen Strukturierungen des Journalismus" miteinbezieht. Dabei werden journalistische Programme in *Arbeits-, Organisations-* und *Entscheidungspro-*

*gramme* klassifiziert (Altmeppen 1999: 40 f.) Die Arbeitsprogramme beinhalten das Set von Erwartungen und Anforderungen, die die handwerkliche journalistische Arbeit darstellen. Gemeint sind die *Bearbeitungs-, Themen-, Selektions-* und *Darstellungsprogramme* „als Sets an Regeln, Verfahren, Routinen, Arbeits- und Präsentationstechniken" (vgl. Altmeppen/Donges/Engels 1999: 23 ff.).

Die Organisationsprogramme beziehen sich auf die organisatorische Ebene der journalistischen Tätigkeit und des Berufes. Hierunter fallen die *Organisationsziele*, die grundlegenden *Organisationsstrukturen* und die *Rollen*. Sie organisieren die Arbeitsabläufe in der Redaktion und regeln weiterhin den Produktionsprozess (vgl. Altmeppen 1999: 40 f.). Rollen bieten eine Orientierung für das Handeln und definieren die Leistungen und das Verhalten, die von den Redakteuren bzw. Redaktionsmitgliedern erwartet werden (vgl. Rühl 1979: 258). Sie dienen dazu, die organisationsspezifischen Erwartungen des Systems Journalismus zu formalisieren und systematisieren (vgl. Altmeppen 1999: 44). Redakteure handeln in diesem Zusammenhang durch Rollen, die aus der „Struktur von Erwartungen" definiert werden (vgl. Rühl 1979: 17 f.).

### 2.1.4 Das Entscheidungsprogramm und die Herausbildung neuer Strukturen

Darüber hinaus lässt sich die Redaktion in ihrem täglichen Handeln von der weltanschaulichen oder politischen Orientierung des Verlags sowie den in der Redaktion etablierten Verhaltensprämissen leiten. Diese bilden das sogenannte „Entscheidungsprogramm", das den Redakteuren und Redaktionsmitgliedern als Orientierung für ihr Handeln dient. Es ist kein „kodifiziertes Normensystem", sondern ein *Set von Handlungsmustern und Erwartungen*, die jedem Redakteur vertraut sind (vgl. Rühl 1968: 74 f.).

Gerade das Entscheidungsprogramm spielt eine Schlüsselrolle bei der Verfestigung von alten oder der Herausbildung neuer Strukturen (vgl. Altmeppen 1999). Die Entscheidungen, die von Rühl als die Ordnungsmerkmale der Redaktion betrachtet werden, werden auf der Ebene der „Erwartungserwartungen" bzw. der redaktionellen Strukturebene der Erwartungen festgehalten (vgl. Rühl 1979: 79). Es sind diese *Strukturmomente* des Journalismus, die in den *Programmen* (Regeln) sowie in den *Ressourcen* zusammengefasst werden, die das journalistische Handeln orientieren und die gesamte Aussagenproduktion organisieren und strukturieren (vgl. Altmeppen 1999: 9).

Mithilfe des Entscheidungsprogramms (mit seinem Koordinations- und Entscheidungshandel) lässt sich die Strukturierungsprozesse bzw. die Herausbildung neuer oder die Erhaltung vorhandener Strukturen im Journalismus veranschaulichen (s. Abbildung 1, S. 40). Das Entscheidungsprogramm wird in *Entscheidung* bzw. Entscheidungshandeln und *Koordination* bzw. Koordinationshandeln differenziert (vgl. Altmeppen/Donges/Engels 1999: 23 ff.). Sie strukturieren das einzelne Entscheidungshandeln entweder auf Basis vorhandener Entscheidungsprogramme oder bei der Entwicklung neuer Entscheidungsprämissen (vgl. Rühl 1979: 78).

In der ersten Variante (*Koordinierung des Handelns*) wird das Tagesgeschehen unter Einbezug der vorhandenen Programmmuster bzw. auf Basis von vorab gebildeten Strukturen verarbeitet oder koordiniert (vgl. Altmeppen 1999). Die Programme funktionieren hier als verbindliche Vorgabe; das Handeln orientiert sich an den verfestigten Praktiken bzw. Routinen (vgl. ebd.: 25).

Bei der zweiten Variante (*Koordinierung durch Handeln*) entstehen neue Entscheidungsprämissen, die als Grundlage für das zukünftige Handeln fungieren und zur Programmbildung und zu Strukturierungsprozessen führen (vgl. Rühl 1979: 78 und Hofer 1978: 163). Diese Entscheidungsprämissen leiten sich aus den *Entscheidungsprogrammen* ab, die „als Ergebnis früherer Metaentscheidungen" bezeichnet werden (Rühl 1979: 76 f). Die sogenannte *Koordinierung durch Handeln* kommt infrage, wenn die Programme die Strukturleistung nicht garantieren können (vgl. Altmeppen 1999).

In dieser Hinsicht ergeben sich die notwendigen Koordinationen aus den Programmen, zugleich werden die Programme auch *koordinierend konstituiert* (vgl. Altmeppen 1999). Koordinationen sind „im Handeln selbst und in seinen Strukturen" angelegt; sowie auch die Koordinationsmechanismen in den Organisationsstrukturen und den Arbeitsprogrammen enthalten sind (vgl. Altmeppen 1999: 75 ff.).

Darüber hinaus werden die Programme als fester Bestandteil des journalistischen Handelns immer wieder durch die Orientierung der Redaktion an ihre Umwelt angepasst (vgl. Rühl 1968: 74 f.). Als Umweltsphären der Redaktion (vgl. Rühl 1968: 70 f.) verstehen sich alle „potentiellen Lieferanten von potentiell informativen Mitteilungen", die „für die Leistungs- und Wirkungsabsichten der Zeitungsredaktion, insbesondere zu deren Zweckerfüllung" auf irgendeine Weise beitragen (vgl. Rühl 1979: 179). Hierunter fallen potenzielle oder faktische Informationsquellen wie Agenturen, aber auch Informanten oder Ansprechpartner aus der Gesellschaft.

*Kapitel 2*

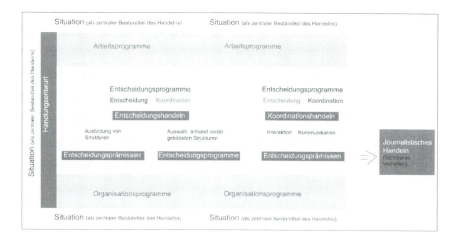

*Abbildung 1:  Das Entscheidungsprogramm als Koordinations- und Entscheidungshandeln. Quelle: Eigene Darstellung in Anlehnung an Altmeppen (1999), Rühl (1968, 1979) und Esser (1999).*

Weitere Umweltsphären sind das Publikum, andere Medien, die Konkurrenz, das Presserecht, das Personal der Redaktion und die Produktionsabteilung sowie das Archiv, die mit ihren technologischen und gestalterischen Anforderungen sowie Einschränkungen das Handeln der Redaktion beeinflussen (vgl. Rühl 1968: 71 ff., 1979: 178). Gerade im Kontext der Ökonomisierungsprozesse im Journalismus spielen die Produktionsabteilungen sowie das Unternehmen eine große Rolle als Umweltsphären der Redaktion, weil ihre technologischen und marktwirtschaftlichen Vorgaben die journalistische Arbeit stark beeinflussen.

Aus *den Anforderungen der Umwelt* sowie aus der *Reaktion der Redaktion* auf diese unterschiedlichen Anforderungen entstehen die Grundlagen für die nächsten Handlungen (vgl. Rühl 1979: 76 f.). Entscheidungsprogramme stellen in dieser Hinsicht „das Ergebnis von Abwägung und Koordination der Begehren verschiedenster Umweltbereiche dar, die längerfristig, aber nicht ein für alle Male, als verbindlich akzeptiert werden" (ebd.: 77).

In Organisationen geschieht das vor allem mittels Entscheidungsprämissen, über die selbst noch entschieden wird. In solchen Entscheidungsprämissen fixieren Organisationen ihre Struktur: Die mehr oder weniger verallgemeinerten Bedingungen, unter denen sodann die „normalen" Entscheidungen in Organisationen getroffen werden. Es sind Prämissen, die ohne weitere Prüfung als Basis für eine noch unbestimmte Vielzahl von weiteren Entscheidungen hingenommen werden. Solche Entscheidungsprämissen erlauben eine antizipative, generalisierte Absorption von Komplexität (Martens/Ortmann 2006: 441).

Ein Beispiel aus dem redaktionellen Alltag soll diese theoretische Komplexität des journalistischen Handelns zusammenfassend beschreiben: Wenn Journalisten einer Printredaktion um 16 Uhr ein neues Ereignis aus den Umweltsphären der Redaktion registrieren, müssen sie aus zweckrationalen Gründen neue Entscheidungen treffen, um die daraus entstandene Situation systemkonform einzuschätzen und bearbeiten zu können. Dabei werden die Relevanz des Handelns und die Durchführbarkeit bewertet sowie die Handlungsschritte überlegt.

Dieses neue Ereignis stellt beispielsweise ein neues Thema für die redaktionelle Bearbeitung dar. Die Redakteure werden mithilfe ihren Wissensvorrats und anhand der Entscheidungsprogramme koordinierend entscheiden, ob das Thema bearbeitet werden kann/soll oder nicht. Dabei werden die Themen- und Selektionsprogramme aktiviert, um den Nachrichtenwert abzuwägen. Außerdem wird aus einer organisatorischen Perspektive anhand der Organisationsprogramme überprüft, ob das Thema in die publizistische Leitlinie passt und welches Ressort bzw. Team das Thema umsetzt.

Des Weiterem prüft der Desk-Manager, welche Ressourcen zur Verfügung stehen bzw. ob die Kapazitäten für die Bearbeitung des Themas vorhanden sind. Hier kommt beispielsweise das Unternehmen als Umweltsphäre der Redaktion (vgl. Rühl 1968: 70f.) in Betracht, das einen einschränkenden oder ermöglichenden Charakter für das Handeln darstellen kann. In Bezug auf die Ressourcen wird beispielsweise die Personallage in die Entscheidung einbezogen: Sind Redakteure noch frei bzw. haben sie noch Zeit, das neue Thema zu behandeln?

Bei stark polarisierenden Themen kann darüber hinaus diskutiert werden, was die Behandlung des Themas für das Image des Produkts bzw. der Zeitung bedeuten würde. In solchen Situationen greifen Leitungsredakteure die oben beschriebenen autoritativen Ressourcen wie beispielsweise Führungskompetenz und Verhandlungsfähigkeit auf, um unter Heranziehung ihres Organisationswissens die Durchführbarkeit zu prüfen oder Überzeugungsarbeit zu leisten.

In der Abbildung „Situativer journalistischer Handlungsprozess" (s. Abbildung 2, S. 43) spielt weiterhin die schon oben erwähnte Einschränkung des Handelns eine wichtige Rolle. Eine Einschränkung kann beispielsweise die Ressourcenknappheit sein, wie reduzierte Personalkapazitäten. Sie könnte auch zeitlicher Druck, ein Einwand der Chef-Redaktion bzw. des Unternehmens oder mangelnde Kollaboration seitens der Informanten sein.

*Kapitel 2*

Je nach situativer oder struktureller Einschränkung sowie aus den Möglichkeiten bilden sich die Handlungsmöglichkeiten für die Journalisten heraus. Als Ergebnis dieser Entscheidungen entsteht ein Handlungsentwurf. Dieser mündet in das sichtbare Verhalten bzw. in das journalistische Handeln (vgl. Altmeppen 1999).

> Journalistisches Handeln wird als Entscheidungshandeln konzeptualisiert, das sich an den vorentschiedenen Entscheidungen von Organisation, Programmen und Rollen ausrichtet. Diese Entscheidungsprämissen speisen sich aus den Werten und Normen der Redaktionen, den Zielen der journalistischen Organisationen, den Standards (Arbeitsweisen) des Journalismus und sie werden in den institutionalisierten Kontexten der Zusammenarbeit vermittelt (Altmeppen 1999: 25).

Diese Definition journalistischen Handelns berücksichtigt allerdings nicht die Tatsache, dass nicht alle Handlungen auf (Vor-)Entscheidungen beruhen, sondern auch neue Strukturen ausbilden, die als neue Entscheidungsprämissen fungieren (vgl. ebd.: 51). Dabei ist das Handeln sowohl als strukturabhängige als auch als strukturbildende Kategorie zu betrachten. Diese Eigenschaft ist für den Aufbau und die Stabilisierung von Organisation von enormer Bedeutung (vgl. ebd.: 49 f.).

> Unter journalistischem Handeln verstehen wir, daß Journalistinnen und Journalisten in jedem Fall sozial handeln, daß dieses Handeln aber immer dann, wenn es durch journalistische Programme ermöglicht und restringiert wird, als journalistisches Handeln bezeichnet wird. Journalistisches Handeln konstituiert sich, wenn es innerhalb journalistischer Organisationsprogramme (Redaktionen, Ressorts, Journalistenbüros, freie Journalisten) geschieht und wenn ihm die Arbeitsprogramme des Journalismus zugrundeliegen (Altmeppen 1999: 50).

Das journalistische Handeln wird weiterhin als ein fließender Vorgang von Handlungsabsichten und Handlungsvollzug bzw. als das sichtbare Verhalten der Journalisten betrachtet (vgl. ebd.: 52 f.). Es versteht sich in dieser Arbeit somit als das sichtbare (und hörbare) Verhalten von Journalisten, das anhand des persönlichen *Wissensvorrates*, anhand der *Anforderungen der Programme* und unter *Anwendung der Ressourcen* durch *Entscheidungs- und Koordinationshandeln* situativ vollzogen wird. Beeinflusst wird das journalistische Handeln durch die Veränderungen und Ereignisse der Umwelt bzw. der Umweltsphären der Redaktion sowie durch Einschränkungen und Opportunitäten, die situativer oder struktureller Natur sein können.

Abbildung 2 (s. Abbildung 2, S. 43) fasst den situativen journalistischen Handlungsprozess zusammen.

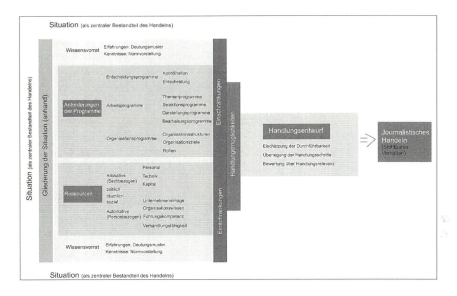

*Abbildung 2: Situativer journalistischer Handlungsprozess. Quelle: Eigene Darstellung in Anlehnung an Altmeppen (1999), Rühl (1968, 1979), Giddens (1988) und Esser (1999).*

## 2.2 Struktur und Organisation: Die organisatiosbezogene Perspektive

Die Handlungsmöglichkeiten, die Journalisten zur Verfügung haben, hängen in diesem Zusammenhang größtenteils mit den Rahmenbedingungen der journalistischen Organisationen bzw. den Strukturen der Redaktion zusammen. Innerhalb einer journalistischen Organisation spielen die strukturellen Aspekte, im Sinne von Programmen bzw. organisationsspezifischen Regeln, Praktiken, Ressourcen und strukturellen Merkmalen der Medienorganisationen eine herausragende Rolle für die Konkretisierung des Handelns (vgl. Altmeppen 1999: 36).

In dieser Arbeit wird die Restrukturierung in den Zeitungsredaktionen als Folge neuer bzw. veränderter Unternehmensstrategien der Medienorganisationen betrachtet. So wird die Reorganisation der journalistischen Arbeit aus unternehmensbezogener Perspektive größtenteils auf Unternehmensebene definiert und im Rahmen des strategischen Managements in den operativen Ebenen bzw. in der Redaktion zielgerichtet umgesetzt. Als

*Kapitel 2*

Beispiel können hier die Einführung von crossmedialen Newsdesk-Konzepten, die digitale Ausrichtung der Produktion sowie der Aufbau von Kooperationen für die effizientere Nutzung der Ressourcen herangezogen werden (s. Kapitel 4, S. 77).

Diese Annahme basiert auf dem Prinzip „Structure follows Strategy" von Chandler (1987: 14), wobei eine neue Strategie ebenfalls eine neue bzw. veränderte Struktur hervorbringt. Die Implementierung einer neuen Strategie bringt somit tief greifende Folgen für die Organisationsform und die Struktur eines Unternehmens mit sich (vgl. ebd.: 14).

Die „Strategie definiert die Organisation" (Mintzberg et al., 2012: 35), sie gibt eine konkrete Richtung vor und sorgt für Beständigkeit (vgl. ebd.: 35 ff.). Nach Mintzberg ist somit die Hauptaufgabe einer Strategie „den Kurs einer Organisation abzubilden, damit sie kontinuierlich durch ihre Umgebung steuern kann" (ebd.: 33).

> Strategie ist notwendig, um Unklarheiten zu verringern und Ordnung zu schaffen. In dieser Hinsicht ist Strategie wie eine Theorie: eine kognitive Struktur, um die Welt zu vereinfachen und zu erklären und dadurch Handlungen zu erleichtern. [...] Sie klärt die großen Frage, sodass die Mitarbeiter mit den kleinen Details fortfahren können (Mintzberg et al., 2012: 35 f.).

Mit Hinblick auf die verschiedenen Denkschulen kann eine Strategie nach Mintzberg unterschiedlich verstanden werden. Einerseits wird sie als ein Plan oder eine Leitlinie definiert, der den „Weg von hier nach dort" zeigt. Anderseits wird sie als *ein Muster* betrachtet, „ein über einen bestimmten Zeitraum hinweg gleichbleibendes Verhalten" (ebd.: 26), das über die Zeit die Organisation formt und die neuen strategischen Schritte beeinflusst.

Aus anderen Blickwinkeln wird sie als *eine Position* bzw. die Platzierung bestimmter Produkte auf dem Markt sowie zuletzt als *Perspektive* bzw. als „die grundlegende Art, wie Organisationen vorgehen" (ebd.: 30) verstanden. Daraus ergeben sich die vier grundlegenden Ansätze der Strategiebildung: die strategische *Planung*, die strategische *Vision*, das strategische *Wagnis* sowie zuletzt das strategische *Lernen* (vgl. ebd.: 33).

In der Praxis besteht die „strategische Realität" sowohl aus Vorausdenken bzw. Planen als auch aus flexibler Anpassung neuer Gegebenheiten (vgl. ebd.: 28). So werden geplante bzw. intendierte Strategien in der Realität nicht immer umgesetzt bzw. realisiert (vgl. ebd.: 27). Aus diesem Grund unterscheidet Mintzberg zwischen *intendierten* und *realisierten* Strategien: Als *intendierte Strategie* werden die Pläne der Organisationen für die Zukunft definiert. Bei der *realisierten Strategie* wird ein „Muster aufgrund des

Vergangenen" entwickelt (ebd.: 26), sodass das Handel sich als Struktur bzw. als Muster kristallisiert.

Die vollständig umgesetzten Intentionen werden als *bewusste*, die nicht umgesetzten als *unrealisierte* Strategien bezeichnet. Eine dritte Variante wird als *sich bildende Strategie* definiert, wenn ein Muster entsteht, das eigentlich nicht beabsichtigt war (vgl. ebd.: 28). So werden Handlungen ergriffen, „die sich im Laufe der Zeit zu einer Art Zusammenhang oder Muster verdichteten" (ebd.: 28), ähnlich wie in der Rekursivität von Handeln und Struktur aus der Theorie der Strukturierung erfolgt.

> Strategien müssen sich ebenso *formen*, wie sie *formuliert* werden. Eine Schirmstrategie beispielsweise bedeutet, dass der große Rahmen intendiert ist [...], während die Details sich allmählich entwickeln können [...]. Sich bildende Strategien sind als nicht unbedingt schlecht und intendierte Strategien nicht unbedingt gut; effektive Strategien mischen die beiden so, dass sie auf die gegebenen Bedingungen eingehen, insbesondere beherrschen sie die Fähigkeit der Vorhersage ebenso wie die, auf Unvorhergesehenes zu reagieren, wenn nötig (Mintzberg et al., 2012: 29).

Die beschriebene Realität in den untersuchten Redaktionen entspricht dem Konzept einer effektiven Strategie (ebd.: 29), eine Mischung aus *intendierter Strategie* und aus *sich bildender Strategie*. Die Verlage orientieren sich an eine Schirmstrategie, müssen aber auf die gegebenen Bedingungen eingehen, um zu überleben. Denn eine Strategie inmitten eines Strukturwandelns zu verfolgen, setzt Anpassungen an die Gegebenheiten voraus.

Als „ein geplantes Maßnahmenbündel zur Sicherung des langfristigen Unternehmenserfolges" (vgl. Chandler 1962; Bea/Haas 2009; Welge/Al-Laham 2008) legen die Unternehmensstrategien somit die Ziele, die Handlungsschritte und die Aufteilung der Ressourcen im Unternehmen fest (vgl. Chandler 1962: 13). Dabei wird der Einsatz von vorhandenen und potenziellen Stärken eines Unternehmens definiert, um den Veränderungen der Umweltbedingungen zielgerichtet zu begegnen (vgl. Kreikebaum 2007).

Auch in der Redaktion, als Funktionsbereich bzw. „eigenständige Abteilung des Medienunternehmens" (vgl. Althans 1996: 129), werden die betrieblichen bzw. redaktionellen Abläufe anhand der strategischen Ausrichtung der Medienhäuser reorganisiert. Dabei legt das Unternehmen in bedeutendem Maße fest, wie der Produktionsprozess und die Arbeit in der Redaktion erfolgt sowie welche Ressourcen zur Verfügung gestellt werden. Die Organisation der Redaktion erfolgt in diesem Zusammenhang „nach Maßgaben des Organisationsziels" (vgl. Altmeppen 1999: 43).

### 2.2.1 Structure follows Strategy: Strategie, Struktur und Organisationsgestaltung

In der Redaktion werden die auf der strategischen Unternehmens- bzw. Marketingebene definierten Ziele in der Regel durch das *redaktionelle Management* bzw. Redaktionsmanagement umgesetzt. Das Redaktionsmanagement definiert alle „Maßnahmen mit dem Ziel der Optimierung redaktioneller Abläufe" , die anhand der Ziele und auf der Basis des redaktionellen Konzeptes am effizientesten umzusetzen sind. Als Beispiel für diese Entwicklung können die Einführung von Thementeams oder der schon erwähnten Newsdesks genannt werden (vgl. Pühringer 2007: 34 ff.). Die Organisation der Redaktion richtet sich „nach der publizistischen Strategie, den journalistischen Konzepten, Zielen und Zielgruppen" aus (vgl. Meier 2013: 166).

Strategien werden im Idealfall auf drei verschiedenen Ebenen des Unternehmens umgesetzt. Auf der ersten bzw. obersten Ebene befindet sich die *Unternehmensgesamtstrategie, die als Basis für weitere strategische Entscheidungen fungiert.* Die Unternehmensgesamtstrategie beschäftigt sich mit dem Produkt- und Leistungsprogramm, mit den Unternehmenszielen sowie mit der Steigerung des Unternehmenswertes (vgl. Johnson/Scholes/Whittington 2011: 27 f.).

Die zweite Ebene beinhaltet die *Geschäftsbereichsstrategie,* die festlegt, wie sich die einzelnen strategischen Geschäftseinheiten (SGEs) gegenüber dem Wettbewerb stellen sollten. Bei der Geschäftsstrategie, auch Wettbewerbsstrategie genannt, geht es um „Preisstrategien, Innovation oder Abgrenzung, etwa durch höhere Qualität oder einen bestimmten Vertriebskanal" (ebd.: 28). Klassischerweise werden Wettbewerbsstrategien in drei Typen differenziert: Strategie der *umfassenden Kostenführerschaft,* der *Differenzierung* und der *Konzentration auf Schwerpunkte* (vgl. Porter 2013: 73).

Strategien sind weiterhin mit operativen Entscheidungen verbunden (vgl. Johnson/Scholes/Whittington 2011: 23). Das erfolgt im Rahmen der *Funktionsbereichsstrategie,* der dritten strategischen Ebene. Hier wird definiert, wie die Strategie in den Unternehmenseinheiten mit den vorhandenen Ressourcen, Prozessen und Mitarbeitern am besten umsetzbar ist (vgl. ebd.: 28).

Die Integration der oben beschriebenen Einheiten eines Unternehmens auf die übergeordneten Unternehmensziele übernimmt das *strategische Management* (vgl. Welge/Al-Laham 2008). Das Konzept des strategischen Managements geht auf Ansoff zurück (Ansoff 1976) und erfordert die Abstimmung von u*nternehmensinternen* und *unternehmensexternen Faktoren.* Dabei müssen Organisationen einen doppelten „Fit" herstellen, der sowohl die internen als auch die externen Faktoren berücksichtigt, um erfolgreich auf dem Markt zu bestehen. Diese Abstimmung von Umwelt- und Unternehmensentwicklungen wird mit dem Begriff des *Strategic-Fit-Ansatzes* zusammengefasst (vgl. Jung/Bruck/Quarg 2011: 114).

Die Ausrichtung der Funktionsbereiche, wie die Redaktion, an den strategischen Zielen des Medienunternehmens mit dem Ziel der „Fit-Herstellung" ist aus betriebswirtschaftlicher Sicht für die Medienhäuser überlebensnotwendig. Dabei versuchen die Printverlage durch die (unternehmensinterne) Reorganisation der journalistischen Produktion in der Abteilung Redaktion auf die (unternehmensexterne) markwirtschaftlichen und medialen Veränderungen der Umwelt zu reagieren. So wird die Struktur bzw. die Organisationsform an die neue Strategie angepasst.

> Organisationsstrukturen sind keine abstrakten Mittel, die wertfrei untersucht werden können; aus gesellschaftlicher Sicht sind sie vielmehr gerade wegen ihres Mittelcharakters im Hinblick auf die Organisationsziele ebenso zu hinterfragen wie die Ziele selbst. Das Interesse an der Struktur rührt dabei nicht zuletzt daher, dass nicht nur die Ziele die Struktur prägen, sondern dass eine im Hinblick auf ein bestimmtes Ziel geschaffene Struktur auch die Chancen für einen Zielwandel beeinflusst, indem sie die für den Zielbildungsprozess so entscheidenden Machtkonstellationen mitbestimmt (Kieser/Walgenbach 2007: 10 f.).

Die Organisationsform bzw. -gestaltung leitet sich somit aus den strategischen Unternehmenszielen ab (vgl. Johnson/Scholes/Whittington 2011: 535). Sie besteht aus der formalen *Struktur* und ihren Rollen, aus den *Prozessen* in Unternehmen sowie aus den Organisations*beziehungen* (vgl. ebd.: 535). Der erste Bestandteil bzw. die Struktur wird sehr häufig mit den formalen Strukturen eines Unternehmens assoziiert, insbesondere durch Organigramme und die dazugehörigen Ebenen, Rollen und Hierarchien (vgl. ebd.: 535).

Weiteren Bestandteil der Organisationsgestaltung stellen die Prozesse eines Unternehmens dar. Sie können als „Steuerungsprozesse der betrieblichen Abläufe verstanden werden, die die Umsetzung der Strategie in die Praxis folglich fördern oder behindern können" (ebd.: 549). Die Produktionsprozesse werden den Leistungsprozessen eines Unternehmens zugeordnet und spiegeln in dieser Hinsicht die Leistungsziele der Organisation wider. Aus den Leistungszielen werden in den unterschiedlichen Einheiten des Unternehmens ebenfalls bereichsspezifische Ziele definiert, wie das

47

Qualitätsniveau der Produkte oder die Optimierung der Produktion (ebd.: 555).

Im Rahmen der sogenannten Produktionsstrategie werden beispielsweise die *Produktfelder* sowie das *Produktionssystem* festgelegt, wobei beispielsweise über die Art und Qualität der Produkte sowie über Produktinnovation, -variation und -limitation entschieden wird (vgl. Kiener et al. 2012: 151 f.). Die Veränderungen in dem Produktionsprozess der untersuchten Redaktionen bieten in dieser Hinsicht wichtige Hinweise über die strukturelle Anpassung der Redaktionen an die Unternehmensziele. In diesem Zusammenhang berichten die Interviewpartner beispielsweise über „Produktinnovationen", „Optimierungsprozesse" und erhöhte „Qualitätsstandards" für die redaktionellen Produkte (s. Kapitel 4-6, S. 77-174).

Auch die *Struktur der Produktion* wird in der Redaktion im Rahmen der neuen strategischen Ausrichtung der Medienhäuser reorganisiert. Dabei werden die Arbeitsaufgaben und -aufteilungen sowie räumliche, zeitliche und sachliche Schnittstellen zwischen Produktionseinheiten definiert (vgl. Kiener et al. 2012: 152 f.). Die redaktionelle Produktion richtet sich in dieser Hinsicht ebenfalls nach den Unternehmenszielen bzw. der Unternehmensstrategie, wie alle weiteren Abteilungen der Medienorganisationen. Beispiele hierfür sind die Einführung von neuen spezialisierten Arbeitsteilungen durch die crossmedialen Newsdesk-Konzepte sowie die räumliche Zentralisation der redaktionellen Arbeit im Newsroom.

Für die erfolgreiche Umsetzung einer Strategie sind nicht nur die Struktur und die Prozesse von Bedeutung, sondern auch die internen und externen Beziehungen des Unternehmens. Externe Beziehungen werden außerhalb der Grenzen der Organisation aufgebaut. Hier sind beispielsweise Kunden, Partner oder Zulieferer gemeint. Interne Beziehungen lassen sich in Bezug zur Unternehmenszentrale und zur Strategie differenzieren. Hier spielen beispielsweise die *Delegation* und die *strategische Planung* eine wichtige Rolle (Johnson/Scholes/Whittington 2011: 561 f.).

Zu den externen Beziehungen zählen unter anderem das *Outsourcing und* die *strategischen Allianzen*. Das Outsourcing wird in der Medienbranche häufig in Anspruch genommen und bezeichnet die Entscheidung, „Dienstleistungen oder Produkte fremd zu vergeben, die zuvor unternehmensintern produziert wurden" (ebd.: 566). Allianzen werden oft gebildet, wenn Unternehmen Ressourcen oder Kompetenzen benötigen, sie aber nicht besitzen. Um diese zu erlangen, gehen sie auf Partnerschaften mit Konkurrenten, Lieferanten, Anbietern oder anderen Organisationen ein, die Wettbewerbs- oder strategische Vorteile erbringen (vgl. ebd.: 451 ff.).

Kooperationen mit Partnern zählen zur organisationalen und strategischen Entwicklung vieler Unternehmen, auch in der Zeitungsbranche. Die Zusammenarbeit mit Kooperationspartnern auf redaktioneller Ebene stellt hierfür ein Beispiel dar (s. Kapitel 4-6, S. 77-174).

### 2.2.2 Strategien der Verlage in der Zeitungskrise

Seit der „Krise am neuen Markt" (Beck/Reineck/Schubert 2010) und der Zeitungskrise 2000/2001 verfolgen Verlage unterschiedliche Strategien, die grundsätzlich eine Erlössteigerung sowie eine Kostenreduzierung erzielen. Auf unternehmensinterner Ebene setzen sie auf *Kooperationen* und *Zentralisierung*, nach außen sind *unternehmensübergreifende Kooperationen* sowie eine *Konzentration* auf dem Markt zu beobachten (vgl. Beck/Reineck/Schubert 2010: 232). Einerseits versuchen die Verlage das Printgeschäft weiterzuentwickeln, anderseits die zusätzlichen Möglichkeiten der digitalen Märkte für Nutzer und Werbekunden auszubauen. Neue Tendenzen zeichnen sich weiterhin in den Bereichen der B-2-B-Dienstleistungen, der Aus- und Weiterbildung, der Briefzustellung sowie des Veranstaltungsmanagements ab, was unter „Diversifizierungsmodelle" zusammengefasst wird (vgl. Bundesverband Deutscher Zeitungsverleger 2016: 38).

Als *Strategien der Kostenminimierung bzw. der Effizienzsteigerung im Vertrieb* zählen *Fusionen* oder Übernahmen innerhalb der Konzerne bzw. mit Vertriebstöchtern und die *Zentralisierung des Vertriebs* bzw. der Auslieferlogistik (Beck/Reineck/Schubert 2010: 108). Folglich ist eine Konzentration der Vertriebslogistik bei den großen Verlagen festzustellen, wobei kleinere Zeitungen öfters auf *Kooperationen* angewiesen sind. Auch auf die Grossisten wurde Druck ausgeübt in umkämpften Verhandlungen um die Grosso-Margen (vgl. ebd.: 108 ff.). Ab 2009 wurden ebenfalls *Copypreiserhöhungen* beobachtet (vgl. ebd.: 103).

Auf dem Anzeigen- und Werbemarkt werden unternehmensübergreifende Kooperationsstrategien vorangetrieben, die Synergien erzeugen sowie die veränderten Nachfragenstrukturen einbeziehen. Darunter zählen die *Kooperation im Anzeigenwesen* bzw. die *Auslagerung der eigenen Anzeigenabteilung* sowie die *Zentralisierung der Werbevermarktung* (vgl. ebd.: 93 f.). Im Rahmen dieser Zusammenarbeit bieten große Verlage Dienstleistungen beispielsweise in den Bereichen der Marktforschung, des Verkaufs und der Abwicklung an kleineren und mittelständigen Verlage an, wobei regionale Tageszeitungen ihre Anzeigen in der Regel eher selbst vermarkten (vgl. ebd.: 93 f.).

Zentralisiert wurde weiterhin die Kundenbetreuung bzw. die Vermarktung von Anzeigen in den verschiedenen Plattformen, was unter dem Begriff „One Face to the Customer" (Beck/ Reineck/Schubert 2010: 95) zusammenzufassen ist. Als weitere Maßnahme ist eine *Preisstrategie* der *Rabattierungen* im Anzeigenmarkt zu nennen, die allerdings zu einem Überangebot von Anzeigenraum sowie zu einer Verkleinerung des publizistischen Anteils der Zeitungen führte (vgl. ebd.: 96 f.).

Durch den Rückgang von Anzeigenbuchungen und die Verlagerung der Anzeigen in das Internet, das Abwandern der Leser zu den kostenlosen Angeboten sowie die schrumpfenden Käufermärkte ab 2007/2008 wird der Strukturwandel erneut vorangetrieben (vgl. ebd.: 7). Seit 2008 ist einen höherer Umsatz im Abo-Geschäft und im Einzelverkauf als im Anzeigengeschäft zu beobachten (vgl. ebd.: 102). Diese Verschiebung der Verhältnisse zwischen Einnahmen aus dem Vertrieb und aus Anzeigen und Werbung stellt seit einigen Jahren eine der wichtigsten strukturellen Veränderungen im Printgeschäft dar (vgl. Bundesverband Deutscher Zeitungsverleger 2016: 6).

Als weitere Strategie der Verlag können die *Produktdifferenzierung* (Büschken/von Thaden 2007: 597) und die *Diversifikation* ihrer Geschäftsfeldern genannt werden. Ziel dabei ist das Risiko durch verschiedene Produkte auf mehrere Märkte zu streuen sowie „den Ertrag durch Nutzung von Synergien [...] zu steigern" (vgl. Büschken/von Thaden 2007: 611). Denn eine Rückkehr zu den Umsätzen vor der Krise wird für unwahrscheinlich gehalten (Beck/Reineck/Schubert 2010: 69 f.). Beispiele der Diversifikationsstrategie der Verlage wurden schon oben aufgelistet.

Im Bereich der Produktpolitik werden darüber hinaus *neue Werbeformen* sowie *Sonderwerbeformen* ausprobiert, die bei Corporate Publishing-Maßnahmen starten und über crossmediale Buchungsmöglichkeiten hinausgehen (vgl. Beck/Reineck/Schubert 2010: 96; Berg 2009: 67 ff.). Gemeint sind gestalterische sowie werbeorientierte Lösungen, wie beispielsweise die sogenannte *Mutation* einer Seite im Sinne der Werbekunden oder eine werbeorientierte *Titel-Montage* (vgl. Beck/Reineck/Schubert 2010: 96). Da die Grenzen zwischen Werbe- und redaktionellen Anteil dabei unschärfer werden, ist diese Praxis für den Journalismus nicht unproblematisch.

Die Erweiterung der Produktlinien wird auf der Basis schon vorhandener Marken, durch Nebenprodukte, die aus einen anderen Produkt entstehen (vgl. ebd.: 116 f.), sowie durch sogenannte *Lite-Ausgaben* realisiert. Die Lite-Ausgaben sind eine komprimierte Version des originalen Produkts, die entsprechend auch günstiger angeboten werden (vgl. Beck/Reineck/Schubert 2010: 116 f.; Berg 2009: 54 ff.). Um die Herstellungskosten zu reduzieren sowie den Seitenumfang und die Platzierung der Inhalte zu flexibilisieren, stellen einige Verlag außerdem auf das *Tabloid-Format* um (vgl. Beck/Reineck/Schubert 2010: 114).

Gerade im Druckbereich werden vonseiten der Verlage noch Einsparpotenziale gesehen (vgl. ebd.: 234). So setzen sie auch bei der Herstellung auf *Kooperationen* und *Outsourcing*, um Kosten zu senken (vgl. ebd.: 111 ff.).

> Die Verlage lagern Produktionsabteilungen entweder in Tochterunternehmen oder einen externen Dienstleister aus. Im ersten Fall entgehen sie dadurch der Tarifbindung, im zweiten Fall kaufen sie die Dienstleistungen auf dem freien Markt ein, so dass die Preise ebenfalls sinken. Gleichzeitig steigen jedoch die Transaktionskosten, weil externe Dienstleister permanent informiert werden müssen. Die unmittelbare Anbindung an die Redaktion ist nicht mehr gegeben, was sich auf die Qualität des Endproduktes auswirken kann (Beck/Reineck/Schubert 2010: 114).

In den letzten Jahren wurde der Großteil der Investitionen der Medienhäuser allerdings für den Ausbau des Digital-Geschäfts angewendet. Eine nachvollziehbare Strategie, denn die Entwicklung im Online-Bereich wird „als eine der zentralen *strukturellen* Herausforderungen der Printmedien" (ebd.: 134 ff.) betrachtet. Dieser Einstieg der Printhäusern in die Onlinewelt ist im Zuwachs der Zeitungswebsites von 41 (1996) auf 662 (2016) deutlich zu erkennen (Bundesverband Deutscher Zeitungsverleger 2016: 18). Für Regionalzeitung spielt in dieser Hinsicht ebenfalls die starke Regionalisierung der Inhalte eine große Rolle.

Wichtiger Bestandteil der Online-Strategien ist die Übertragung der publizistischen bzw. redaktionellen Kernkompetenzen des Printbereichs auf die Online-Angebote, wobei die vorhandene Expertise sowie die produzierten Inhalte mehrfach genutzt bzw. verwertet werden. Darüber hinaus werden die verschiedenen Produkte unter dem Dach eines Portals angeboten bzw. vermarktet – die sogenannten „*vertikale Netzwerke*" – und die Online-Angebote mit Suchmaschinefunktion optimiert (vgl. Beck/Reineck/Schubert 2010: 136 ff.).

> Um die Reichweiten zu erhöhen, greifen die Verlagswebsites auch auf Methoden zurück, die nichts mit redaktionellen Inhalten zu tun haben. Dazu gehören zum einen Strategien, um die Page Impressions zu erhöhen, etwa durch Fotogalerien, in denen jedes Foto auf einer neuen Seite geöffnet wird. Zum anderen beauftragen die Verlage Agenturen, die sich um die Suchmaschinenoptimierung ihrer Angebote küm-

mern, um auch die Zahl der Visits und Unique User zu erhöhen (Beck/Reineck/Schubert 2010: 135).

In diesem Zusammenhang wird prognostiziert, dass die publizistische Qualität von Onlineangeboten steigern wird (vgl. Beck/Reineck/Schubert 2010: 234). Allerdings scheint die Frage nach Art der Finanzierungsmodelle journalistischer Inhalten im Online-Bereich aktueller denn je, insbesondere was die Vermarktung bzw. „Paid Content" angeht. Diese werden als „strategische Zukunftsfragen eines Qualitätsjournalismus" betrachtet (ebd.: 235). Dabei setzen Medienhäuser auf neue Online-Strategien, insbesondere was die Finanzierung angeht (vgl. Röper 2016: 256).

Die Zeitungsunternehmen sind zudem vielfältig bemüht, mit ihren Onlineaktivitäten den Umsatz zu steigern. Nach Angaben des Bundesverbandes Deutscher Zeitungsverleger (BDZV) haben inzwischen 120 Zeitungsunternehmen Bezahlschranken bei ihren Onlineportalen eingeführt. Eine wachsende Zahl von Verlagen stellt sogenannte Instant Articles, besonders schnell ladende Einzelbeiträge, bei Facebook ein, um mit ihnen Werbeerlöse zu erzielen. Ein Onlinekiosk wie Blendle wird genutzt, um einzelne redaktionelle Leistungen für kleine Beiträge zu verkaufen" (Röper 2016: 256).

Auch im Werbebereich sind im Internet Zuwächse zu erkennen, denn von 153 Millionen Euro netto im Jahr 2000 wurden sieben Jahre später 689 Millionen Euro verbucht (Bundesverband Deutscher Zeitungsverleger 2016: 8). So gehen die Online-Strategien der Verlage weiter über die publizistischen Angebote hinaus, wobei der redaktionelle Content teilweise mit kommerziellen Angeboten verknüpft wird. Um ihre Umsätze zu steigern setzten sie somit auf Online-Werbung sowie auf weitere *Finanzinvestitionen oder -beteiligung im Onlinesektor*, wie beispielsweise durch Gründung oder Kauf von *Anzeigenportalen* (vgl. Beck/Reineck/Schubert 2010: 140 ff.). Allerdings werden einige Projekte im Online-Bereich mittlerweile mit Skepsis betrachtet, denn die „erwarteten Gewinne blieben [...] bislang aus" (ebd.: 149).

### 2.2.3 Die Strategien der Verlage und die Reorganisation der Redaktion

Im redaktionellen Bereich bzw. in der Redaktion können im Zuge der Umstrukturierungen innerhalb der Verlage insbesondere die Mehrfachverwertung des Contents, die Synergien zwischen der Produktion von Print- und Onlineinhalten oder die Zusammenlegung der Autoren in größeren

Onlineredaktionen als Strategie genannt werden (vgl. Beck/Reineck/Schubert 2010: 160).

> Die Verlage nahmen die Wirtschaftskrise vielfach zum Anlass für einen nachhaltigen Umbau der redaktionellen Strukturen. Insofern standen zwar konjunkturelle Argumente im Vordergrund, in Wirklichkeit ging es den Verlagshäusern jedoch um nachhaltige Veränderungen als Reaktion auf strukturelle Verschiebungen im Pressemarkt. Im Wesentlichen konzentrierten sich die Neuerungen auf vier Felder: die Integration von Print und Online, die Zusammenlegung von Redaktionen, die Syndizierung von Artikeln und die Einrichtung von Autorenpools (Beck/Reineck/Schubert 2010: 160).

Kieser und Walgenbach (2007) sehen gerade die Organisationsstruktur als ein Mittel, um das Ziel der Organisation in konkretere Verhaltenserwartungen zu übersetzen. So steuert die Organisationsstruktur das Verhalten der Organisationsmitglieder *„im Hinblick auf das Organisationsziel"* (vgl. Kieser/Walgenbach 2007: 7).

Klassischerweise wird die formale Struktur einer Organisation in Aufbau- und Ablauforganisationsformen und ihre Varianten differenziert.

> Gegenstand der Aufbauorganisation ist die hierarchische Strukturierung eines Unternehmens durch Zuordnung von Aufgaben (Verrichtung) und Entscheidungsbefugnissen (Kompetenzen) auf organisatorische Einheiten (Stellen, Objekte). [...] Gegenstand der Ablauforganisation ist die Gestaltung und Regelung der innerhalb der Aufbauorganisation ablaufenden Informations- und Arbeitsprozesse (Prozessorganisation) (Kiener et al. 2012: 39).

In den Redaktionen finden sich diese beschriebenen Organisationsformen wie die Aufbau- oder die Ablauforganisation aus der Betriebswirtschaftslehre selten in Reinform (vgl. Meier 2004: 99 f.; 2013: 170). Je nach Produkt und Unternehmensstruktur kann die redaktionelle Arbeit durch die Kombination mehrerer Modelle organisiert werden: Ein- oder Mehrlinienorganisation, Matrix- oder Stablinienorganisation (s. Abbildung 3, S. 55). Grundsätzlich spricht man von *Spartenorganisation*, wenn Redakteure auf Objekte (Sendungen, Themen) spezialisiert sind, und von einer *Funktionalorganisation*, wenn die Arbeitsaufteilung nach Tätigkeiten (Reporter, Editor) erfolgt (vgl. Meier 2013: 167).

Aus Perspektive der Aufbauorganisation kann die klassische pyramidenförmige Hierarchiestruktur der Zeitungsredaktionen, von Chef-Redakteur bis zum freien Mitarbeiter, als *Einlinienorganisation* klassifiziert werden (vgl. Meier 2013: 168). Bei den *informationsorientierten Medien wird* die Redaktion klassischerweise in Ressorts eingeteilt, die als Wahrnehmungsstrukturen des Journalismus gelten (vgl. Meier 2004: 96; 2013: 166).

Um die Zusammenarbeit in Einlinienorganisationen über Ressorts, Teams und Abteilungen hinweg zu koordinieren greifen Redaktionen beispielsweise auf weitere Organisationsmodelle zurück. Das ist der Fall bei der Bildung einer *Stablinienorganisation* (vgl. Meier 2013: 168). Redaktionen können weiterhin *Mehrlinienorganisation* aufweisen, wobei Redakteure in Teams für verschiedene Ressortleiter trotz fachlicher Spezialisierung arbeiten (vgl. ebd.: 168).

Bilden sich Arbeitsgruppen oder fachlich spezialisierte Pools für die Ausführung von bestimmten Aufträgen oder Sonderausgaben spricht man von einer *Matrixorganisation* (vgl. Pühringer 2007: 28 f.). Merkmal dieser Organisationsform ist die Kombination aus funktionalen und objektorientierten Gruppen, wie beispielsweise bei der Einrichtung von Fotografen- oder Reportergruppen sowie Layouterpools, die den Ressorts und Plattformen der Redaktion Materialien und Themen zuliefern (vgl. Meier 2004: 99). Als Beispiel ist die crossmedial integrierte Redaktion zu betrachten (Meier 2013: 170).

Bis zur ersten Zeitungskrise in den Jahren 2000/2001 organisierten sich die deutschen Zeitungsredaktionen in der Regel in der klassischen pyramidenförmigen Hierarchiestruktur. Seitdem veränderte sich die Organisationsform in den Printredaktionen aufgrund der Restrukturierungsprozesse kontinuierlich. Als Folge der neuen strategischen Ausrichtung der Verlage wurden die Produktionsprozesse und die Arbeitsaufteilung teilweise reorganisiert, insbesondere durch die Digitalisierung und die Konvergenz der Plattformen und der Arbeitsprozesse sowie durch die Einführung neuer crossmedialer Organisationsformen, Workflows, Koordinierungsmechanismen und Funktionen, die unter dem Begriff Newsdesk bzw. Newsroom zusammengefasst werden (Meier 2013: 174).

Im Newsroom werden klassische redaktionelle Grenzen wie die Ressorts aufgehoben und durch Projektteams ersetzt, in der Regel aus Kostengründen (vgl. Blöbaum 2000: 137). Weiterhin konstatiert Blöbaum weitere Entwicklungen wie das *Outsourcing und die Differenzierung* (vgl. Blöbaum 2000: 137), wobei Teile der redaktionellen Produktion an Dritte vergeben werden oder eigenständige Redaktionen entlang neuer, differenzierter Aufgaben, entstehen. Durch die crossmediale, plattformübergreifende Produktion von Inhalten sowie die Einführung neuer Redaktionssysteme entstehen in der Redaktion neue zeitliche Strukturen und vernetzte Workflows (vgl. Meier 2013: 170 f.) (s. Abbildung 4, S. 56).

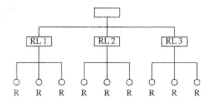
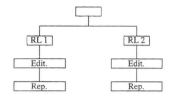

**Einlinienorganisation I:**

Die klassische Redaktionsorganisation im deutschsprachigen Raum: Die Redakteure (R) sind Ressortleitern (RL) unterstellt. Jeder übernimmt alle Aufgaben (Texten, Redigieren, Layout) – eine rein objektorientierte Spezialisierung.

**Einlinienorganisation II:**

Die klassische Redaktionsorganisation im anglo-amerikanischen Journalismus: Die Journalisten sind zwar auch objektorientiert spezialisiert, aber nicht in so viele Ressorts wie in Deutschland. Prägender ist die funktionale Spezialisierung nach Tätigkeiten: Die Reporters recherchieren und schreiben. Sie arbeiten den Editors zu, die redigieren, das Blatt planen und gestalten.

**Stab-Linien-Organisation:**

Zur Einlinienorganisation kommt eine Stabsstelle hinzu, zum Beispiel ein Chef vom Dienst oder Redaktionsmanager. Er koordiniert Ressorts, Themen und Projektteams.

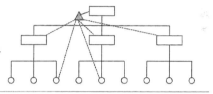

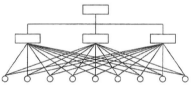
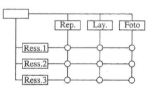

**Mehrlinienorganisation:**

Die fachlich spezialisierten Redakteure arbeiten für verschiedene Ressorts. Die Ressortleiter stellen sich themenorientiert immer wieder Teams zusammen.

**Matrix-Organisation:**

Die Teams sind zum einen tätigkeitsorientiert (Reporter-, Layouter-, Fotografengruppe) mit je einem Leiter und zum anderen objektorientiert nach klassischen Ressorts eingeteilt. Die Reportergruppe zum Beispiel beliefert verschiedene Ressorts – je nach Thema.

*Abbildung 3: Grundmodelle der Redaktionsorganisation. Quelle: Meier 2013: 169.*

Der >>Newsroom<< ist nicht einfach ein traditionelles Großraumbüro, sondern unterstützt architektonisch neue redaktionelle Konzepte des ressort- und medienübergreifenden Planens und Arbeitens. Die Wände zwischen Ressorts und Medien werden eingerissen; alle Journalisten

*Kapitel 2*

sitzen in einem gemeinsamen Redaktionsraum und sollen sich so besser absprechen und koordinieren. Mit dem Begriff Newsroom ist indes gar nicht so sehr die Architektur, sondern eher das neuartige Organisationsmodell und die neue Art, journalistisch zu denken und zu handeln, gemeint. Oft ist die Rede vom „Fall der Mauer im Kopf". [...] Der Newsdesk bildet dann das Zentrum eines Newsrooms (Meier 2013: 174).

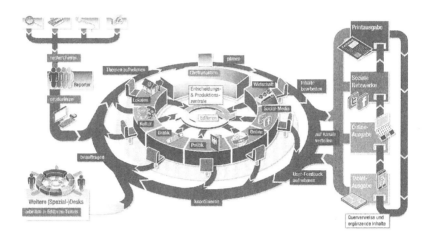

*Abbildung 4: Aufgabenverteilung im Newsroom (Crossmediale (Lokal-)Redaktion). Quelle: Meier 2013: 175.*

Der Begriff Newsroom beinhaltet in dieser Hinsicht viel mehr als „nur" den Produktionsort, an dem die journalistischen Inhalte produziert werden (vgl. ebd.: 174). Von Bedeutung ist hier die Zusammenarbeit von Online und Print. Dabei können drei grundsätzliche Typen redaktioneller Konvergenz bzw. Newsroom-Strategien (García Avilés et al. 2009) unterschieden werden, die auf der Basis von Fallstudien in Deutschland, in Österreich und in Spanien, definiert wurden: Full integration bzw. eine *vollständige Integration, Cross Media* sowie Coordinating independent platforms bzw. die *Koordination von eigenständigen Plattformen* (vgl. Meier 2013a; García Avilés et al. 2009). Schlüsselwörter wie Crossmedia und Konvergenz, die sich im Allgemeinen auf das Mischen oder Zusammenführen von ehemals getrennten Medientechnologien, vor allem basierend auf Digitalisierungsprozessen (vgl. Quandt/Singer 2009: 137 ff.) beziehen, symbolisieren in dieser Hinsicht den rasanten Strukturwandel der Medien- und des Journalismus (vgl. Meier 2013a: 119).

Crossmedia Redaktionen verändern ebenfalls das journalistische Story-Telling und die Genres (vgl. Meier 2013a: 123), denn sie eröffnen die Möglichkeit der Interaktion und der Distribution der Inhalte auf mehrere Kanäle. Als „Verbreitungsplattform" und „Contentplattform" spielt das Internet (Engel/Best 2012: 62) mit den Möglichkeiten der Hypermedialität (Jakubetz 2008) eine zentrale Rolle in der Umsetzung von crossmedialen Strategien und Arbeitsweisen. Beispiele hierfür sind die Phänomene des *Partizipativen Journalismus* (vgl. Meier 2013a; Sehl 2011; Quandt/Singer 2009), wobei die Nutzer einbezogen werden, und des „Crowdsourcing", die die Mitarbeit der User bei Recherche und Themenfindung oder die Interaktion durch Kommentare vorsieht.

Weiterhin werden der *Prozessjournalismus* (vgl. Meier/Reimer 2011: 140) sowie die neuen Formen des *Datenjournalismus* als neue Berichterstattungsmuster betrachtet (vgl. Meier/Reimer 2011: 187; Meier 2013a: 125). Als weitere Darstellungsformen kommen alle digitale und Online-Formate infrage, die für den Journalismus angewendet werden, wie beispielweise Twitter-Meldungen und Facebook-Posts oder multimediale Reportagen (vgl. Meier 2013a: 125).

Aus unternehmerischer Sicht können durch die crossmedialen Redaktionen die technischen Möglichkeiten der Digitalisierung zur Reichweitenerhöhung genutzt werden, um die Verluste im Printbereich teilweise auszugleichen sowie um neue Zielgruppen im Internet zu erreichen (vgl. Meier 2013a: 120). So werden in den eingeführten crossmedialen Arbeitsweisen die bestehenden redaktionellen Print-Ressourcen somit „durch das „Kreuzen der Medien" am crossmedialen Newsdesk [...] praktisch ins Internet geschoben" (Meier 2013a: 120). Diese Zentralisation der Redaktion im Newsrooms und die Nutzung von Journalistenpools werden von vielen Verlagen als „Qualitätsstrategie" verstanden (vgl. Beck/Reineck/Schubert 2010: 234).

Allerdings wurde im Zuge der Restrukturierung Redaktionen verkleinert oder zusammengelegt, was sich auf die Qualität auswirkt und teilweise zu Einschränkungen im redaktionellen Output führte (vgl. Beck/Reineck/Schubert 2010). Prognostiziert wird in diesem Zusammenhang, dass die Umstrukturierungen der letzten Jahre und die Personalsituation mancher Redaktionen „mit großer Wahrscheinlichkeit publizistische Folgen haben" werden (ebd.: 233). Weitere Fallstudien deuten darauf hin, dass insbesondere „auf regionaler Ebene – durch die Zusammenlegung ehemals eigenständiger Redaktionen [die Medienvielfalt] abnimmt" (Rinsdorf 2011). Positiv soll sich diese Entwicklung auf „einzelne Titel oder Plattfor-

*Kapitel 2*

men" auswirken, wobei die Qualität stabil bleibt oder „sogar zunehmen" kann (Rinsdorf 2011).

> Zu nennen ist hier einerseits der potenzielle Verlust von Themenvielfalt, ggf. auch von Meinungsvielfalt, andererseits möglicherweise auch der Qualitätsgewinn für einzelne Titel oder Ressorts durch publizistische Synergieeffekte. [...] Als Hypothese lässt sich formulieren, dass die Schere zwischen Qualitätspresse mit hohen Verkaufspreisen und hohem Erlösanteil aus dem Verkauf einerseits und eher anzeigen- bzw. werbefinanzierten hochauflagigen Presseprodukten andererseits weiter auseinander gehen wird. (Beck/Reineck/Schubert 2010: 233).

Die Restrukturierung bzw. die Rationalisierung der vorhandenen Ressourcen haben in dieser Hinsicht bedeutende Folgen für das Personal bzw. für die Journalisten in den Redaktionen: Einstellungsstopps, Kürzung der Honorare, Altersteilzeit, Kurzarbeit sowie freiwillige oder unfreiwillige Entlassungsprogramme sind einige der Beispiele der personalpolitischen Maßnahmen der Verlage (vgl. Beck/Reineck/Schubert 2010: 151 ff.). Sondiert wird weiterhin über die *Kürzung von Gehältern, von Urlaubs- und Weihnachtsgeldern* (vgl. ebd.: 154).

Die personelle Entwicklung der letzten Jahre in den Redaktionen wird von Beck, Reineck und Schubert (2010) sehr treffend als eine „Erosion der redaktionellen Ressourcen" beschrieben. So sollen seit Beginn der Krise pro Redaktion durchschnittlich elf Journalisten entlassen worden sein (vgl. Pürer/Raabe 2007: 395). Im Zuge dieser Entwicklung bleibt aus finanziellen sowie aus personalbezogenen Gründen wenig Zeit für Exklusivgeschichten und investigativen Journalismus (vgl. Beck/Reineck/Schubert 2010: 152). Außerdem sind viele Redaktionen infolgedessen auf Agenturmaterial und auf Synergien angewiesen (vgl. ebd.: 149 ff.). Redaktionelle Synergien entstehen in diesem Zusammenhang durch Artikelsyndizierung, wobei *Artikel zwischen verschiedenen Titeln ausgetauscht bzw. verwendet* werden (vgl. ebd.: 165).

Eine Studie im Auftrag des Deutschen Fachjournalisten-Verbandes (DFJV) ergab, dass im Rahmen der Strategien der Verlage in der Krise „zumindest bislang Maßnahmen zur Kostensenkung im Vordergrund stehen" sollen (ebd.: 232). Allerdings scheinen die Sparmöglichkeiten im redaktionellen Bereich am Ende zu sein. Denn aus Sicht einiger Verlage sind die Sparpotenziale in der Redaktion „bereits erschöpft" (ebd.: 234).

### 2.2.4 Strategiewechsel und die Ökonomisierung des redaktionellen Handelns

Die zunehmende Ausrichtung der Medienorganisationen an Marktmechanismen beeinträchtigt somit die Arbeitsbedingungen der Journalisten (vgl. Czepek 2016: 35) und hat Folgen für die publizistische Vielfalt. Dabei ist das wirtschaftliche Handeln der Verlage, im Sinne von Verringerung von Unsicherheiten, als Überlebensstrategie selbstverständlich (vgl. Kiener et al. 2012: 3 f.). Privatwirtschaftliche Unternehmen wie Pressebetriebe haben als Unternehmensziel die erfolgreiche Produktion und den gewinnerbringenden Absatz von Zeitungen (vgl. Pürer/Raabe 2007: 11). Als soziale Systeme mit wirtschaftlichem Orientierungshorizont möchten Verlage bzw. Medienunternehmen mit ihren institutionalisierten Handlungen somit ihr Bestehen als privatwirtschaftliche Organisationen auf dem Markt garantieren.

Um ihr Überleben auf dem Markt zu sichern, werden in allen Bereichen des Medienunternehmens Strukturen geschaffen, um die Erreichung dieses Zieles zu garantieren. Beispiele hierfür sind die Redaktion, das Anzeigenwesen, der Vertrieb, die kaufmännische Verwaltung und die Technik (vgl. Pürer/Raabe 2007: 11). So muss die Redaktion ebenfalls einen Beitrag leisten, um die Unternehmensziele zu erreichen, sowohl im Sinne der Wirtschaftlichkeit durch Etatkontrolle oder Ressourcendisposition, als auch im publizistischen Sinne durch die Einhaltung journalistischer Standards (vgl. Althans 1996: 129). Dabei setzen sich die Ziele der Redaktion aus den (eigenen) publizistischen und aus den Medienunternehmen abgeleiteten ökonomischen Erwartungen – bzw. Entscheidungsprämissen – zusammen, die in dem „Korridor" der redaktionellen Programme zusammengefasst werden (vgl. Altmeppen 1999: 52 f.).

Diese strukturelle Anpassung der journalistischen Arbeit an die Entscheidungsprämissen der Medienorganisation ist somit in hohem Maße auf ökonomische Zwänge zurückzuführen. Die „Möglichkeiten und Restriktionen von Unternehmensstrukturen" (vgl. Altmeppen 2008: 239), die in den Entscheidungsprämissen der Medienunternehmen aufgespeichert sind, nehmen Einfluss auf die journalistischen Entscheidungen bzw. auf das journalistische Handeln. Dabei wird die publizistische Arbeit in der Redaktion an die primären Ziele der Medienorganisationen angepasst: die Steigerung der Wettbewerbsfähigkeit sowie das Bestehen des Wettbewerbs.

Altmeppen ergänzt in diesem Zusammenhang, dass die „Redaktionen nicht nur in unternehmerischem Denken geschult, sondern strukturell (durch Zielsetzungen, Regeln und Ressourcen) ökonomisiert (werden)"

*Kapitel 2*

(vgl. Altmeppen 2008: 244). Die Ziele der Redaktionen legen sich nicht nur aus den (eigenen) publizistischen, sondern auch aus den betriebswirtschaftlichen Zielen der Medienorganisationen zusammen, die in den sogenannten Entscheidungsprämissen formuliert sind (ebd.: 242).

Diese Ausrichtung der redaktionellen Arbeit an den markwirtschaftlichen Anforderungen wird häufig mit dem Begriff der „Ökonomisierung" bzw. „Kommerzialisierung der Medien" in Verbindung gebracht (vgl. Böskens 2009; Altmeppen 2008; Kiefer 2005: 22 ff.; Heinrich 1994: 171). Darunter versteht sich die zunehmende „Überlagerung des publizistischen Regimes durch die Systemrationalität des ökonomischen" (vgl. Kiefer 2005: 22), was vor allem eine Verschiebung der Leitwerte bedeutet: „Die publizistischen [Leitwerte] treten zurück ins zweite Glied, die ökonomischen werden dominant" (vgl. ebd.: 22). Erkannt werden die „Ökonomisierungstreiber" (Altmeppen 2008: 242) in den Entscheidungsprämissen und -programmen sowie in der Ressourcenallokation und in den Medienangeboten (vgl. ebd.: 242).

Der Prozess der Ökonomisierung im Journalismus äußert sich beispielsweise durch verstärkte betriebswirtschaftliche und marketingorientierte Denkweisen in der redaktionellen Arbeit. So scheinen die betriebswirtschaftlichen Rahmenbedingungen „immer stärker das journalistische Handeln von Redaktionen und einzelnen Medienschaffenden zu strukturieren" (Meier/Jarren 2001: 153). Beispiele hierfür sind die permanenten Optimierungs- sowie Rationalisierungsprozesse, die gemeinsame Ressourcennutzung zwischen kooperierenden Redaktionen bzw. Verlagen und die Produktion von Kundenausgaben. Auch die Themenplanung findet häufiger zusammen mit weiteren Verlagsabteilungen statt (s. Kapitel 6, S. 144). Dabei folgt der Ökonomisierung der Redaktion einer Ökonomisierung des redaktionellen Handelns.

In der Journalismusforschung wird diese Übertragung der Strategie des Unternehmens auf den Journalismus bzw. auf die Redaktion durch die *Ko-Orientierung* zwischen journalistischen und Medienorganisationen erklärt (vgl. Altmeppen 2006: 17 ff.). Aufgrund der *Ko-Orientierung* stehen Journalismus und Medienorganisationen in einem Dependenzverhältnis zwischen der journalistischen Produktion von Informationen bzw. Inhalten und den Distributionsleistungen der Medienorganisationen (vgl. ebd.: 17 ff.). Die Kooperation von Journalismus und Medien findet in der Kombination „der Kernkompetenzen Inhalte, Inhaltsproduktion (durch den Journalismus) und der Distributionskompetenz (durch die Medien) zu synergetischen optimalen Ressourcenallokationen" (vgl. ebd.: 158).

> Unter Ko-Orientierung von journalistischen und Medienorganisationen werden Erwartungserwartungen verstanden, die aus wechselseitiger Abhängigkeit von Informationsproduktion (der journalistischen Organisationen) und Mitteilungsleistungen (der Medienorganisationen) resultieren. [...] Der grundlegende Mechanismus ist als Tausch zu verstehen. Die Medienorganisationen bezahlen die journalistischen Organisationen für die Contentlieferungen, wobei der Begriff des Zahlens als Metapher zu verstehen ist. Die Medienorganisationen bezahlen nämlich, indem sie den journalistischen Organisationen Ressourcen zur Verfügung stellen. Dieses Tauschgeschäft, Informationsprodukte gegen Ressourcen', begründet die Beziehungen zwischen journalistischen und Medienorganisationen (Altmeppen/Greck/Evers 2016: 60 f.)

Aufgrund der Ko-Orientierung zwischen Journalismus und Medien erreichen die Ökonomisierungsprozesse der Medienorganisationen ebenfalls die Redaktion. Weil Medien ökonomische Ziele verfolgen, wird die Ökonomisierung somit dort „produziert" und an das System Journalismus weitergegeben (vgl. Altmeppen 2006: 235). Diese „Kontextabhängigkeit" ist den journalistischen Organisationen in dieser Hinsicht inhärent (Altmeppen 1999: 37).

> Presseunternehmen sind in westlichen Demokratien in der Regel privatwirtschaftlich organisiert und zielen infolge ihrer kommerziellen Ausrichtung auf Gewinne bzw. Rentabilität ab. (...) Die Grundlinie oder das Programm privatwirtschaftlich geführter Medien bestimmt der Medieninhaber, bei Zeitungsunternehmen der Verleger. An dieser Grundausrichtung orientiert sich auch die Arbeit der Medienschaffenden, insbesondere der Journalisten (Pürer/Raabe 2007: 271 f.).

Diese „Dualität von Ökonomie und Publizistik kennzeichnet alle Stadien des Prozesses von Medienproduktion, -distribution und -konsumtion" (Altmeppen 2006: 12 f.), denn Massenmedien sind aus ökonomischer Betrachtungsweise industriell erzeugte Dienstleistungen, die sowohl wirtschaftlichen Organisationsprinzipien unterworfen sind, als auch gesellschaftspolitischen und publizistischen Ansprüchen gerecht werden müssen (vgl. Meier/ Trappe/Siegert 2005: 217).

Der Zwang, „Geld zu verdienen", begleitet somit die professionelle Aussagenproduktion in den Massenmedien eigentlich schon immer. Der redaktionelle Teil sollte dabei bloßes „Mittel zum Zweck" sein (Bücher 1917; 1981: 219). So bestimmt der ökonomische Imperativ „in guten wie in schlechten Zeiten in einem überragenden Ausmaß die Produktionsbedingungen in den Redaktionen" (Trappe 2004: 432).

Das ökonomische Prinzip spielt insbesondere bei der Produktion von Gütern und Dienstleistungen eine herausragende Rolle. Auf dessen Grundlage wird bei Handlungsentwürfen und Entscheidungen immer nach den effizienteren Handlungsalternativen gesucht, die aus betriebswirtschaftlicher Sicht durch den geringstmöglichen Mitteleinsatz den größtmöglichen Zielbeitrag ermöglichen. Dieser Mechanismus wird als *Effizienzprinzip* zusammengefasst (vgl. Kiener et al. 2012: 16 f.).

> Unter Rückgriff auf das ökonomische Prinzip geht es im Rahmen der Produktion darum, so zu handeln, dass der angestrebte Output mit einem Minimum an Input erreicht wird (Minimumprinzip) bzw. dass der Output bei gegebenem Input möglichst so groß ausfällt (Maximumprinzip) (Kiener et al. 2012: 18).

Um ihre Überlebenschancen zu sichern, versuchen erwerbswirtschaftlich organisierte Unternehmen somit das *gewinnmaximale Produktionsprogramm* zu ermitteln (vgl. ebd.: 168). Dabei werden beispielsweise bei *der Planung der Personalkapazitäten* die personellen Ressourcen zur Abdeckung des Personalbedarfs bereitgestellt (vgl. ebd.: 168). Weiterhin werden Maßnahmen zum Kapazitätsabgleich ergriffen, die die Anpassung der Kapazität an die Belastung zum Ziel haben. Beispiele hierfür sind Überstunden, Zusatzschichten, Springereinsätze und Leiharbeit oder die intensitätsmäßige Anpassung der Produktion (vgl. Kiener et al. 2012: 268; Zäpfel 1996: 192).

Bei der intensitätsmäßigen Anpassung werden die Arbeitsintensität von Maschinen oder des Leistungsgrades von Mitarbeitern erhöht sowie Standardisierungsmaßnahmen eingeführt, die die Produktion rationalisieren sollen (vgl. Kiener et al. 2012: 268). All das wird in dem Begriff der *Rationalisierung* umschrieben, die nicht nur die Steigerung der Produktivität der Maschinen, sondern ebenfalls der menschlichen Arbeit zum Ziel hat. Die Ergiebigkeit des Produktionsprozesses wird unter dem Begriff *Produktivität* zusammengefasst (vgl. ebd.: 105 ff.).

So fremd das alles der Journalismus erscheinen mag, berichten die Interviewpartner in den untersuchten Redaktionen genau über solche Maßnahmen. Begriffe wie Produktivität, Effizienzsteigerung und Rationalisierung verwenden die Interviewpartner, um über die Restrukturierungsprozesse zu berichten. Die Mitglieder der Chef-Redaktion sprachen über die „Flexibilisierung und Optimierung des Ressourceneinsatzes", über die „Rationalisierung der Arbeit" sowie über den „Wunsch nach Effizienz- und Qualitätssteigerung", insbesondere zur Zeit der Einführung neuer Redaktionskonzepte. Die Optimierung der Arbeit bzw. der Produktion war aus Sicht der Experten „notwendig" (s. Kapitel 4, S. 77).

## 2 Theoretische Konzepte

Journalismus und Medien werden allerdings als eigenständige und autonome Organisationssysteme betrachtet, die sich anhand ihrer Leistungen, Programme sowie ihrer Struktur und ihres Managements unterscheiden lassen (s. Abbildung 5. S. 63).

Wir gehen davon aus, dass Medien dem teilsystemischen Orientierungshorizont der Wirtschaft folgen, ihr Code also in der Unterscheidung von Zahlung/Nichtzahlung besteht. Journalismus dagegen orientiert sich an Öffentlichkeit und damit am Code öffentlich/nicht-öffentlich (Altmeppen 2006: 28).

Der Journalismus wird somit als Leistungssystem des gesellschaftlichen Funktionssystems Öffentlichkeit definiert (Görke/Kohring 1997; Kohring/Hug 1997). Dieser Betrachtungsweise des Leistungssystems Journalismus als ein *Subsystem* des Systems Öffentlichkeit folgt auch Löffelholz (2003: 42). Darüber hinaus determiniert das System Öffentlichkeit, welche Leistungen der Journalismus erbringen soll: Der Journalismus „selektiert, bearbeitet und publiziert [...] Themen, die zielgruppenspezifisch als informativ und relevant gelten" (Altmeppen 2006: 118). Für den Journalismus gilt der Code informativ/nicht-informativ (vgl. Blöbaum 1994: 273), öffentlich/nicht-öffentlich (vgl. Altmeppen 2006: 28).

| Kriterien | Wirtschaft | Publizistik |
|---|---|---|
| Elemente der Systemrationalität | Eigennutzorientierung ökonomischer Wettbewerb | Öffentlichkeitsorientierung Aufmerksamkeitswettbewerb |
| Leitwerte | Effizienz Rentabilität | Aufklärung demokratische Kontrolle |
| Steuerungsmedium | Geld | Publizität |
| Beitrag an die Gesellschaft | Waren und Dienstleistungen | öffentliche Meinung |
| Sanktionssystem | stark | schwach |
| Institutionalisierung | Wirtschaftsunternehmen | Medienbetriebe |

*Abbildung 5: Idealtypischer Vergleich der Systeme Wirtschaft und Publizistik. Quelle: Kiefer 2005: 193.*

Das komplexe Verhältnis zwischen ökonomischen und publizistischen Ziele innerhalb der Medienorganisationen bzw. -institutionen sowie deren gesellschaftliche Auswirkung werden im Rahmen der Medienökonomie behandelt. Dabei untersucht die Medienökonomie ebenfalls die ökonomischen Bedingungen des Journalismus bzw. „wie die Güter Information, Unterhaltung und Verbreitung von Werbebotschaften in aktuell berichtenden Massenmedien produziert, verteilt und konsumiert werden" (Heinrich 2001: 19 ff.).

*Kapitel 2*

Als Träger werblicher und publizistischer Informationen stehen Massenmedien in dieser Hinsicht in einer Doppelfunktion (vgl. ebd.: 81 ff.). Sie sind auf zwei unterschiedliche Zielgruppe ausgerichtet: Das Publikum und die Werbewirtschaft, was erhebliche Konflikte innerhalb der Medienorganisationen, aber auch auf Systemebene verursachen kann (vgl. ebd.: 81 ff.).

Die strukturellen Zielkonflikte zwischen Wirtschaft und Publizistik lassen sich im Normensystem, im Verfahren, im Wirkungsbereich sowie im Kontrollsystem festhalten (vgl. ebd.: 81 ff.). All das wird mit dem Begriff der *Konfliktivität* (s. Abbildung 6, S. 64) zwischen Wirtschaft und Publizistik zusammengefasst (vgl. Meier/Trappe/Siegert 2005: 217).

Im Bereich des Normensystems erzielt die Wirtschaft „ökonomische Qualität sowie Maximierung des individuellen Nutzens". Die Publizistik erstrebt „publizistische Qualität oder Vielfalt". Im Bereich des Verfahrens, der zweiten Vergleichsgröße, ist zwischen ökonomischem Wettbewerb, der Gewinn, Umsatz und Marktanteil als Prämissen hat, und publizistischem Wettbewerb, der Relevanz, Aktualität, Richtigkeit, Vielfalt, und Verständlichkeit erstrebt, zu unterscheiden.

| Konfliktivität Wirtschaft/Publizistik | Wirtschaft | Publizistik |
|---|---|---|
| Normensystem | Ökonomische Qualität Maximierung des individuellen Nutzens | Publizistische Qualität oder Vielfalt |
| Verfahren | Ökonomischer Wettbewerb: Gewinn, Umsatz, Marktanteil | Publizistischer Wettbewerb: Relevanz, Aktualität, Richtigkeit, Vielfalt, Verständlichkeit, usw. |
| Wirkungsbereich | Akzeptanz und finanzieller Erfolg eines Produktes auf dem Werbemarkt | Politisch-publizistische Leistung auf dem Publikumsmarkt |
| Kontrollsystem | Marktregulierung | Staatliche Regulierung zur Sicherung publizistischer Qualität und Vielfalt |

*Abbildung 6: Konfliktivität zwischen Wirtschaft und Publizistik. Quelle: Eigene Darstellung in Anlehnung an Heinrich (1999: 267; 2001: 81 ff.) und Meier/Trappe/Siegert (2005: 217 f.).*

Auch im Kontrollsystem sind Unterschiede festzustellen: Die „freie Marktregulierung" der Wirtschaft gilt nicht als Kontrolle für die Publizistik, die für eine staatliche Regulierung plädiert, wobei publizistische Qualität und Vielfalt garantiert werden. Zuletzt werden im Wirkungsbereich der Wirtschaft die Akzeptanz und der finanzielle Erfolg eines Produktes auf dem

Werbemarkt verfolgt. In der Publizistik ist die politisch-publizistische Leistung auf dem Publikumsmarkt als Ziel definiert.

Die Ökonomisierung der redaktionellen Arbeit wird in dieser Hinsicht nicht innerhalb des Systems Journalismus generiert. Sie erreicht die Redaktion aufgrund der *Ko-Orientierung* zwischen der journalistischen Produktion von Informationen und Inhalten und den Distributionsleistungen der Medien bzw. der Verlage (vgl. Altmeppen 2006: 158). Die aktuelle Verzahnung zwischen Redaktion und Vertrieb innerhalb der Verlagshäuser kann eine Verschiebung dieser Leitwerte verursachen, da in der täglichen redaktionellen Praxis die Grenzen zwischen beiden Systemen nicht immer offensichtlich sind. Erklärt wird die Ökonomisierung des Systems Journalismus durch die „Spirale der Ökonomisierung" (Altmeppen 2008: 246), die im ersten Kapitel beschrieben wurde (s. Kapitel 1, S. 27).

Diese strukturelle Ökonomisierung des Systems Journalismus bzw. woran die Ökonomisierung des journalistischen Handelns in der redaktionellen Praxis festzumachen ist, musste empirisch beobachtet werden (vgl. ebd.: 246). Aus diesem Grund werden im Rahmen der vorliegenden Dissertation die strukturellen Veränderungen bzw. die Strukturinnovationen innerhalb der redaktionellen Praxis untersucht, die Hinweise auf die Ökonomisierungsprozesse liefern können. Wie die durchgeführte empirische Untersuchung erfolgte, stellt das nächste Kapitel dar (s. Kapitel 3, S. 66).

# Kapitel 3

*3 Forschungsdesign: Beobachtung und Befragung in der Redaktion*

Die Untersuchung der Auswirkung unternehmerischer Entscheidungsprämissen auf das journalistische Handeln erfordert die Betrachtung der täglichen redaktionellen Arbeit über eine längere Zeit hinaus. Ausgewählt wird aus diesem Grund die Methode der Beobachtung, da sie das Erleben der sozialen Akteure in ihrem natürlichen Aktionsfeld in alltäglichen Situationen ermöglicht (vgl. Mikos 2005: 318). Anhand eines für die Beobachtung entwickelten Klassifikationssystems versucht die Erhebung einige der Veränderungen in den journalistischen Routinen der Redaktionen sowie dessen Auswirkung auf das journalistische Handeln zu erfassen, die auf strukturelle Innovationen im deutschen Journalismus hinweisen.

Beobachtungsdaten liefern allerdings „lediglich Aussagen über Verhalten" und wenig Auskunft über die Gründe und Strukturen, die zu diesem Verhalten führen (vgl. Gehrau 2002: 87). Die Restrukturierungen der letzten Jahre in den untersuchten Redaktionen mussten in dieser Hinsicht rekonstruiert werden, was mithilfe der persönlichen Befragung erfolgte. Definiert wird sie als „ein planmäßiges Vorgehen mit wissenschaftlicher Zielsetzung, bei dem die Versuchsperson durch eine Reihe gezielter Fragen oder mitgeteilter Stimuli zu verbalen Informationen veranlaßt [sic] werden soll" (Lamnek 2005: 330).

Die Verwendung mehrerer Quellen und Methoden ist eine häufig praktizierte Technik der qualitativen Forschung und wird unter „Triangulation" zusammengefasst (vgl. Meyen u.a. 2011: 65). Die Auswahl der qualitativen Herangehensweise wird durch das Prinzip der Offenheit innerhalb der qualitativen Forschung gestützt. Aufgrund der Geschwindigkeit und der Dynamik der untersuchten Veränderungen werden diese zwei Methoden der qualitativen Sozialforschung angewandt, weil sie die Aufnahme unvorhersehbarer Entwicklungen erlauben.

3.1 Die erste Methode: Die Beobachtung

Aufgrund des hohen persönlichen und finanziellen Aufwands, des schwierigen Feldzugangs sowie der kleinen und stark erforschten Zielgruppe der

Journalisten in Deutschland werden Beobachtungen in der Journalismusforschung im Vergleich zu anderen empirischen Methoden selten angewandt (vgl. Quandt 2011: 278 f.). Sie wird in bestimmten Fällen aber doch in Anspruch genommen, wenn es darum geht, Handlungen und Strukturen in der Gegenwart in einer natürlichen Situation zu untersuchen (vgl. Meyen u.a. 2011: 60). Aus diesem Grund finden sich seit Ende der 90er Jahre auch in der Journalismusforschung neue Veröffentlichungen über redaktionelle Beobachtungen, die strukturiert vorgehen und eine detaillierte Dokumentation aufweisen. Darunter sind die Untersuchung von Altmeppen (1999), Quandt (2005) und Blöbaum et al. (2010) zu nennen.

Ziel der Beobachtung ist die Erfassung des Verhaltens der beobachteten Person bzw. Personen. Untersucht werden dabei die Handlungen und die Beziehungen zwischen Menschen sowie ebenfalls die Strukturen bzw. die Kontexte der Handlungen (vgl. Meyen u.a. 2011: 121). Beobachtungen folgen der Logik der empirischen Forschung (vgl. Gehrau 2002: 23 f.) und werden in der Regel in fünf Schritte unterteilt: Konzeption, Bestimmung des Auswahl- und des Beobachtungsverfahrens, Durchführung des Beobachtungsverfahrens und der Beobachtung sowie Auswertung bzw. Datenaufbereitung (vgl. ebd.: 61).

In dieser Arbeit wird die wissenschaftliche Beobachtung nach der Arbeitsdefinition von Gehrau angewandt. Der Autor beschreibt die Methode als „die systematische Erfassung und Protokollierung von sinnlich oder apparativ wahrnehmbaren Aspekten menschlicher Handlungen und Reaktionen" (ebd.: 25 f.). Als Vorteil wird dieser Methode die Natürlichkeit der erhobenen Daten zugeschrieben (vgl. ebd.: 27).

Aus den unterschiedlichen Beobachtungsvarianten wurden für die Erfassung des journalistischen Handelns die *nicht-teilnehmende, offene, direkte, fremde, unvermittelte* und *wissentliche Feldbeobachtung* durch *interne Beobachter* ausgewählt (s. Abbildung 7, S. 68). Die Durchführung erfolgte *ohne Stimulus* durch *manuelle standardisierte Protokollierung* (vgl. ebd.: 30 ff.).

## Systematik der Beobachtungsvarianten

| | | |
|---|---|---|
| Beobachter | Interne Beobachter versus extern beauftragte Beobachter | |
| | Selbst- versus Fremdbeobachtung | |
| | Teilnehmende versus nicht teilnehmende Beobachtung | |
| Beobachtungs-situation | Offene versus verdeckte Beobachtung | |
| | Wissentliche versus unwissentliche Beobachtung | |
| | Feld- versus Laborbeobachtung | |
| | Beobachtungen mit versus ohne Stimulus | |
| Erhebungs-verfahren | Standardisierte versus nicht standardisierte Protokollierung | |
| | Direkte Beobachtung versus indirekt über Verhaltensresultate | |
| | Unvermittelte Beobachtung versus vermittelt über Aufzeichnung | |
| | Manuelle versus automatisierte Protokollierung | |

*Abbildung 7: Systematik der Beobachtungsvarianten nach Gehrau. Quelle: Gehrau 2002: 28.*

Bei der *nicht-teilnehmenden* Beobachtung nimmt der Beobachter nicht am Geschehen teil. *Offene, wissentliche* Beobachtung bedeutet, dass der Forscher für die Beobachteten offen zu sehen ist und sie über die Beobachtung informiert sind. Führt der Forscher die Untersuchung selbst durch, wird er als *interner* Beobachter klassifiziert. Spricht man von *Fremdbeobachtung*, wie es in dieser Arbeit der Fall ist, wird der Beobachter nicht sein eigenes, sondern das Verhalten anderer protokollieren. Wird die *direkte* statt die indirekte Beobachtung ausgewählt, erfassen die Protokolle zunächst das Verhalten an sich und nicht dessen Resultate, wie dies in der indirekten Variante der Fall ist (vgl. Gehrau 2002: 30 ff.).

Untersuchungen, die in der natürlichen Situation erfolgen – in dieser Arbeit in den Redaktionen – werden als *Feldbeobachtung* klassifiziert. Das ist insbesondere für die Authentizität des Verhaltens der Beobachteten von Bedeutung, auch wenn die Präsenz des Forschers Veränderungen in den Reaktionen der untersuchten Personen verursachen kann. Weiterhin wird das Verhalten in dieser Untersuchung nicht künstlich beeinflusst, weshalb von einer *Beobachtung ohne Stimulus* gesprochen wird (vgl. ebd.: 36).

Mithilfe der in dieser Arbeit angewandten *unvermittelten* Beobachtung „ist der Beobachter vor Ort und protokolliert dort das interessierende Verhalten. Dadurch erhält er einen authentischen Eindruck des Geschehens" (ebd.: 40). Das Gegenteil davon ist die vermittelte Beobachtung, wobei das Verhalten beispielsweise aufgezeichnet wird (vgl. ebd.: 40 f.).

Mit der *strukturierten* Beobachtung wird ein standardisiertes Beobachtungsschema (s. Anhang, S. 207) anhand des zur Zeit der Untersuchung vorhandenen Wissens über den Beobachtungsgegenstand entwickelt. Dabei werden Kategorien ausgearbeitet, die die Verhaltensweisen der Beobachteten in Bezug auf die Fragestellung erfassen. Als „Variablen" werden die einzelnen Aspekte zusammengefasst, die unterschiedliche Realisierungen haben können. Die möglichen Realisierungen werden „Ausprägungen" genannt (vgl. ebd.: 74). Die strukturierte Protokollierung ergänzen separate Notizen im Tagebuch, die unvorhersehbare Entwicklungen oder Informationen des Feldes aufnehmen.

Schließlich unterscheidet sich eine Protokollierung zwischen manuell und automatisiert. In dieser Arbeit wird die *manuelle* Variante angewandt, bei welcher der Beobachter vor Ort ist und das Verhalten ohne automatisierte Hilfsmittel protokolliert (vgl. ebd.: 41).

### 3.1.1 Feld und Gegenstand der Beobachtung

*Feld der Beobachtung* (Gehrau 2002: 65 f.) sind Redaktionen vier regionaler Zeitungsredaktionen, die Newsdesk Erfahrungen aufweisen und sich in unterschiedlichen Stadien ihrer Umstrukturierungsprozesse befinden. In den vier untersuchten Fällen wurden Newsdesk-Konzepte jeweils in den Jahren 2002/2003, 2003/2004, 2004/2005 und 2009/2010 eingeführt. Die Implementierung eines Newsrooms als Auswahlkriterium begründet in der Annahme, dass die neu eingeführte Organisationsform den Startpunkt für die strukturellen Veränderungen im deutschen Printjournalismus darstellt.

Regionale Tageszeitungen werden als Lokal- oder Regionalpresse klassifiziert und haben ihr Verbreitungsgebiet überwiegend „im lokalen Raum eines Landkreises, einer Stadt bzw. Gemeinde oder gar im Raum eines Stadtteils" (Pürer/Raabe 2007: 15). Die Beschränkung der Untersuchung auf regionale Abonnementzeitungen basiert auf der Annahme, dass sie das „Rückgrat der deutschen Presse" (ebd.: 15) bilden und damit beispielhaft

*Kapitel 3*

den Strukturwandeln darstellen können. Kriterien für die Auswahl waren deswegen regionale privatwirtschaftliche Tagespresse-Unternehmen, die ihre redaktionelle Arbeit in einem Newsroom organisierten und sich in unterschiedlichen Stadien ihrer Umstrukturierungsprozesse befanden.

Jede Redaktion wurde in einem Zeitraum von zwei Wochen zehn Tage lang beobachtet, die Wochenenden ausgenommen. Beobachtet wurde durchschnittlich sechs Stunden am Tag in einem Zeitfenster von 9:00 Uhr bis 20:30 Uhr. Der Tag selbst wurde in drei Abschnitte aufgeteilt: Vormittags (Zeit 1) zwischen 8:00 Uhr und 11:59 Uhr, nachmittags (Zeit 2) zwischen 12:00 Uhr und 17:59 Uhr und abends (Zeit 3) von 18:00 Uhr bis 22 Uhr. Die erste Beobachtung, die eine Art „Pretest" darstellt, erfolgte Oktober 2012. Drei weitere Beobachtungen wurden zwischen Oktober 2013 und Oktober 2014 realisiert.

Protokolliert wurde überwiegend in zwei Räumlichkeiten: Im Newsroom und im Konferenzraum bzw. Aufenthaltsraum, in welchem die Konferenzen abgehalten wurden. Weiterhin auch im Büro des Desk-Chefs sowie in den Ressort- oder Produktionsbüros der Redaktionsmitarbeiter. Insgesamt wurden knapp 240 Stunden protokolliert, ausgenommen die Zeit für informelle Gespräche mit Redaktionsmitgliedern, mit den beobachteten Personen oder weiteren Mitarbeitern. Die Gespräche außerhalb der Protokolle dauerten etwa acht Stunden. Darin erklärten die Mitarbeiter beispielsweise ihre Arbeitsabläufe, sprachen über die Stimmungslage in der Redaktion, über die Umbrüche in der Zeitungs- bzw. Medienbranche oder über die aktuelle Berufssituation von Journalisten.

*Beobachtungsobjekte bzw. -subjekte* sind Redakteure bzw. Journalisten, die in der Zeit der empirischen Untersuchung die Rolle des Desk-Managers innehatten. Als Desk-Manager, Desk-Chef oder Desk-Leiter bezeichnet man die Person, die die Produktionsleitung der publizistischen Produkte im Newsroom bzw. am Newsdesk übernimmt. Der Desk-Leiter plant, koordiniert und überwacht den täglichen Produktionsprozess, steuert die Arbeit zwischen den Ressorts, den Ausgaben und den Plattformen, zwischen weiteren Mitarbeitern sowie den Korrespondenten und regionalen Desks und begleitet die Seiten- bzw. die Themenproduktion. Er ist die höchste operative Entscheidungsinstanz am Desk und für die tägliche Produktion zuständig. Als operativer Arm des Chef-Redakteurs ist er weisungsbefugt für Entscheidungen während des Produktionsprozesses.

Die Auswahl des Desk-Chefs als Beobachtungsperson ist durch seine zentrale Rolle im Newsroom begründet. Weiterhin verkörpert die Funktion des Desk-Managers eine der wichtigsten strukturellen Veränderungen: die Konzentration der Produktion und der Entscheidungen am Desk (s.

## 3 Forschungsdesign: Beobachtung und Befragung in der Redaktion

Kapitel 5 und 6, S. 99 und 136). Aufgrund der personellen Besetzung in den Redaktionen während der Beobachtung wurden insgesamt zwölf verschiedene Personen in der Rolle des Desk-Chefs beobachtet.

Für die genauere Betrachtung bzw. Klassifikation der erhobenen Daten wurde ein Kategoriensystem entwickelt (s. Anhang, S. 207), das die Erhebung der sozialen Vorgänge in kleineren Einheiten erlaubt (vgl. Grümer 1974: 133). Ziel dabei war, das journalistische Handeln des Desk-Chefs bzw. des Desk-Managers im Newsdesk bzw. Newsroom anhand der Beobachtung seiner täglichen Aktivitäten zu zerlegen.

Journalistisches Handeln versteht sich hier als das sichtbare (und hörbare) Verhalten von Journalisten in organisierten Redaktionen, das anhand des persönlichen Wissensvorrates, anhand der Anforderungen der Programme und unter Anwendung der Ressourcen durch Entscheidungs- und Koordinationshandeln situativ vollzogen wird. Beeinflusst wird das journalistische Handeln durch die Veränderungen der redaktionellen Umwelt (s. Kapitel 2, S. 36).

Als Orientierung für die Entwicklung des Kategoriensystems und für die Auswertung dienen die Erkenntnisse aus den redaktionellen Beobachtungen von Altmeppen (1999) und Quandt (2005, 2011) sowie die neun Dimensionen von Spradley (1980: 78). Hierunter sind Raum, Akteur, Aktivität, Gegenstand, Handlung, Ereignis, Zeit, Ziel und Gefühle zu subsumieren, die grundsätzlich zur Bildung von Kategorien und Ausprägungen beitragen können (vgl. Spradley 1980: 78). Sie dienen hier vorrangig als Orientierung und werden nicht eins zu eins angewendet.

Für diese Arbeit werden Kategorien bzw. Variablen wie *Tätigkeit*, *Art der Kommunikation und der Interaktion*, *soziale Situation*, *Art der Koordination und der Entscheidung* verwendet. Weitere Merkmale und Ausprägungen befassen sich mit der zeitlichen und räumlichen Situation der Handlung, andere versuchen zu dokumentieren, für welches publizistische Produkt produziert wird oder an welcher Umwelt sich die Handlung orientiert.

Eine *Beobachtungseinheit* dauerte zehn Minuten, in welcher die Arbeit bzw. die Aktivitäten des Desk-Leiters im Beobachtungsbogen dokumentiert wurden. Die Merkmale und Ausprägungen werden im Zeitverlauf fortlaufend von links nach rechts eingetragen. Eintragungen, die nicht als Merkmale oder Ausprägungen im Codebuch (s. Anhang, S. 207) vorhanden sind sowie ergänzende Informationen werden als Tagebucheintrag (B1, B2, B3, usw.) protokolliert und ausführlich separat beschrieben.

Eine wichtige Kategorie bzw. Variable für die Protokollierung ist die ausgeführte Tätigkeit der beobachteten Personen. Daraus leitet sich die kleinste beobachtete Einheit in der Untersuchung ab: der Arbeitsschritt (vgl. Alt-

71

meppen 1999: 93). Mehrere Arbeitsschritte, die für die Erledigung einer bestimmten Aufgabe bzw. eines Auftrags benötigt werden, bilden einen Arbeitsvorgang. Dieser ist durch einen „inneren Zusammenhang" der verschiedenen Arbeitsschritte gekennzeichnet, die sich ergänzen oder aufeinander aufbauen (vgl. ebd.: 93). In dieser Hinsicht schließt die zeitliche Betrachtung das Protokollieren der Handlungseinheiten nicht aus, sodass das Handeln trotz „zeitlicher Rhythmisierung" in den Protokollen festgehalten wird (vgl. Altmeppen/Donges/Engels 2002: 116).

Als Beispiel kann hier die thematische Abstimmung eines Artikels genannt werden, was im Kategoriensystem als „Themendefinition/Themenauswahl" kodifiziert wird. Der Desk-Manager koordiniert, recherchiert, überprüft Informationen, telefoniert oder tauscht Meinungen über das Thema mit anderen Kollegen aus. Bis die Auswahl getroffen und der Auftrag an einen Redakteur vergeben wird, können einige Minuten oder Stunden vergehen und damit einhergehend mehrere verschiedene Arbeitsschritte benötigt werden.

Zum Klassifikationssystem gehören weiterhin Codierungen, welche die soziale Situation der untersuchten Personen dokumentieren, beispielsweise mit wem diese kommuniziert, ob sie allein, zu zweit oder im Team arbeitet oder ob sie konzentriert oder unter Zeitdruck ihre Aufgaben erledigt. Das vollständige Klassifikationssystem ist im Anhang zu finden (s. Anhang, S. 207).

Nach Abschluss der Feldphase wurden die Codierungen aus dem Beobachtungsbogen digitalisiert und mithilfe eines Tabellenkalkulationsprogramms analysiert und ausgewertet. Bei der Datenanalyse der eingepflegten Datenbank aus den Beobachtungsprotokollen wird in Anlehnung an Grümer (Grümer 1974: 204 ff.) insbesondere die Analyse von *Profilen* herausgezogen. Dabei werden die „Häufigkeitsverteilungen der interessanten Variablen in Anzahl oder Prozentanteil der jeweiligen Ausprägungen ausgewiesen" (Gehrau 2002: 84).

Weiterhin fließen in die Darstellung der Ergebnisse (s. Kapitel 4, S. 77 und Kapitel 5, S. 99) die Notizen aus dem Tagebuch sowie Erkenntnisse, die aus den Gesprächen mit den Chef-Redaktionen gewonnen wurden, ein. Auf die Durchführung und Auswertung des einzelnen Interviews wird im nächsten Abschnitt eingegangen.

## 3.2 Die zweite Methode: Das Experten-Interview

Als zweite Methode für die empirische Untersuchung wird die persönliche Befragung herangezogen. Sie wird in den weiteren Abschnitten als „qualitatives Interview", „Befragung" oder „Interview" bezeichnet. Aus den vorhandenen Befragungsvarianten wird das „informatorische Interview" ausgewählt. Diese Interviewform ermöglicht die „deskriptive Erfassung von Tatsachen aus den Wissensbeständen der Befragten", der dabei „als Informationslieferant für Sachverhalte, die den Forscher interessierten", wirkt (Lamnek 2005: 333).

Bei dieser Interview-Variante fungiert der Interviewpartner als Experte, der sein Fachwissen oder seine Erfahrung durch die Befragung dem Forscher weitergibt. Bei den Interviews werden sie aufgefordert, Handlungsabläufe, Situationen oder Zustände zu beschreiben und den „Sinn (zu) artikulieren" (vgl. Meyen u.a. 2011: 60).

> Der Konstitutionsprozess von sozialer Realität wird durch das qualitative Interview hervorragend dokumentiert, rekonstruiert, interpretiert und letztlich auch erklärt. So wie im Alltag die Konstitution und Definition von Wirklichkeit prozesshaft erfolgt, geschieht dieser Vorgang im Prozess des Interviews ganz analog (Lamnek 2005: 349).

Um die Veränderung der letzten Jahre in den Redaktionen zu rekonstruieren, wurden sechs Experten befragt: zwei Chef-Redakteure, zwei stellvertretende Chef-Redakteure, ein Mitglied der Chef-Redaktion sowie ein Desk-Manager. Vier der Befragten gestalteten die sich wandelnde Redaktionsarbeit seit der Einführung von Newsdesk-Konzepten sowie die Veränderungen der letzten Jahre aktiv mit. Als Leitungspersonen agierten sie als Schlüsselfiguren zwischen der Redaktion und dem Medienunternehmen. Ein weiteres Interview mit einem der beobachteten Desk-Manager ergab sich spontan.

Aus dem Erfahrungswissen der Experten können nicht nur Veränderungen der letzten Jahre rekonstruiert, sondern auch die aktuelle Situation und die Zukunftspläne der Redaktion beschrieben werden (s. Kapitel 4, S. 77 bis Kapitel 6, S. 174). Die Interviewpartner sind ein bedeutender Baustein im Restrukturierungsprozess und haben noch heute eine ausschlaggebende Rolle bei der Gestaltung der redaktionellen Arbeit. Weitere punktuelle Fragen und Unklarheiten klärten sich in informellen Gesprächen während der Beobachtung.

Für die Aufzeichnung der Informationen während der Gespräche wurde ein halbstandardisierter Befragungsbogen entwickelt. Die meisten Exper-

*Kapitel 3*

ten gingen auf die ihnen gestellten Fragen ein. Der Ablauf des einzelnen Interviews hing jedoch von den jeweiligen Befragten ab, da die qualitative Sozialforschung in der Regel prozesshaft erfolgt (vgl. Lamnek 2005). Die Interviews dauerten durchschnittlich circa vierzig Minuten.

Der Interviewleitfaden (s. Anhang, S. 207) teilt sich in vier Abschnitte auf: Vorbereitung (Dank an den Experten, Anonymitätshinweis, Zustimmung für die Aufzeichnung), Kurzfragebogen über die berufliche Laufbahn des Interviewpartners sowie über die Redaktion. Der halbstandardisierte Fragebogen sicherte dabei immer wieder die inhaltliche Vereinheitlichung der Befragung, was schließlich die Erhebung der benötigten Informationen ermöglichte.

Für die tatsächliche Datenerhebung wurden zwölf Fragen entwickelt, aufgeteilt in Erzählanstoß eins und zwei. Im ersten Erzählanstoß werden die Befragten aufgefordert, über die Implementierung von Newsdesk zu sprechen. Sechs Fragen zielen darauf ab, die Gründe für die Restrukturierung, die Ziele bei der Einführung sowie die Aufgaben der Redaktion bei der Umsetzung zu eruieren. Darüber hinaus wird nach der Zusammenarbeit über die Abteilungen hinaus, über die Rolle des Verlages und der Redaktion sowie nach der Auswirkung der Veränderungen auf die redaktionelle Ebene gefragt. Grundsätzlich geht es darum, rückblickend die damalige Implementierung sowie die Zusammenarbeit zwischen Redaktion und Verlag in Laufe der Umstrukturierung zu rekonstruieren.

Im Folgenden werden die Fragen an die Experten vorgestellt:

Newsroom-Konzepte sind seit 2003 Realität in Deutschland. Warum hat die Redaktion bzw. der Verlag sich entschieden, ein Newsdesk-Konzept zu implementieren? Warum wurde die Redaktion umgestellt? Was waren die Gründe für diese Veränderung?

Welche Ziele verfolgte das Unternehmen mit dieser Umstellung? Was sollte mit der neuen Redaktionsstruktur erreicht werden, was beispielsweise mit der alten Struktur nicht zu erreichen gewesen wäre?

Ich gehe davon aus, dass sich nicht nur die Redaktion verändert hat, sondern es einen Strategiewechsel beim Verlag gab, der in der Redaktion zu dieser organisatorischen Veränderung geführt hat. Kann man das sagen?

Welche Aufgabe hatte die Redaktion im gesamten Prozess?

Wie wurde der Kurswechsel in der Redaktion kommuniziert? Wurden z.B. Ziele mit der Redaktion offensichtlich vereinbart?

Wie wurde dann die neue Organisationsform implementiert? Können Sie die Schritte der Implementierung nennen? Welche Maßnahmen sind auf der operationellen Ebene umgesetzt worden?

Beim zweiten Erzählanstoß liegt der Schwerpunkt auf der aktuellen Situation sowie auf den Zukunftsplänen der Redaktion. Ziel ist es, die Unterschiede zwischen den vorherigen und aktuellen Organisationsformen und Arbeitsweisen sowie die Erfolge bzw. die Misserfolge der Restrukturierung aus Sicht der Experten zu erheben. Gefragt wird beispielsweise, ob die aktuelle Struktur bessere Rahmenbedingungen für die Erreichung der Ziele der Redaktion und des Unternehmens schafft. Außerdem werden die Interviewpartner aufgefordert, über die aktuellen Ziele der Redaktion zu sprechen:

Was unterscheidet die aktuelle Organisationsform von der vorherigen Form?

Hat sich viel verändert in der Art und Weise, wie gearbeitet wird aus journalistischer Sicht?

Für eine erfolgreiche Unternehmenstätigkeit ist es zwingend notwendig, dass die externe Umwelt und die interne Unternehmensentwicklung oder die Binnenstruktur aufeinander abgestimmt sind. Das ist der sogenannte „Fit-Ansatz". Kann man sagen, dass durch das Newsdesk-Konzept dieser „Fit-Gedanke" gewährleistet wird? Leistet diese neue Organisationsform das, was sie leisten sollte bzw. leistet diese neue Struktur das, was sich das Unternehmen mit der Veränderung erhofft hat?

Welche Ziele hat die Redaktion internalisiert?

Welche Ziele verfolgt die Redaktion aktuell? Haben sich die Ziele im Vergleich zu vorher geändert?

Bietet die aktuelle formelle Struktur den Rahmen, unternehmerische und publizistische Ziele besser zu erreichen?

Diese letzten Fragen beenden das Interview und liefern die Informationen für den nächsten Schritt: die Analyse und Auswertung der erhobenen Informationen.

Nach der Durchführung der Interviews, begann somit die *qualitative Inhaltsanalyse*, die in Anlehnung an Lamnek in vier Schritten erfolgt (vgl. Lamnek 2005: 402 ff.). Als Erstes findet die vollständige *Transkription* der Gespräche statt, wobei die Aussagen aus den Interviews verschriftlicht werden. Im zweiten Schritt erfolgt die *Einzelanalyse* der Textpassagen, wobei die wichtigsten Aussagen aus den Interviews und die ersten thematischen Tendenzen als „Themenmatrix" festgehalten werden. Im folgenden Schritt, die *generalisierende Analyse*, sind die thematischen Gemeinsamkeiten und Unterschiede im Text zu erkennen, die als Grundlage für die Kategorienbildung dienen. Anschließend werden die gewonnenen Erkenntnisse kontrolliert in der *Kontrollphase* (vgl. ebd.: 402 ff.).

Als formales Hilfsmittel zur Präsentation der entwickelten Kategorien werden Matrixdarstellungen bzw. Tabellen verwendet (vgl. ebd.: 205 ff.). Sie fassen die wichtigsten Aussagen der Experten zusammen und sind in dieser Arbeit in der schriftlichen Darstellung der empirischen Ergebnisse integriert.

Die ausgewerteten Daten wurden anschließend auf Grundlage der für diese Arbeit ausgesuchten Theorien und Konzepten analysiert. In den folgenden drei Kapiteln wird über die Ergebnisse der empirischen Forschung berichtet (s. Kapitel 4-6, S. 77-174).

# Kapitel 4

*4 Einführung neuer Redaktionskonzepte und die Restrukturierung*

Aus den Aussagen der Chef-Redakteure und der Mitglieder der Chef-Redaktion geht hervor, dass die Restrukturierungsprozesse der letzten Jahre in den untersuchten Zeitungsredaktionen in großem Maß auf externe Zwänge zurückzuführen sind. Gemeint sind damit überwiegend marktwirtschaftliche Veränderungen in der Zeitungsbranche, die in Zusammenhang mit der Zeitungskrise 2000/2001 stehen, sowie der mediale Wandel, der gekennzeichnet ist von der Multimedialisierung des Konsums und der Entstehung neuer Distributionswege für journalistische Inhalte und Werbebotschaften. Aus interner Perspektive war auch eine Reorganisation der Arbeit notwendig, um Prozesse und Abläufe effizienter und zeitgemäßer zu gestalten. Die redaktionelle Arbeit passte sich den neuen Anforderungen an.

In der Theorie der Strukturierung werden die Formen und Sequenzen des sozialen Wandels mit dem Begriff der *Episode* umfasst. Eine Episode fasst die „Reihe von Handlungen oder Ereignissen" zusammen, die den „Prozeß [sic] institutioneller Veränderung" darstellen. Sowohl der Anfang als auch das Ende einer Episode werden durch definierte Elemente festgelegt, die einen *Ausgangspunkt* und einen *Endpunkt* für die vermutete Veränderungssequenz haben (s. Kapitel 2, S. 35). Bei einer sogenannten *Episodenbeschreibung* wird weiterhin eine „Skizze vergleichbarer institutioneller Formen des Wandels", die Strukturinnovationen darstellen, festgehalten (vgl. Giddens 1988: 300 ff.).

In Anlehnung daran kann die Zeitungskrise 2000/2001 und der bereits erwähnte mediale Wandel als *Ausgangspunkt* für die strukturellen Veränderungen innerhalb der Printredaktionen festgelegt werden. Wie dieser Wandel in den untersuchten Redaktionen verlief, rekonstruieren die Mitglieder der Chef-Redaktion während der Befragung im Rahmen der empirischen Untersuchung. Als Erstes wurden sie aufgefordert, über die Einführung der neuen Redaktionskonzepte zu sprechen. Sie sollten die damalige Situation, als die Restrukturierungsprozessen in den Redaktionen anfingen, rekonstruieren.

In den Fokus rücken zunächst die Einführungsgründe und -ziele sowie der Verlauf der Veränderungen innerhalb der Redaktion. Ebenfalls beschrieben wird, wie die Redaktion in den internen Wandlungsprozessen mitwirkte.

## 4.1 Gründe für die Einführung neuer Redaktionskonzepte

Laut Aussagen der Interviewpartner steht die Implementierung neuer Organisationsformen mit den ökonomischen bzw. marktwirtschaftlichen Veränderungen der Branche, dem medialen Wandel, der Veränderung des Konsums journalistischer Inhalte sowie mit organisationsinternen Faktoren in Verbindung. Eine scharfe Differenzierung zwischen den genannten ökonomischen bzw. organisationsinternen und den medial- bzw. publikumsbezogenen Gründen ist inhaltlich allerdings schwer zu erreichen. Zusammenfassend wurden folgende Gründe genannt:

- Reaktion auf marktwirtschaftliche Veränderungen bzw. auf die Zeitungskrise 2000/2001
- Antwort auf den medialen Wandel
- Notwendigkeit der Anpassung der Organisationsform und der Arbeitsweisen an neue Anforderungen
- Wunsch nach Effizienz- und Qualitätssteigerung
- Notwendigkeit der Rationalisierung der Arbeit sowie Optimierung von Arbeitsabläufen, der Kommunikation und der Koordination
- Wunsch nach Flexibilisierung und Optimierung des Ressourceneinsatzes
- Wunsch nach mehr Leserorientierung und Regionalisierung
- Notwendigkeit, die Themenplanung und die Themenorientierung zu verbessern
- Notwendigkeit der Herstellung von Kooperationen und Synergien mit anderen Unternehmen bzw. Redaktionen

### 4.1.1 Zeitungskrise und Organisationsanpassung

Zu den ökonomisch motivierten Gründen zählen die Reaktion auf die marktwirtschaftlichen Veränderungen bzw. auf die Zeitungskrise 2000/2001, die Notwendigkeit der Flexibilisierung und Optimierung des Ressourceneinsatzes sowie die Rationalisierung der Arbeit. Auch die Notwendigkeit, Kooperationen und Synergien einzugehen, um Kosten zu reduzieren sowie Kompetenzen und Ressourcen gemeinsam zu nutzen, sind

*4 Einführung neuer Redaktionskonzepte und die Restrukturierung*

als ökonomisch motiviert zu verstehen. Darüber hinaus sollte die Reorganisation der Redaktion Effizienz- und Qualitätssteigerung ermöglichen.

Laut Aussagen der Mitglieder der Chef-Redaktionen waren die Reorganisation und die Anpassung der Redaktion an die neuen Anforderungen auch aus organisationsinterner Perspektive notwendig. Die Produktionsbedingungen mussten optimiert werden, insbesondere was die crossmediale Arbeit anbelangt. Eine Verbindung zwischen den ökonomischen und den organisationsintern motivierten Gründen stellt der stellvertretende Chef-Redakteur der Zeitung A zusammen.

> „Das war so, bevor dieser Newsroom-Gedanke aufkam, dass wir einen Stellenabbau hatten und dann überlegt hatten. Der [Stellenabbau] war von außen aufgezwungen, das war die erste große Zeitungskrise. Und das war bewältigt. Aber wir haben dann überlegt: Wie können wir unsere Arbeit so organisieren, dass wir möglichst viel Freiraum erhalten mit dem Bestand, den wir hatten? Und wie können wir Pflichtaufgaben rationeller organisieren, sodass „Luft" bleibt, eigene Beiträge zu machen, relativ viele eigene Kommentare zu schreiben? Und das war der Ausgangspunkt, um zu schauen: Können wir an der Organisation etwas ändern? Also, der Stellenabbau war nicht das Ziel des Newsrooms, sondern wir waren einfach weniger als vorher. Und dann haben wir gesagt: Was können wir unter den Bedingungen gut machen?" (Stellvertretender Chefredakteur, Redaktion A).

Die Suche nach Alternativen, um effektiver und qualitativer mit den vorhandenen Ressourcen zu arbeiten, beschäftigte ebenfalls Redaktion C. Die erwünschte Flexibilisierung und Optimierung der Arbeits- und der Themenaufteilung, die auch mit der Reorganisation der Produktionsweise in Verbindung steht, erforderte neue formale Strukturen und Prozesse.

> „Das war damals auch schon die Überlegung: Wie kann eine Regionalzeitung mit den Ressourcen, die ich habe und die nicht unbedingt wachsen werden, – weil wir um das Jahr 2000 die erste Zeitungskrise hatten – wie kann ich effektiver arbeiten? Das war nicht die Entscheidung, aber das war natürlich ein Grund, größere Einheiten zu schaffen, um effektiver zu sein und auch bei einem hohen Krankheitsstand die Arbeit mit einer gewissen Qualität erhalten zu können." (Mitglied Chef-Redaktion, Redaktion C).

Die Reorganisation der journalistischen Arbeit sollte in dieser Hinsicht Produktionsbedingungen für *qualitativhochwertiges* und *effizienteres Arbeiten* verschaffen. Die Restrukturierung führte zur neuen Arbeitsaufteilung,

*Kapitel 4*

zur Auflösung oder Teil-Auflösung einzelner Ressorts und zur Spezialisierung oder Teil-Spezialisierung der Funktionen.

> „Früher lautete das Motto *one man, one page*. […] Dann hat man gesagt, das könnten wir vielleicht günstiger gestalten, indem man Newsdesk eingeführt hat und vor der Einführung von den Newsdesks, die Trennung von Editoren und Reporter hergestellt hat. […] So entstanden dann die Newsdesks." (Stellvertretender Chef-Redakteur, Zeitung B).

Die Implementierung eines neuen Konzeptes sollte ebenfalls zu einer stärkeren Leserorientierung sowie Regionalisierung der Inhalte führen. Dabei wurden marketingorientierte Maßnahmen einbezogen, um die Produktion und Distribution journalistischer Inhalten zu unterstützen. Auch die Leserbindung sollte durch die Produktion lokaler Themen intensiviert und die Online-Konsumenten stärker angesprochen werden. Darüber berichten die Chef-Redakteure der Zeitungen B und D.

> „Das waren regionale, lokale Gründe, um lokale Themen auch besser abzustimmen. [Da] wo wir sagen, das Thema X wäre für die anderen Redaktionen, für die anderen Ausgaben spannend gewesen oder für den Mantel, dass wir da einfach eine bessere Koordinierung hatten." (Chef-Redakteur, Zeitung D).

Auch wenn die Zeitungskrise 2000/2001 als wichtiger Grund für die Umstrukturierung der Redaktionen angegeben wird, argumentieren die Interviewpartner, dass nicht allein ökonomische Zwänge für die Einführung neuer Redaktionskonzepte verantwortlich sind. Nach Meinung der Chef-Redaktion von Zeitung C waren zum damaligen Zeitpunkt ebenfalls interne Veränderungen notwendig. Der Produktionsprozess musste optimiert werden. Auch Qualitätsstandards für die redaktionellen Inhalte und Produkte sollten festgelegt werden. Die Redaktion benötigte demnach neue Workflows für die Themenproduktion. Erstrebt wurde ebenfalls ein flexiblerer und rationellerer Einsatz des Personals, was mit der damaligen Ressort-Struktur nicht zufriedenstellend zu erreichen war.

> „Wenn der Krankheitsstand etwas größer war, dann wurde sehr schnell ein Ressort lahm gelegt. Und selbst wenn das Nachbarressort voll besetzt war, taten sie [Redakteure] sich schwer, auszuhelfen, weil sie einfach die Abläufe, und alles überhaupt, nicht kannten. Das war mit Sicherheit auch ein Grund. Der andere Grund war, dass immer wieder Themen zwischen den Ressorts liegen geblieben sind." (Mitglied Chef-Redaktion, Redaktion C).

*4 Einführung neuer Redaktionskonzepte und die Restrukturierung*

Der Wunsch nach mehr Flexibilität beim Ressourceneinsatz und bei der Themenproduktion bringt der Chef-Redakteur der Zeitung D mit einem weiteren Faktor in Verbindung: der Optimierung von Absprachen und Abläufen während des Produktionsprozesses. Es sollte beispielsweise vermieden werden, dass Themen doppelt bearbeitet oder nur für eine Plattform produziert werden. Behoben wird das Problem mit einer effizienteren und zentralen Koordinationsstelle: dem Newsroom.

> „Der Verlag argumentiert erstmal wirtschaftlich und sagt über den Newsroom bekomme ich eine Effizienzsteigerung. Weil ich tatsächlich ganz gezielt meine Leute einsetzen kann, dass die Absprachen besser funktionieren, dass nicht per Zufall drei oder vier Leute beim selben Termin auftauchen." (Chef-Redakteur, Redaktion D).

### 4.1.2 Neue Medien, neue Redaktionen

Ebenfalls mit der Restrukturierung der Redaktionen steht der Einzug der neuen Medien und der New Economy in Verbindung (Pürer/Raabe 2007: 388 ff.). Um die neuen Zielgruppen aus der Online-Welt zu erreichen, wurde in den Redaktionen mit crossmedialen Arbeitsweisen, neuen Distributionswegen sowie Themen- statt Ressortorientierung ausprobiert. Der mediale Wandel und dessen Auswirkung auf das Konsumverhalten medialer Angebote, sowie die Notwendigkeit, ressort- und plattformübergreifend zu produzieren, zwangen die Redaktionen zu Veränderungen. Auch der Einzug der „Neuen Medien" fordert die Redaktionen zur Reorganisation heraus.

> „Und das zweite war, dass es fast auch „ein Reagieren auf die Zeit" war. Es gab damals schon ein bestimmtes Beschleunigen der Nachrichtenthemen, eine ganz allmähliche Erweiterung der Medien. Und es wurde immer klarer, dass das klassische Schubladen-Prinzip, wonach jede Abteilung vor sich hin arbeitet und dann in der Konferenz wie aus einer Zaubertüte oder einer Wundertüte zieht und sagt: „Heute machen wir diese Themen", dass das sich überlebt hatte. Also, das waren im Grunde zwei Prozesse, die dazu geführt haben, zu sagen: „Wir versuchen es anders." (Stellvertretender Chef-Redakteur, Zeitung A).

Das Aufkommen des Online-Bereiches eröffnet den Redaktionen neue Kanäle für die Distribution ihrer Inhalte. „Vernetzter durch und für die neue Medien zu produzieren", wie es der stellvertretende Chef-Redakteur der Redaktion A auf den Punkt bringt, erforderte eine Reorganisation der re-

*Kapitel 4*

daktionellen Arbeit. Als Folge wurden die Arbeitsabläufe sowie die Aufgabenfelder der Redakteure umstrukturiert und erweitert.

> „[Die Integration von Online und Print] ist die parallele Entwicklung. Dass das Internet vorangeschritten ist, dass der crossmediale Ansatz [kam]. Wir hatten irgendwann ein neues Redaktionssystem, das es leichter machte, die verschiedenen Kanäle zu bedienen. Und da war die Organisation eines integrierten Arbeitens im Grunde auch zwingend und hat sich ideal ergänzt. Mit den Erfordernissen, dass wir da in die Richtung gewachsen sind." (Stellvertretender Chefredakteur, Redaktion A).

### 4.1.3 Phasen der Umstrukturierung

Die Restrukturierung der Redaktionen erfolgte nicht auf einmal, sondern in mehreren aufeinander aufbauenden Entwicklungsschritten über einige Jahre hinweg. In den untersuchten Redaktionen können auf Basis der Aussagen der Chef-Redaktion die Sequenzen des Wandels der ehemaligen Printredaktion zum aktuellen multimedialen Newsroom rekonstruiert werden. In den Interviews wurden diese Entwicklungsschritte in mehrere Phasen aufgeteilt bzw. dargestellt, der einen „typischen Verlauf" (vgl. Giddens 1988: 301 ff.) vermuten lässt.

Redaktion A führte beispielsweise das Newsdesks-Konzept Anfang 2004 nach einigen Monaten Vorbereitungszeit ein. Zwei Jahre später gab es einige Nachbesserungen: Der Onlinebereich wurde vergrößert und weitere Ressorts eingebunden, die am Anfang am Desk nicht vertreten waren. Im Jahr 2008 erfolgten im Zuge eines Sparprogramms erneut Anpassungen, in dem Planstellen abgebaut wurden und die Redaktion weniger Redakteure zur Verfügung hatte. Dabei wurden Ressorts oder Teams zusammenlegt oder neu aufgeteilt. Die Redaktionen bzw. Ressorts „Reportage", „Land" und „Region" waren beispielsweise zu Beginn getrennt und das Wochenendmagazin bei Reportage angesiedelt. Im Rahmen der Restrukturierung wurde das Wochenendmagazin an „Kultur" und „Medien" und die Reportage an „Land" gekoppelt.

Diese Weiterentwicklung ermöglichte eine effizientere Nutzung der Ressourcen, insbesondere einen rationelleren Einsatz der Mitarbeiter, auch plattformübergreifend. Allerdings, betont der stellvertretende Chefredakteur, finden zu diesem Zeitpunkt noch keine Entlassungen in der Redaktion statt.

> „[Damals] entstand die Frage: Können wir das Ressortprinzip aufrechterhalten oder nicht? Weil einige Ressorts wären so klein geworden, dass es keinen Sinn gehabt hätte. Aus diesem Grund haben wir es verändert. Aber im Prinzip soll die Fachkompetenz der Ressorts im Newsroom erhalten bleiben. [...] Ich kann nicht jede Diskussion fachlicher Art im Newsdesk führen." (Stellvertretender Chefredakteur, Redaktion A).

In Redaktion B ist eine ähnliche Entwicklung festzustellen. Das Konzept wird auch ab 2004 ausgearbeitet und ab dem Jahr 2005 eingeführt. Aufgeteilt wird die Desk-Entwicklung in mehrere Phasen, angefangen bei Desk 1.0 bis hin zu Desk 4.0.

Desk 1.0 startet 2004/2005, Desk 2.0 folgte 2008/2009, neu hier die Einführung des Online-Bereichs. Zugleich wird ein Kompetenzteam für die Weiterentwicklung des Online-Auftritts gegründet, der insgesamt attraktiver und „seriöser" für die Werbekunden wirken sollte. Als Folge dieser Strategie vervierfacht sich die Anzahl der Page Impressions und Visits innerhalb von drei Jahren, erinnert sich die Chef-Redaktion.

Version 3.0 entstand im Herbst 2011 und hatte als Schwerpunkt die Kooperation mit dem Desk der „Schwester-Redaktion" der Nachbar-Stadt bzw. dem Nachbar-Bundesland. Die Arbeitsaufteilung wird so angepasst, dass ein Desk einige Seiten auch für die ==„Schwester-Redaktion"== herausarbeiten kann. Ziel dieser Umstrukturierungsmaßnahme war der effizientere Einsatz der vorhandenen Ressourcen bzw. des Personals.

> „Wenn wir hier eine Pressekonferenz oder ein Thema haben, dann recherchieren wir natürlich von hier aus. Aber der Seitenbau funktioniert dort. Und wir haben für die andere Zeitung dort das Überlokale, Feuilleton und auch die bunte Seite mitgestaltet. Seit letztem Februar stellen die Kollegen dort für uns auch komplett den Sportmantel-Teil her. Das ist Desk 3.0." (Chef-Redakteur, Redaktion B).

Nach Desk 3.0 findet eine Revisionsphase statt. Dabei wurden die Mitarbeiter aufgefordert, Kritik und Verbesserungsvorschläge einzubringen. Der Chef-Redakteur erzählt, dass bei der Mitarbeiterbefragung verschiedene Beschwerden und Vorschläge eingebracht wurden. Als Beispiele können die Geruchsentwicklung im Desk-Raum oder die geringe Wertschätzung der Arbeit der Editoren am Desk genannt werden, die als negative Entwicklungen wahrgenommen wurden.

> „Deshalb haben wir in unserem Blattkritik-Formular, jetzt nach einiger Verzögerung, auch die Anforderungen reingeschrieben: Welche Seite ist am besten editiert? Damit wir gezwungen sind, in jeder Konferenz

> auch über die Arbeit der Editoren vor allem mal positiv zu sprechen. [...] Denn sie haben unheimlich viel Einfluss auf das Aussehen, auf die Qualität der Zeitung." (Chef-Redakteur, Redaktion B).

Der Stand der Entwicklung zur Zeit der Untersuchung wird „Desk 4.0" genannt. Dabei intensiviert sich die Kooperation zwischen den Partner-Redaktionen: Die Mantelseiten werden nun komplett für die eigenen Ausgaben sowie für eine dritte Zeitung des Verlages in der sogenannten „Schwester-Redaktion" produziert. Fünf Arbeitskräfte werden dabei an das Desk der Nachbar-Stadt versetzt, sodass das gesamte Mantel-Produktionsteam an einem Desk arbeiten kann.

> „Das ist zu 80%, 90% ein reines Rationalisierungsprojekt. Wir haben festgestellt, dass der Mantel am wenigsten profilrelevant ist. Und das, was wir als Profil brauchen, können wir jederzeit über diesen sehr engen Weg der Kommunikation mit der Schwester-Redaktion noch einarbeiten. Zumal die sogenannten Landesseiten doch an den jeweiligen Heimat-Desks gemacht werden. Also, wir lassen keine Seite aus dem Bundesland hier in der Stadt des anderen Bundeslands machen. Das macht überhaupt keinen Sinn. Und die produzieren wir auch für die dritte Zeitung mit." (Chef-Redakteur, Redaktion B).

Aufgrund der deutschlandweiten Zusammenarbeit des Großteils der Zeitungen mit den Nachrichten-Agenturen erklärt der Chef-Redakteur, dass der Mantel-Teil für eine regionale Zeitung „nicht mehr relevant sei". Dabei erfolgt die Standardisierung der Inhalte über alle Ausgaben hinweg. Diesen „leicht industrialisierten Akt" des aktuellen Produktionsprozesses verglich er mit den Produktionsabläufen der Autoindustrie. Der hochspezialisierte Produktionsprozess gestaltet sich in den Redaktionen nach Industrie-Vorbildern.

> „Und wenn Sie z.B. überlegen, die Autoindustrie [...] macht ein Chassis [...] und da setzen wir für den einen [Kunden] ein Cabrio, für den anderen ein Coupé, und für den anderen eine Limousine. Und dann kann ich mir noch individuell die Farbe der Türe aussuchen oder ich habe ein anderes Audio-Set. Und so ein bisschen versuchen wir das auch: Das Chassis ist dann eine Seite, auf der ich ein Grundangebot habe. Und die verändere ich dann für das Bundesland hier ein bisschen, manchmal sogar innerhalb des Landes sogar ein bisschen mehr." (Chef-Redakteur, Redaktion B).

*4 Einführung neuer Redaktionskonzepte und die Restrukturierung*

Die Standardisierung der Produktion der Ausgaben sowie der Fließbandcharakter der aktuellen journalistischen Produktion werden mit der Optimierung und Rationalisierung der Arbeit in Verbindung gebracht.

> Aber ganz wichtig ist, dass ich eine sehr geringe Anzahl von Mitarbeitern damit beschäftige, um diese Seiten herzustellen. Umso mehr Mitarbeiter habe ich zur Verfügung, die das heranbringen, was eigentlich wertvoll ist, nämlich Content. [...] Die besten Geschichtenerzähler sind immer noch wir. Deshalb müssen wir, weil wir nicht mehr allein auf der Welt sind, unsere Arbeit auch stark optimieren und da, wo man rationalisieren kann, wo es auch nicht relevant ist, nämlich am Desk, da müssen wir unheimlich viele Synergien schöpfen." (Chef-Redakteur, Redaktion B).

In der Redaktion C startete die Umstrukturierung in den Jahren 2002/2003. Am Anfang gab es sechs Arbeitsplätze am Desk, später waren es 10. Auch hier wird die Online-Redaktion zu einem späteren Zeitpunkt eingeführt. Mit Ausnahme von Sport und Kultur sind von Anfang an alle Ressorts am Desk vertreten. Zu einem späteren Zeitpunkt sollten beide Ressorts integriert werden, sie blieben aber weiterhin als Ressorts vorhanden, aus personellen und organisatorischen Gründen. In der Sport-Redaktion erfolgt die Arbeit heute noch in der alten Ressort-Struktur und in der Kultur-Redaktion ging der Ressortleiter in absehbarer Zeit in den Ruhestand.

Die Integration des Kultur- und des Sport-Ressorts am Desk war zum Zeitpunkt der Feldphase somit nicht komplett abgeschlossen. Die Trennung zwischen Blattmacher und Schreiber wird, mit Ausnahme von einem Mitarbeiter, im Sport-Ressort weiterhin nicht praktiziert. Die Redakteure halten an der ursprünglichen Struktur bzw. Arbeitsaufteilung fest: Sie schreiben, vereinbaren Termine und editieren die Zeitung wie in der Zeit vor Einführung des Newsrooms.

Zeitung D führt das Newsdesks-Konzept in den Jahren 2009/2010 ein. Die Weiterentwicklung startet 2012 mit dem Umzug in den Neubau. Dabei entstand die aktuelle Struktur, die kontinuierlich angepasst und optimiert wird.

Die Aussagen der Interviewpartner zu den Gründen der Einführung neuer Redaktionsstrukturen und -abläufe fasst Tabelle 1 (s. Tabelle 1, S. 86-87) zusammen.

| Einführungsgründe | Zusammenfassung der Aussagen |
|---|---|
| Reaktion auf die marktwirtschaftlichen Veränderungen | – Wirtschaftliche Gründe vorhanden, aber kein Stellenabbau (Red. C)<br>– Reaktion auf Zeitungskrise im Jahr 2000 (Red. C)<br>– Für Verlagsseite wirtschaftliche Gründe ausschlaggebend (Red. D)<br>– Initiative der Verlagsführung (Red. B) |
| Antwort auf den medialen Wandel | – Medialer Wandel, Online-Bereich bietet neue Kanäle für die Distribution der Inhalte (Red. A)<br>– Notwendigkeit, vernetzter durch und für die neuen Medien zu produzieren (Red. A)<br>– Crossmedialität innerhalb der Arbeitsabläufe herstellen, um dem medialen Wandeln gewachsen zu sein (Red. B) |
| Anpassung der Organisation der Redaktion an Umweltveränderungen | – Organisationsform und Arbeitsweisen mussten an die Anforderungen der Umwelt angepasst werden (Unternehmen, Markt, Konsumenten, Gesellschaft) (Red. A)<br>– Zentralisierung der Produktion und der Kontrollinstanzen, um Qualitätsstandards zu sichern (Red. B)<br>– Effektive und qualitative Arbeit mit den vorhandenen Ressourcen<br>– (Red. C)<br>– Notwendige Veränderung der Struktur, um Ressourcen flexibler einzusetzen (z.B. bei Krankheitsvertretung) (Red. C) |
| Notwendigkeit der Optimierung des Produktionsprozesses (Arbeitsabläufe, Kommunikation, Koordination) | – Desk sollte einfachere Arbeitsaufteilung ermöglichen (Red. B)<br>– Thematische Aufteilung optimieren, themenorientiertes Arbeiten ermöglichen (Red. C)<br>– Themen und Abläufe besser abstimmen, Koordinierung vereinfachen (Red. D) |
| Effizienz- und Qualitätssteigerung sowie Rationalisierung | – Notwendigkeit der Rationalisierung der Arbeit, um vorhandene Ressourcen effizienter und qualitativer einzusetzen (Red. A)<br>– Qualitätsverbesserung (Red. B)<br>– Qualitativere Arbeit mit den vorhandenen Ressourcen (Red. C) |
| Notwendigkeit der Flexibilisierung des Ressourceneinsatzes/ Neuverteilung der vorhandenen Ressourcen | – Weniger Personal in der Redaktion durch Planstellenabbau (erste Zeitungskrise) erfordert eine neue Aufteilung der vorhandenen Ressourcen (Red. A)<br>– Struktur sollte erneuert werden, um die Flexibilisierung der Ressourcen bzw. des Personals zu ermöglichen, zum Beispiel bei Krankheit (Red. C) |
| Notwendigkeit der Leserorientierung, Regionalisierung und der Themenplanung | – Zeitung mit Konzept und Programmatik, mit Themenplanung, leserrelevante Themen, „Ende der Beliebigkeit" (Red. B)<br>– Leserwünsche bei der Themenproduktion berücksichtigen<br>– (Red. C)<br>– Wunsch nach mehr Regionalisierung (Red. D). |

*4 Einführung neuer Redaktionskonzepte und die Restrukturierung*

| Einführungsgründe | Zusammenfassung der Aussagen |
|---|---|
| Herstellung von Kooperationen und Synergien | – Kooperation mit der Schwester-Redaktion, um Ressourcen effizienter einsetzen zu können (Red. B) |

*Tabelle 1: Gründe für die Einführung des Newsdesks zusammengefasst. Quelle: eigene Darstellung.*

### 4.2 Ziele bei der Einführung

Häufig stehen die Ziele der Redaktion, welche bei der Einführung neuer Redaktionskonzepte ausschlaggebend waren, im Zusammenhang mit den bereits oben ernannten Gründen. So lassen sich die Ziele größtenteils aus den Einführungsgründen ableiten. Sie können aus organisatorischer, medial- und publikumsorientierter sowie marktwirtschaftlicher Perspektive betrachtet werden. Aufgrund der Ähnlichkeit mit den genannten Einführungsgründen, werden nur die Beiträge wiedergegeben, die eine Ergänzung zu den bereits beschriebenen Antworten darstellen.

Aus den Aussagen der Interviewpartner lassen sich somit folgende Ziele bei der Einführung von Newsdesk-Konzepten ableiten:

– Standardisierung der Produktion: Zeitungsproduktion nach Plan und mit Konzept, „Ende der Beliebigkeit"
– Herstellung der Crossmedialität bzw. Bedienung mehrerer Kanäle
– Qualitätssteigerung durch Zentralisierung der Produktion und der Kontrollinstanzen
– Effizienzsteigerung
– Optimierung, Flexibilisierung, Rationalisierung der Organisation und der Abläufe
– Rationellere bzw. effizientere Nutzung der Ressourcen und Flexibilisierung des Personals
– Verbesserung der Kommunikation, der Koordination und der Zusammenarbeit
– Stärkung der Leser- bzw. Kundenbindung durch Regionalisierung und Themenorientierung
– Themen- statt Ressortorientierung
– Herstellung von Kooperationen und Nutzung von Synergien

Die Mehrheit der Ziele bezieht sich auf die interne Reorganisation der redaktionellen Arbeit: die Standardisierung und Optimierung der Produktions- und Kontrollabläufe, die Flexibilisierung des Personaleinsatzes, die

*Kapitel 4*

Herstellung eines crossmedialen und themenorientierten Produktionsprozesses, die Verbesserung der Kommunikation und der Zusammenarbeit sowie die Qualitätssteigerung bzw. -sicherung sind aus den Aussagen der Interviewpartner abzuleiten.

„Das Ziel war ganz klar die Qualitätssicherung, bzw. Qualitätsverbesserung unter veränderten Bedingungen. Und später dann eben die Integration des Online-Bereiches, denn das wurde parallel wichtiger." (Stellvertretender Chef-Redakteur, Zeitung A).

Die Zeitungsproduktion sollte „geplanter, mit leserrelevanten Themen, mit Konzept und Programmatik erfolgen", so Chef-Redakteur der Zeitung B, was er als „Ende der Beliebigkeit" zusammenfasst. Dafür wurden in der Redaktion feste Prozesse eingeführt, wie beispielsweise „wann welche Konferenzen stattfinden, mit welcher Besetzung und welchen Zielen".

„Das war der Punkt eins. Der zweite Punkt war durch die Zentralisierung der Produktion auch eine Qualitätsverbesserung herbei zu führen. [...] Der dritte Punkt war schon damals auch die Verbesserung oder Herstellung der Crossmedialität. [...] Der vierte Aspekt war die Kooperationsfähigkeit herzustellen." (Chef-Redakteur, Redaktion B).

Grundsätzlich erzielte die Umstrukturierung der Redaktionen im Allgemeinen eine verbesserte Zusammenarbeit sowie bessere Ergebnisse. Das neue Konzept musste Mechanismen oder Instanzen verschaffen, die die damals erstrebten Veränderungen ermöglichten. Dafür wurden Qualitätsstandards eingeführt, wobei die Vorgaben des neuen Blattkonzeptes eingehalten werden sollten. Auch die Fehlerquote in den Ausgaben sollte damit reduziert werden. Die erhoffte Qualitätssteigerung wurde in der Redaktion B ebenfalls durch interne Optimierungsprozesse, durch Standardisierung und Zentralisierung der Produktion sowie durch effizientere Kontrolle der Inhalte und der Produkte erreicht.

„Die Zeitung wurde nur an einem Ort erstellt und von einer Institution geprüft. Und nicht mehr so dezentral in ganz vielen Lokalredaktionen, sodass der Chefredakteur oft erst am nächsten Tag gesehen hat, was passiert ist. Das haben wir damit abgeschafft." (Chef-Redakteur, Redaktion B).

Zu den erstrebten Abläufen gehörte ebenfalls eine Optimierung der Kommunikation bzw. der Koordination zwischen Redaktionen bzw. Mitarbeiter. Die Einführung eines zentralen Desks mit neuen Rollen und Arbeitsaufteilung führte zwangsläufig zu mehr Austausch, was „Alleingänge" der

Redakteure minimiert und die Koordination und die Entscheidungen konzentrierten.

> „Und man versucht so die „Alleingänge" zu minimieren, indem man, sobald ein Thema aufkommt, über den Tisch sagt: O.K., das ist Wirtschaft, das ist Land, wer kümmert sich darum? Also, diese Absprachen sind eben jetzt permanent und nicht mehr auf Konferenzen bezogen oder auf Extragänge." (Stellvertretender Chef-Redakteur, Zeitung A).

Eine Optimierung der Absprachen zwischen Redakteuren, Ressorts und externen Redaktionen war ebenfalls in der Redaktion A das Ziel bei der Einführung. Die bessere Koordination der Themenproduktion sollte Doppelungen oder gar die Vernachlässigung wichtiger Storys oder Ereignisse vermeiden. Die erwünschte Themenorientierung bezog sich in dieser Hinsicht sowohl auf die Themenausrichtung auf die Leserwünsche als auch auf die Art und Weise, wie Themen in der Redaktion verteilt und produziert werden.

> „Es war auch die Überlegung: Wie denkt der Leser? Denkt der Leser in Ressorts oder denkt er lieber in Themen? Also, es war auch ein Wandel im Journalismus mehr zum themenorientierten Arbeiten und nicht unbedingt ressortspezifisch." (Mitglied Chef-Redaktion, Zeitung C).

Aufgrund der Zeitungskrise und des veränderten Konsumverhaltens journalistischer Produkte versuchten die Medienunternehmen somit auch die Wünsche ihrer „Kunden" genauer unter die Lupe zu nehmen. Das neue Redaktionskonzept sollte eine stärkere Berücksichtigung der Leserwünsche in der Themenauswahl sowie in der Produktion beinhalten. Die Kundenbindung sollte intensiviert werden, indem Markt- und Leserforschungsdaten in die Themenplanung einfließen. Nach der Meinung der Interviewten ist die Leserorientierung eine Strategie, um den Kundenverlust zu stabilisieren bzw. besser noch zu stoppen. Thematisch strebten die Redaktionen bei der Umstellung ebenfalls nach der Regionalisierung der Inhalte.

Ein weiteres Ziel war die Einführung von crossmedialen Arbeitsweisen. So werden die medienübergreifende Produktion und Distribution sowie der Online-Bereich bzw. die Online-Redaktion allmählich in den Print-Prozess einbezogen.

> „Der dritte Punkt war schon damals die Verbesserung oder Herstellung der Crossmedialität. Seitdem gab es in dem Deskraum ein crossmediales Team, erstmal bestand es nur aus zwei Personen, die damit begonnen haben, z.B., die erste SMS, Blitznews oder Newsletter für E-Mail-Kunden zu verschicken. Die ein Stück weit auch versucht haben,

*Kapitel 4*

> den damaligen sehr rückständigen Onlineauftritt zu aktualisieren, so dass manche Nachrichten nicht erst nach sechs Stunden in Internet waren, die auch Blogversuche gemacht haben, [bzw.] die ersten Blogs aufgesetzt haben." (Chef-Redakteur-Zeitung B).

In den Redaktionen A und B erfolgten die Integration des Online-Bereiches sowie die Einführung der crossmedialen Produktion erst zum späteren Zeitpunkt.

> „Es sind sogar hinterher noch Herausforderungen hinzugekommen, die wir nicht kannten, die wir auch mit dem Newsdesk lösen konnten. Wie zum Beispiel die Anpassung an neue Anforderungen. Nehmen wir beispielsweise das Gebilde „Online", das sich nochmal in dem großen Online-Portal-Auftritt selbst differenziert, in den kleinen smarten News-Apps, die wir anbieten. […] So etwas können sie nicht irgendwo in der Lokalredaktion machen." (Chef-Redakteur, Redaktion B).

Eine Herausforderung stellte ebenfalls die effiziente Umsetzung der einzelnen Arbeitsschritte dar. Um kosteneffizienter zu arbeiten wurde die Ressourcendisposition wie gewünscht flexibilisiert und optimiert. Das vorhandene Personal wurde reorganisiert und die Struktur an die neuen Anforderungen angepasst. Allerdings weist der Chef-Redakteur der Zeitung B darauf hin, dass zum Zeitpunkt der Einführung des Desks der Rationalisierungsaspekt keine große Rolle spielte: „Wir haben keine Mitarbeiter eingespart", erklärt er.

> „Der ursprüngliche Gedanke, dieses Newsdesk einzuführen, der war noch viel früher da, als die [Idee kam,] crossmediales Arbeit dadurch anzugleichen. Das war der erste Moment, an dem auch die Medien gemerkt haben, […] dass hier auch kosteneffizient gearbeitet werden muss. Und da war eben die Einführung des Newsdesks die Möglichkeit, effizienter zu arbeiten, als man das früher gemacht hat." (Stellvertretender Chef-Redakteur, Zeitung B).

Das Ziel, das Personal flexibler und effizienter einzusetzen, begleitet die Redaktionen in den Jahren nach der Einführung des Desks weiterhin. Damals aufgrund der Zeitungskrise und der neuen medialen Anforderungen, heute durch neue Rationalisierungsprozesse. Eine kontinuierliche Anpassung des vorhandenen Personals ist allgegenwärtig in den Redaktionen.

Aufgrund der sogenannten „Subprime-Krise" (Beck/Reineck/Schubert 2010: 7) ab 2007/2008 und der erneut angespannten marktwirtschaftlichen Lage der Pressebranche suchen die Medienhäuser auch gezielt nach Kooperationen. Diese Allianzen mit Geschäftspartnern oder Tochterunternehmen führten zu Synergien, die wirtschaftliche Vorteile bringen oder einen effizienteren Ressourceneinsatz ermöglichen sollten. Für die Redaktion bedeutete dieser Schritt zum Beispiel die Inhaltsproduktion für Kundenzeitungen oder für die kooperierende „Schwester-Redaktionen", den Austausch von Themen und Materialien mit der „Konkurrenz" durch sogenannte Artikelsyndizierungen (vgl. Beck/Reineck/Schubert 2010: 165) sowie aber auch einen enormen zusätzlichen Koordinationsaufwand. Auf die Zunahme von Koordinationsaufgaben und Teamarbeit weisen weitere Untersuchungen hin (vgl. Blöbaum/Kutscha/Bonk/Karthaus 2011).

Die Zusammenarbeit mit Kooperationspartnern wird als routinierter Arbeitsvorgang in zwei Redaktionen durchgeführt. In Redaktion B sind die Kooperationen notwendig, um die Zusammenarbeit beider Desk-Einheiten des Konzerns effizienter zu organisieren. Synergien entstehen hierbei bei der Themenproduktion und in der Editierung der verschiedenen Ausgaben, wobei, wie schon erwähnt, zwei zentralen Desks zwei verschiedene Bundesländer bedienen.

Die Herstellung von Kooperationen, um Synergien zu nutzen, ist eine ökonomische oder marktwirtschaftliche Maßnahme, die sich auf die redaktionelle Arbeit aufgrund der Ko-Orientierung (Altmeppen 2006: 158) zwischen dem System Journalismus und dem System Medien auswirkt. Aus betriebswirtschaftlicher Perspektive werden sie im Rahmen der Strategie der Medienorganisationen definiert und auf operativer Ebene in der redaktionellen Zusammenarbeit zwischen den Kooperationspartnern umgesetzt.

> „Und der Strategiewechsel bestand darin, den letzten Punkt vor allem voranzutreiben, nämlich die Kooperationsfähigkeit stärker herauszustellen. Aber auch sicherlich, [um] sich stärker von den modernen Medienkanälen wie Online zu profilieren." (Chef-Redakteur, Redaktion B).

Durch die Kooperation sollten „die Inhalte leichter gegenseitig erarbeitet sowie die Arbeitsteilungen flexibler vorgenommen werden können", erklärt der Chef-Redakteur von Redaktion B. Im Sinne der Synergienutzung erweitert der Verlag 2008 die Mantel-Produktion, sodass der Mantel-Teil auch für eine dritte Zeitung hergestellt wird.

> „Und wir haben mit denen ausgehandelt, dass es für sie praktischer und preisgünstiger ist, wenn wir denen täglich acht Seiten herstellen. Das wäre ohne Desk-Institution nicht gegangen. Das ist das Thema Kooperationsfähigkeit." (Chef-Redakteur, Redaktion B).

*Kapitel 4*

Ein ähnlicher Prozess ist in Redaktion C festzustellen. Auch dort werden die Inhalte aus einem parallelen Kunden-Desk im Newsroom für die Kundenzeitungen produziert.

> „Und dann kommen die Kunden dazu. Also, wir machen den Mantel hier für drei Heimatzeitungen. Am Montag wurde angekündigt, künftig sogar für vier. Momentan sind es drei Heimatzeitungen, für die wir den Mantel machen. Das ist der X-Mantel, das X-Blatt gehört uns als publizistische Einheit. [Die Kunden-Blätter] unterscheiden sich ein bisschen von unserer Hauptzeitung, weil die Kunden eine gewisse Unterscheidung wollen. Und wir machen den X-Blatt-Mantel, der unterscheidet sich ein bisschen für diese Kunden." (Mitglied der Chef-Redaktion, Zeitung C).

In Tabelle 2 (s. Tabelle 2, S. 92-93) werden die genannten Einführungsziele von Newsdesk-Konzepten aufgelistet:

| Einführungsziele | Zusammenfassung der Aussagen |
|---|---|
| Effizienzsteigerung/ Effizientere Ressourcennutzung | – Ressourcen effizienter nutzen (Red. D)<br>– Kosteneffizienter Arbeiten (Red. B)<br>– Personalaufteilung optimieren (Red. A)<br>– Personalaufteilung anpassen bzw. besser nutzen (Red. C) |
| Organisationsform an neue Bedingungen anpassen: Standardisierung, Optimierung, Flexibilisierung und Rationalisierung der Arbeit/Ressourcen | – Neue Organisationsform sollte Rahmenbedingungen für Qualitätssteigerung gewährleisten „in einem schwierigen Umfeld" und mit limitierten personellen Ressourcen<br>– (Red. A, Red. B, Red. C)<br>– Desk sollte „leichtere" Arbeitsaufteilung ermöglichen<br>– (Red. B, Red. C)<br>– Zentralisierung der redaktionellen Produktion mit dem Ziel der Qualitätssteigerung sowie Zentralisierung der Kontrollinstanzen für effizientere Fehlerkontrolle (Red. B, Red. D) |
| Crossmedialität/ Distribution der Inhalte auf mehrere Medienkanäle | – Später: Integration des Online-Bereiches und der crossmedialen Produktion für verschiedene Distributionskanäle (Red. A, Red. B)<br>– Crossmedialität in den Arbeitsabläufen herstellen, um dem medialen Wandel gewachsen zu sein bzw. davon zu profitieren (Red. B) |
| Leserorientierung/ Zielgruppenorientierung/ Kundenbindung stärken durch Themenplanung | – Zeitung mit Konzept und Programmatik machen, mit Themenplanung, leserrelevante Themen, „Ende der Beliebigkeit" (Red. B)<br>– Wie denkt der Leser? (Red. C) |

| | |
|---|---|
| Regionalisierung/ Themenorientierung/ Themenplanung | – Mehr Regionalisierung der Themen (Red. C, Red. B, Red. D)<br>– „Reporterarbeit" im Lokalbereich verstärken (Red. C)<br>– Wandel im Journalismus vom ressort- zum themenorientiertes Arbeiten (Red. C)<br>– Themenaufteilung bzw. -abdeckung sichern<br>– (Red. A, Red. C, Red. D) |
| Qualitätssicherung/ Qualitätssteigerung | – Qualitätssicherung bzw. Qualitätsverbesserung unter veränderten Bedingungen (Red. A, Red. B, Red. C)<br>– Qualitätsverbesserung durch Zentralisierung der Produktion und der Kontrollinstanzen (Red. B)<br>– Qualitätssteigerung (Red. D) |
| Kooperationen herstellen/ intensivieren, Synergien nutzen | – Strategie des Verlages war überwiegend darauf ausgerichtet, Kooperationen zu stärken und auf den medialen Wandel zu reagieren, um davon zu profitieren (Red. B)<br>– Kooperationen mit Kundenzeitungen (Red. C) |
| Kommunikation, Koordination und Zusammenarbeit verbessern | – Zusammenarbeit und Kommunikation zwischen Redakteuren und Redaktionen verbessern (Red. C)<br>– Kommunikation und Koordination durch neue Organisationsformen/Räume verbessern (Red. D)<br>– Alleingänge minimieren (Red. A)<br>– Räumliche Optimierung/Neubau (Red. C, Red. D) |

*Tabelle 2: Ziele bei der Einführung des Newsdesks. Quelle: eigene Darstellung.*

## 4.3 Die Umsetzung in der Redaktion

Die aus den Zielen abgeleiteten Veränderungsvorhaben der Verlage werden teilweise in Zusammenarbeit mit den Redaktionen ausgearbeitet und umgesetzt. Je nach Redaktion hatten die Redakteure mehr oder weniger Einfluss auf die Gestaltung der neuen Organisationsform bzw. des neuen Blattkonzeptes. Das betrifft die formelle Struktur, die Arbeitsabläufe und -aufteilung sowie die Inhaltsproduktion.

> „Die Redaktion hat praktisch von Beginn an bis zum fertigen Desk, alles aus eigener Kraft entwickelt. [Das bezieht sich beispielsweise auf eine Definition der Faktoren, die für den Leser relevant sind]. […] Der andere Aspekt ist selbstverständlich, welche Rollen brauche ich bei dieser arbeitsteiligen Produktion? Wir haben uns dann zu solchen Modellen wie Editor, Crossmedia-Redakteur, Desk-Manager entschieden. […] Die Redakteure haben im Zusammenspiel mit dem Hausmanagement aber auch das Design, das Mobiliar und die Anordnung des Deskraums selbst festgelegt und auch begleitet." (Chef-Redakteur, Zeitung B).

In Zeitung A wurden beispielsweise unterschiedliche Modelle zur Diskussion gestellt und die Redakteure aufgefordert, sich bei der Konzeption zu beteiligen. Die Mitwirkung der Redakteure war in diesem Zusammenhang ausschlaggebend.

> „Den Newsroom haben wir in den Arbeitsgruppen sehr ins Detail organisiert, sodass jeder mitsprechen konnte. […] Wir haben nicht gesagt: das musst du akzeptieren, sondern jeder konnte definitiv mit seinen Ideen oder Ängsten mitreden. Von daher ist es schon ein Ergebnis gemeinsamer Arbeit. Es gab keinen Zeitpunkt, in dem wir gesagt haben: Wir machen das so und so und das habt ihr zu akzeptieren; es war schon von unten nach oben." (Chef-Redakteur, Redaktion D).

In der Redaktion B erfolgte die Erarbeitung des neuen Konzepts durch ein Projektteam aus sechs Redakteuren und den leitenden Redakteuren beider Zeitungen des Verlages. In einer drei Monate andauernden Projektarbeit legten sie die Grundlagen für die Desk-Arbeit. Ergänzt wurden diese durch Ratschläge von Beratern aus anderen Verlagen sowie Erkenntnissen aus der Wissenschaft.

> „Das war eine Initiative der Verlagsführung, sich mit der Theorie des Newsdesks zu befassen. Deshalb wurden auch externe Berater hinzugezogen, damit man das Know-how anderer Verlage und auch aus der Wissenschaft nutzen konnte." (Chef-Redakteur, Redaktion B).

> „Dieser Struktur [-Entwurf] hier wurde immer proaktiv ergriffen. Bevor der Druck zu hoch wurde, haben wir schon Maßnahmen ergriffen. Also, seit ich jetzt hier bin, gab es in der Redaktion keine betriebsbedingten Kündigungen. Wenn ich die Branchenblätter durchgucke, gibt es nicht viele Verlage, die das für sich behaupten können. Dass es im Anzeigen-Bereich Kündigung gibt, ist völlig klar. […] In der Druckerei wurden bei uns auch Leute entlassen. Deswegen wurde mit einer Druckerei eines anderen Verlags eine Kooperation eingegangen. Klar, das gibt es, das ist so. Aber das ist branchenweit." (Desk-Manager, Redaktion B).

Das neu entwickelte Konzept beinhaltet neue Rollen, fest definierte Prozesse und Arbeitsaufteilungen sowie räumliche und technische Anpassungen. Eingeführt werden neue Funktionen, wie der Crossmedia-Redakteur und der Desk-Manager sowie der Editor und der Reporter. Auch die Abteilung für Mediengestaltung wird in den Desk-Raum integriert. Die ersten Ergebnisse übernahm eine zweite Projektgruppe für die Weiterentwick-

*4 Einführung neuer Redaktionskonzepte und die Restrukturierung*

lung. Darüber hinaus wurden räumliche Veränderungen ausgearbeitet, um die Produktion an die neuen Anforderungen der crossmedialen Desk-Arbeit anzupassen.

Die im Rahmen der Interviews beschriebenen Veränderungen beschränkten sich nicht nur auf die Organisation der Redaktion. Auch das Blattkonzept wurde erneuert, um „nachhaltig" zu bleiben, erklärt die Chef-Redaktion der Redaktion B. Stärker berücksichtigt werden ab diesem Zeitpunkt die Themenrelevanz für den Leser, das Layout, die Themenaufteilung und der Zweck der Seiten. Das Projektteam legte Standards für die Gestaltung und für die Inhalte der Zeitung fest. Unter anderem definieren sie Zweck und Ziele der verschiedenen Seiten.

> „Was für einen Zweck verfolgt [die Zeitung] speziell mit dieser Seite „Wirtschaft"? Was muss als Standard, vom Layout her, auf dieser Seite gestaltet werden? Was für Elemente sind an welchem Wochentag für diese Seite zu liefern?" (Chef-Redakteur, Redaktion B).

Das neue „Blatt" sollte sich, wie oben beschrieben, thematisch stärker an den Interessen der Leser orientieren. Dabei werden auch bei der Planung des Themenspektrums die Daten der Markt- bzw. Leserforschung berücksichtigt.

> „Und diese Relevanzfaktoren haben wir in die Blattkonzepte hinein gegossen. So, dass wir gesagt haben, im Lokalteil müssen sich Dinge abspielen, die speziell hier passiert sind. Und ganz wichtig ist, dass wir mindestens ein oder zwei Mal in der Woche ein Thema Regional oder Lokal „herunterbrechen". Also, was in Berlin in der Gesetzgebung passiert, das muss auch hier von unseren Redakteuren im Gespräch mit den Lokalpolitikern analysiert werden. […] Das erwartet auch der Leser von uns. Da bekommt es erst Nutzwert. Es hat niemand was davon, wenn es heißt „es gibt jetzt aus Berlin ein neues Gesetz", denn die Anwendung findet hier statt." (Chef-Redakteur, Redaktion B).

Die größte Aufgabe der Redaktion in der Umstrukturierung war allerdings journalistischer Art. Die Redaktion sollte neue Verwertungsmöglichkeiten für journalistische Produkte plattformübergreifend ausprobieren sowie auch sicherstellen, dass die journalistische Qualität gewährleistet wird, erklärt der Stellvertretende Chefredakteur der Zeitung A.

> „Die Redaktion hatte die Aufgabe, journalistische Qualität zu liefern. Und die [neue] Organisation sollte dazu dienen, das zu gewährleisten in einem durchaus schwierigen Umfeld. Das muss man einfach sehen. Und ich glaube, dass die Redaktion durchaus inzwischen gesehen hat

*Kapitel 4*

> – auch diejenigen, die früher Bedenken hatten – dass sie diesen Freiraum, den wenigen, von dem sie hatten, ohne diesen Newsroom nicht mehr gehabt hätten. Und das wird dem Newsroom zugutegehalten. Ich glaube, dass alle wirklich inzwischen das [einsehen], dass das unser richtiger Weg war, bei allen Schwierigkeiten." (Stellvertretender Chef-Redakteur, Zeitung A).

Obwohl rückblickend die Umsetzung als Ergebnis gemeinsamer Arbeit betrachtet wird, brachte die Einführung der Newsdesk-Strukturen in den untersuchten Zeitungsredaktionen auch Diskussionen und Konflikte mit sich. Insbesondere in der ersten Phase gab es Wiederstände seitens der Redaktion, erzählt die Chef-Redaktion von Zeitung C. Positiv wiederum reagierten die Kunden, da sie von der Veränderung der Struktur profitierten. In Zeitung A gab es zu Beginn viele Gespräche, um Ängste und Widerstände abzubauen. Dabei wurden Kompromisse eingegangen, die die Struktur der Redaktion bis heute noch prägen.

> „Das ist erstmal so, dass jeder Angst hat, dass er etwas aufgeben muss, [wenn man] weg [geht] von diesem klassischen Schubladen-Prinzip. Und das ist irgendwie immer ein Thema […] Es ist nie so, dass man sagt: Ich will wieder das von vor zehn Jahren haben. Aber es ist immer [ein Thema], auch durch unsere komplexe Struktur, dass das Ressort da ist. Wir haben Ressortleiter. Andere Zeitungen haben das genutzt, um zu sagen: Wir brauchen keinen Ressortleiter mehr. Das haben wir alles gelassen." (Chef-Redakteur, Redaktion A).

Die wichtigsten Aussagen über die Umsetzung des neuen Konzeptes in den Redaktionen werden in Tabelle 3 zusammengefasst (s. Tabelle 3, S. 97-98).

*4 Einführung neuer Redaktionskonzepte und die Restrukturierung*

| Umsetzung | Zusammenfassende Aussagen |
|---|---|
| Mitwirkung verschiedener Akteure in Projektgruppen (Redakteure, Wissenschaft, Verlag, Berater) | – Berater bringen Erfahrung aus anderen Verlagen mit + Erkenntnisse aus der Wissenschaft (Red. B)<br>– Projektarbeit mit der Redaktion haben die Grundlinien für die Desk-Arbeit festgelegt (Red. B)<br>– Redaktion wird in das neue Blattkonzept mit eingebunden, Frage nach Relevanz der Themen für den Leser, Layout, Themenaufteilung und Zweck der Seiten im Blatt (Red. B)<br>– Einbeziehung wissenschaftlicher Ergebnisse aus der Leserforschung bei Planung des Themenspektrums (Red. B)<br>– Newsdesk-Konzept ist Ergebnis gemeinsamer Arbeit mit der Redaktion, Redakteure konnten mitbestimmen (Red. D)<br>– Redaktion wurde in Konzeption und Umsetzung stark eingebunden (Red. B)<br>– Redaktion wurde aufgefordert, sich bei der Konzeption zu beteiligen, die Modelle wurden zur Diskussion gestellt (Red. A) |
| Ausarbeitung/Einführung neuer Organisationsformen, Rollen, Arbeitsweisen | – Definition der Rollen: Editor, Crossmedia-Redakteur, Desk-Manager (Red. B)<br>– Desk-Einführung, um Arbeitsteilungen durchführen zu können (Red. B) |
| Einführung eines medienübergreifenden Produktionsprozesses/ Crossmedia | – Crossmediales Team wird eingeführt für die Bedienung/Herstellung von SMS, Blitznews, Newslettern, Onlineauftritt und Blog (Red. B)<br>– Redaktion hatte die Aufgabe, den journalistischen Kern beizubehalten, aber medienunabhängiger zu produzieren, nicht mehr exklusiv Print (Red. A) |
| Einführung neuer Prozesse | – In der Redaktion werden neue Prozesse definiert, beispielsweise „wann welche Konferenz stattfindet, mit welcher Besetzung und welcher Zielen" (Red. B) |
| Widerstand Redaktion vorhanden, Kunden profitierten von Umstellung | – In erster Phase gibt es Widerstand in der Redaktion (Red. C)<br>– Es gibt viele Gespräche und Diskussionen, um Ängste und Widerstände abzubauen (Red. A)<br>– Kunden profitierten davon und reagieren positiv (Red. C) |
| Veränderung der Räumlichkeiten | – Einführung Newsroom (Red. B)<br>– Redaktion wird in die Konzeption des Mobiliars sowie in räumliche und technische Entscheidungen eingebunden (Red. B)<br>– Neue Räumlichkeiten (Red. D) |
| Redaktion soll den journalistischen Kern bewahren | – Verschiedene neue Verwertungsmöglichkeiten für journalistische Produkte sollten ausprobiert und umgesetzt werden (Red. A)<br>– Redaktion hatte die Aufgabe, journalistische Qualität zu liefern (Red. A) |

*Kapitel 4*

| Initiative geht von Verlagsführung aus | – Wunsch der Verlagsführung, sich mit dem Newsdesk-Konzept zu befassen (Red. B) |
| --- | --- |
| | – Neue Organisationsform wird proaktiv ergriffen, um schnell auf die Umweltveränderungen zu reagieren (Red. B) |
| | – Entlassungen im Druck- und Anzeige-Bereich, nicht in der Redaktion (Red. B) |

*Tabelle 3: Umsetzung in der Redaktion. Quelle: eigene Darstellung.*

# Kapitel 5

*5 Die Redaktionskonzepte heute: Zielerreichung und aktueller Entwicklungstand*

Im zweiten Teil der Befragung wurden die Interviewpartner aufgefordert, über die Erfolge bzw. die Misserfolge des Restrukturierungsprozesses in den Redaktionen zu sprechen. Dabei analysieren sie, ob die Ziele der Redaktion bzw. des Verlages zur Zeit der Einführung der neuen Redaktionskonzepte erreicht werden konnten. Außerdem sollten sie über die Merkmale der aktuellen Redaktionsstruktur bzw. Organisationsform sowie über die Unterschiede zwischen den vorherigen und aktuellen Redaktionskonzepten sprechen.

Die Ergebnisse, die hier präsentiert werden, leiten sich sowohl aus den Aussagen der Experten als auch aus den gewonnenen Daten aus der Beobachtung ab. Insbesondere die Merkmale der aktuellen Redaktionskonzepte bzw. -struktur wurden ebenfalls mithilfe der Beobachtung gewonnen. Diese zweite Methode ermöglichte die Erhebung wichtiger Informationen über den redaktionellen Alltag, wie beispielweise über die formale Struktur und die Rollen, über die Arbeitsweisen und die Räumlichkeiten oder über die Kommunikation des Desk-Leiters.

Als Erstes wird kurz über die Erfolge bzw. Misserfolge der Einführung neuer Redaktionskonzepte berichtet. Im Anschluss wird der erste Teil der strukturellen Veränderungen bzw. Merkmale der aktuellen Organisationsform in den Redaktionen dargestellt. Die weiteren Ergebnisse aus der Beobachtung werden im Kapitel sechs ausgearbeitet.

## 5.1 Newsdesk aktuell: Erfolge und Misserfolge

Die Newsdesk-Konzepte in den besuchten Redaktionen weisen unterschiedliche Entwicklungsstufen auf. Ausschlaggebend für den Stand der Entwicklung sind die Räumlichkeiten und der Personalbestand, das „Alter" des Newsdesks, die Konvergenz bzw. die Integration zwischen Online und Print sowie die marktwirtschaftliche Lage der Medienhäuser. Aus Sicht der Chef-Redaktion hat sich die neue Organisationsform bewährt. Sie wird grundsätzlich positiv bewertet.

Die eingeführten Newsdesk-Strukturen schaffen laut Aussagen der Gesprächspartner zeitgemäße Bedingungen sowohl für die Erreichung der unternehmerischen als auch der publizistischen Ziele. Gemeint sind beispielsweise die Herstellung von Kooperationen mit anderen Unternehmen und Redaktionen sowie die Produktion von Inhalten und Produkten für verschiedene Distributionskanäle und Kunden. Auch die Flexibilität und die schnellere Anpassungsfähigkeit des Newsrooms an die veränderten Umweltbedingungen sehen die Interviewpartner positiv. Die Restrukturierung der letzten Jahre ermöglichte die Bedingungen für die erwünschten Optimierungsprozesse, Rationalisierung, Standardisierung, Qualitätssicherung sowie Effizienzsteigerung.

Die aktuelle Organisationsform leistet somit zum größten Teil das, was sich die Redaktionen bzw. die Redaktionsleiter und der Verlag bei der Einführung eines neuen Konzeptes erhofften. Die einst gesetzten Ziele bewerten die Mitglieder der Chef-Redaktion als grundsätzlich erreicht, auch wenn Verbesserungen notwendig sind. Darunter fallen die crossmedialen Produktionsweisen, die Regionalisierung der Themen, die Qualitätssteigerung, Standardisierung und Rationalisierung der Produktion sowie die Flexibilisierung des Ressourceneinsatzes.

> „Wir haben sowohl in der Qualität als auch in der Crossmedialität, wie bei der Rationalisierung alle Ziele erreicht. Vielleicht nicht zu 100%, sonst hätten wir nicht Desk 4.0. […] Wir hatten gehofft, dass bei einer zentralisierten Produktion auch die Kanalisierung in verschiedene Medienkanäle besser funktioniert. Auch das halte ich für gelungen." (Chef-Redakteur, Zeitung B).

Um die Worte der Interviewten wiederzugeben, beschreibt der stellvertretende Chef-Redakteur der Zeitung A die Einführung von Newsdesk-Strukturen als „den richtigen Weg". Seiner Meinung nach erweist sich die Restrukturierung als „Gewinn", auch wenn das Konzept andauernde Optimierungen verlangt.

> „Es gibt keine 100% Lösung und keine 100% Antwort, sondern es gibt immer nur mehr oder weniger. Und ich würde sagen mehr. […] Newsroom ist ein unvollendetes Projekt. Es kann immer besser funktionieren. […] Es erfordert eine immer wiederkehrende Anstrengung, um das [Konzept] mit Leben zu erfüllen. Und das ist das, was anstrengt: Dass man sich nicht zurücklehnt. Nein, ich suche die Diskussion, ich suche die Auseinandersetzung. […] Das ist das, was immer anstrengender ist. Aber, auch das, was in mehreren Fällen ein besseres Ergebnis

als ein schlechteres bringt. So würde ich sagen. Unterm Strich ist es ein Gewinn." (Stellvertretender Chef-Redakteur, Zeitung A).

Die Reorganisation versetzt die Redaktion in die Lage, schneller auf neu eintretende Veränderungen aus der Umwelt zu reagieren, so der stellvertretende Chef-Redakteur der Zeitung A. Seiner Meinung nach wäre es mit der vorherigen Struktur nicht möglich, auf die eingehenden Anforderungen der letzten Jahren zu reagieren. Diese Meinung teilt ebenfalls das Mitglied der Chef-Redaktion C sowie der Desk-Manager der Zeitung B.

„Ich finde es immer blöd mit dem Alternativlos, aber ich glaube, dass wir anders nicht Schritt halten würden, mit einer immer schnelleren und sich verändernden Welt und auch Medienwelt. Also, wir könnten sonst nicht so reagieren, wenn wir in der Struktur nichts gemacht hätten." (Stellvertretender Chef-Redakteur, Zeitung A).
„Unterm Strich behaupte ich, es ist immer noch die bessere Version als früher. Es ist einfach die zeitgemäße Organisationsform. Es ist auch darauf ausgerichtet, Synergien auszuschöpfen." (Desk-Manager, Redaktion B).

Die dynamischen Umweltveränderungen innerhalb der Printbranche versetzten die Redaktionen in dieser Hinsicht in einen „Daueranpassungszustand". Dabei werden die Struktur bzw. die Organisationsform sowie die Arbeitsweisen immer weiter optimiert bzw. an die neuen Anforderungen angepasst. Diese kontinuierlichen Optimierungen bzw. Anpassungen belegen die oben beschriebenen Entwicklungsphasen der Redaktionskonzepte (s. Kapitel 4, S. 77).

„Ich würde sagen, das ist die Struktur, die wir jetzt haben, und damit können wir arbeiten. Aber es wird sicher in fünf Jahren wieder anders aussehen. Es gibt nie die Lösung, von der man sagen kann, die funktioniert dann zehn Jahre. Da muss man sich im Klaren sein, dass es diese Gewissheit heute nicht gibt. Man muss immer sehen, wie verändert sich etwas, was müssen wir mehr machen, was weniger, wie können wir darauf reagieren. Eine Redaktion ist heute wie eine Art permanentes Versuchslabor." (Stellv. Chef-Redakteur, Zeitung A).

Der Arbeitsplatz als „Versuchslabor" überfordert allerdings einige Mitarbeiter, was auch während der Zeit der Untersuchung zu beobachten war. Der Umzug der Mantel-Produktion der Redaktion B in die „Schwester-Redaktion" beispielsweise verunsichert den einen oder anderen Redakteur, weil sie nicht genau wussten, wie die neuen Abläufe und die Zusammenarbeit funktionieren sollten.

*Kapitel 5*

Eine weitere Umstellung in den Bearbeitungsprogrammen änderte den Workflow für die Datenspeicherung. Ein Redakteur machte aus diesem Grund ein Thema doppelt, was er als ärgerlich empfand: „Warum hat mir keiner Bescheid gesagt? Ich mache das schon so lange so und jetzt mache ich es doppelt", meint er. Im informellen Gespräch erzählt der Desk-Manager, dass jedes zweite Jahr Neuerungen in der Redaktion eintreten und dass möglicherweise das aktuelle Desk schon bald überholt sein wird.

Dieser beschriebene Daueranpassungszustand an die neuen Anforderungen führt zu „Aktualisierungsproblemen" bei den Mitarbeitern, was die Arbeitsabläufe oder den Stand des Wissens angeht. So unterhalten sich beispielsweise ein Editor und ein Desk-Chef während des normalen Produktionsablaufs darüber, dass die neuen einheitlichen Muster für die Verwendung der Bilder nicht klar sind: „Was gilt und was gilt nicht?", fragte der Editor. In einer weiteren Redaktion wird zudem das Layout sowie die Preise verändert bzw. optimiert, um die Produktion von mehreren Ausgaben zu standardisieren. Der „Versuchslabor"-Charakter der Arbeit in den untersuchten Redaktionen bedeutet in diesem Zusammenhang eine zusätzliche Belastung für einige Mitarbeiter.

Eine Zusammenfassung der Aussagen über die Erreichung der Ziele bzw. über die Erfolge bzw. die Misserfolge des Restrukturierungsprozesses in den untersuchten Redaktionen folgt in Tabelle vier (s. Tabelle 4, S. 102-103). Die Interviewpartner beziehen sich ebenfalls auf die Unterschiede zwischen der vorherigen und der aktuellen Redaktionsform.

| Zielerreichung/ Fit-Erreichung | Zusammenfassung der Aussagen |
|---|---|
| Neue Organisationsform hat sich bewährt, grundsätzlich positiv bewertet | – Neue Struktur leistet das, was erwartet wurde (Red. A)<br>– Newsdesk ist ein Gewinn (Red. A)<br>– „Schritt halten" wäre ohne die neue Organisationsform nicht möglich in einer veränderten Welt und Medienumwelt; ohne neue Struktur könnte die Redaktion auf die Veränderungen der Umwelt nicht reagieren (Red. A)<br>– „Newsdesk-Einführung war der richtige Weg" (Red. A)<br>– Zeitgemäße Organisationsform (Red. B)<br>– Struktur funktioniert gut, neue Organisationsform gut bewertet (Red. D)<br>– Richtiger Weg, weil Steigerung Qualitätsjournalismus ermöglicht (Red. C)<br>– Sowohl bei der Qualität als auch bei der Crossmedialität und bei der Rationalisierung alle Ziele erreicht (Red. B)<br>– Formelle Struktur bietet den Rahmen, unternehmerische und publizistische Ziele zu erreichen (Red. C, Red. A) |

## 5 Die Redaktionskonzepte heute: Zielerreichung und aktueller Entwicklungstand

| | |
|---|---|
| Newsroom als unvollendetes Projekt, konstante Anpassungen notwendig | – „Permanenter Versuch" (Red. A)<br>– Newsdesk ist ein unvollendetes Projekt, wie ein permanentes Versuchslabor, immer neue Anpassungen an die Veränderungen der Umwelt und an die Anforderungen des Marktes notwendig (Red. A) |
| Rationalisierung, Standardisierung, Optimierung und Effizienzsteigerung sind gelungen | – Neue Organisationsform der Arbeit hat zu einem späteren Zeitpunkt geholfen, Kosten pro Seite zu berechnen und transparenter zu machen (Red. B)<br>– Mitarbeiterspezialisierung führt zu rationellerer Arbeit (Red. B)<br>– Vier Seiten pro Editor, statt vorher drei (Red. B)<br>– Journalistisch effizienter (Red. D) |
| Organisation flexibler und anpassungsfähiger | – Flexibilität der zentralen Produktionseinheit hat sich bewährt, erleichtert Anpassung an die Umweltveränderungen und an die internen Anforderungen, wie den medialen Wandel sowie die Rationalisierungen (Red. B)<br>– Innovationsgeschwindigkeit hat sich enorm beschleunigt, zentrale Produktion ermöglicht Produktentwicklung, um verschiedene Kunden auf mehreren Kanälen zu erreichen und um den Anforderungen der Umwelt gerecht zu werden (Red. B)<br>– Optimale Räumlichkeiten durch Neubau (Red. D) |
| Produktivitätssteigerung erreicht | – Die Produktion weiterer Ausgaben, auch für die Kunden, hat einen „Produktivitätsschub" gebracht; Forderung der Geschäftsführung an die Redaktion (Red. B)<br>– Vier Seiten pro Editor, statt vorher drei (Red. B) |
| Qualitätssteigerung gelungen | – Spezialisierung der Mitarbeiter führt zu qualitativerer Arbeit (Red. B)<br>– Newsdesk-Organisation ermöglicht Qualitätssteigerung (Red. D)<br>– Spezialisierung wichtig für die Qualitätssicherung und thematisches Arbeiten (Red. C) |
| Mehrkanaldistribution und Crossmedialität gewährleitet | – Durch die zentralisierte Produktion gelingt eine Kanalisierung in verschiedene Medienkanäle (Red. B) |
| Themenorientierung gelungen | – Bessere, schnellere Themenabsprachen im Newsroom und mit den lokalen Redaktionen durch die regionalen Desks (Red. D)<br>– Themenorientierung gelungen (Red. D) |
| Kooperationen und Synergien etabliert | – Kooperationen aufgebaut, um Synergien zu ermöglichen und wirtschaftlich zu bleiben. Partnerschaft mit anderen Zeitungen im Bereich Druck, Vertrieb, Anzeige und Content-Produktion (Red. C) |

*Tabelle 4: Ziel- bzw. Fit-Erreichung/Erfolge bzw. Misserfolge. Quelle: eigene Darstellung.*

*Kapitel 5*

## 5.2 Entwicklungsstand des Konzeptes und Merkmale der aktuellen Redaktionsstruktur

Im folgenden Abschnitt wird der aktuelle Entwicklungsstand bzw. die veränderte Redaktionsstruktur dargestellt. Aus Perspektive der Journalismusforschung bedeuten die Restrukturierungsprozesse der letzten Jahre Veränderungen in den journalistischen Programmen bzw. Strukturen des Journalismus. Aus betriebswirtschaftlicher Sicht veränderten die interne Restrukturierung bzw. die permanente Anpassung an die externen Anforderungen die Struktur, die Prozesse sowie die Beziehungen der Redaktion (s. Kapitel 2, S. 43).

Diese Veränderungen können in den Entscheidungs- und Organisationsprogrammen bzw. in der Organisationsform, in den Arbeitsprogrammen bzw. in der Arbeitsaufteilung und den Arbeitsweisen sowie in den Räumlichkeiten der Redaktionen festgestellt werden. Im Bereich der Beziehungen veränderten sich die Zusammenarbeit zwischen den Abteilungen innerhalb des Verlages sowie das Verhältnis der Redaktion zu Kunden, Kooperationspartnern und Prosumers. Einige dieser Veränderungen können im Rahmen der empirischen Untersuchung festgehalten werden.

### 5.2.1 Die Organisationsform: „Hybrid" zwischen Ressort- und Desk-Struktur

Die Organisationsform in den untersuchten Redaktionen kann als „hybrid" bzw. eine Mischung zwischen Ressort- und Newsdesk-Strukturen bezeichnet werden. Den Ausdruck verwendeten die Interviewpartner, um das Vorhandensein von Elementen aus beiden Organisationsformen in den aktuellen Redaktionskonzepten zu definieren. Gemeint ist die Kombination zwischen der fachlichen Expertise aus den damaligen Ressorts mit der spezialisierten Arbeitsaufteilung der Desk-Produktionsweisen. Diese Mischform wird allerdings als Kompromisslösung betrachtet.

> „Es ist sehr unbequem und kompliziert. Es ist der Versuch der Quadratur des Kreises: Die Fachkompetenz der Ressorts zu erhalten und trotzdem effektiver und besser zu planen, flüssiger zu produzieren mit kurzen Wegen." (Stellvertretender Chefredakteur, Redaktion A).

Obwohl die Spezialisierung als Editor und Reporter grundsätzlich etabliert ist, werden einzelne Ausnahmen aus persönlichen, räumlichen oder personalbezogenen Gründen „geduldet", so die Interviewpartner. In Redaktion

*5 Die Redaktionskonzepte heute: Zielerreichung und aktueller Entwicklungstand*

A wird beispielsweise die alte Struktur aufgrund der eingeschränkten personellen Kapazitäten teilweise beibehalten, erklärt der stellvertretende Chef-Redakteur. Auch die räumliche Komponente spielt eine Rolle, da der Desk-Raum zur Zeit der Untersuchung auf zehn Plätze begrenzt war. Die restlichen Redakteure arbeiten in anderen Räumen, teilweise weiterhin in den ehemaligen Ressorts. Laut Aussagen des Stellvertretenden Chef-Redakteurs der Redaktion A erfordert diese hybride Organisationsform „große Anstrengungen".

In Zeitung B blieb das Feuilleton bzw. die Kultur-Redaktion als eigenständiges Ressort erhalten. Ziel der Chef-Redaktion war allerdings die komplette Auflösung der Ressort-Struktur, was „schonungsvoll" und „schrittweise" erreicht werden sollte. Weiterhin arbeiten zur Zeit der Untersuchung die Ressorts Wirtschaft, Politik und Landespolitik als eine Einheit, spricht das „Mantel-Reporter-Ressort". Durch eine Kooperation mit dem Schwester-Desk wird die Bildung einer einzigen Einheit auch mit der Kulturredaktion angestrebt. Das wurde in der Zeit nach der Beobachtung umgesetzt.

Ebenfalls als Kompromiss wird die Situation in der Redaktion C beschrieben. Auch wenn die Mehrheit der Ressorts aufgelöst und die Arbeitsteilung in Editor und Reporter etabliert ist, war die Integration von zwei Ressorts am Desk zur Zeit der Untersuchung noch nicht komplett abgeschlossen. Eines der Ressorts arbeitete weiterhin mit der Arbeitsaufteilung einer klassischen Ressortstruktur.

> „Da ist diese Philosophie: „Wir machen eine Trennung zwischen Blattmachern und Reportern" noch nicht eins zu eins eingehalten. [...] Was die Integration dieses einen Ressorts an das Desk [angeht], da sind wir erst auf halber Strecke. Da haben wir unsere Ziele noch nicht erreicht." (Mitglied Chef-Redaktion, Redaktion C).

Eine strikte Trennung zwischen Blatt- und Content-Produktion weist Redaktion D auf. Die Ressorts sind um das zentrale Desk im Newsroom organisiert und in der Regel wechseln sich die Ressort-Mitglieder in der Ausführung der Editor-Rolle ab. Des Weiteren sitzen der Art-Director sowie die Online-Redaktion, die „Onliner" genannt werden, am zentralen Desk-Tisch im Newsroom. Besonderheit in dieser Redaktion ist, dass die redaktionellen Einheiten verpflichtet sind, am Desk zu arbeiten.

> „Ich glaube, dass dieser Newsroom vergleichsweise relativ gut funktioniert, unter anderem, weil wir Pflichtarbeitsplätze haben. Ich kenne dies aus anderen Zeitungen, [...] da kommen sie um 17 Uhr rein und

## Kapitel 5

keiner sitzt am Newsroom, weil sie alle in ihren Ressorts sind. Deshalb habe ich gesagt: Hier ist Pflicht." (Chef-Redakteur, Redaktion D).

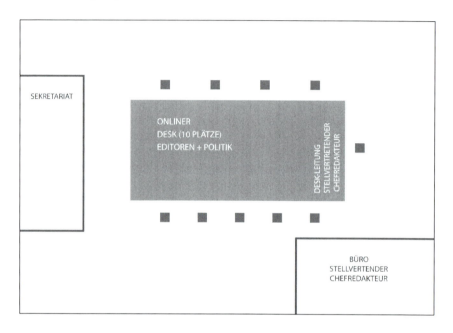

*Abbildung 8: Räumliche Aufteilung von Newsroom A zur Zeit der Beobachtung. Quelle: Eigene Darstellung.*

Eine bedeutende Rolle für die Entwicklung und für die Zusammenarbeit in den Newsdesks spielen die Räumlichkeiten, die sich in den untersuchten Redaktionen in ihrer Größe, im Organisationsaufbau und in der Arbeitsteilung stark unterscheiden. Zwei der Redaktionen passen den Deskraum an die vorhandenen räumlichen Möglichkeiten an, zwei weitere befinden sich in neugebauten Räumen, die speziell als Newsroom geplant und konstruiert wurden.

Im Deskraum der Zeitung A (s. Abbildung 8, S. 106) sind zur Zeit der Untersuchung insgesamt zehn Arbeitsplätze für die Desk-Arbeit sowie für das Politikressort vorhanden, das sich im gleichen Raum befindet. Zwei „Onliner" vertreten die Online-Redaktion, die aus sechs Redakteuren besteht und den Webauftritt der Zeitung koordinieren. Die weiteren Ressorts verteilen sich auf die anderen Räumlichkeiten des Gebäudes und werden am Desk mit jeweils mindestens einem Editor vertreten.

*5 Die Redaktionskonzepte heute: Zielerreichung und aktueller Entwicklungstand*

In Redaktion B gibt es insgesamt 26 Arbeitsplätze im Newsroom für Editoren, Redakteure und Mediengestalter, verteilt auf sieben Tische (s. Abbildung 9, S. 108). Neun Plätze sind für die Mantel-Redaktion; diese wird kurz nach der Untersuchung verlegt. An einem Tisch in der Mitte des Raums sitzen der Chef-Editor, der Regional-Desk-Manager, der „Senior-Nachrichtenführer" (Mantelredaktion) sowie der Newsmanager bzw. Online-Editor. Sie koordinieren die Arbeit der Mitarbeiter um den zentralen Tisch herum sowie die Produktion der 21 Ausgaben. Der Nachrichtenführer koordiniert die Editoren bzw. Themen der Mantel-Redaktion. Diese Seiten werden für die verschiedenen Zeitungsausgaben produziert.

Zur Zeit der Beobachtung findet die Produktion für den Sport- sowie Wirtschaftsteil der beiden Haupt-Ausgaben der Zeitung zentral im Newsdesk der Schwester-Redaktion statt. Die Inhalte für die Kulturseiten sowie für „Buntes" und „Panorama" werden wiederrum vor Ort bzw. im untersuchten Desk hergestellt. Weiterhin befinden sich im Desk-Raum ein Teil der Mantel-, die Stadt- sowie die Regional-Redaktion. Weitere Ressorts arbeiteten im Gebäude, aber nicht im Desk-Raum. Aus Perspektive der Schwester-Redaktion, die ihren Standort im benachbarten Bundesland hat, kann Redaktion B als Regional-Desk betrachtet werden. Für die Koordination der eigenen acht Lokal-Ausgaben im eigenen Bundesland ist das besuchte Desk aber als Haupt-Desk zu verstehen.

In Redaktion C hat das Desk 14 Arbeitsplätze in einem neu gebauten Newsroom: Vier Plätze für die Kundenausgabe, zwei für die Online-Redaktion und die restlichen sind für die Editoren sowie den Desk-Chef (s. Abbildung 10, S. 109).

Im Großraumbüro befinden sich weiterhin die Online- und die Kulturredaktion, die Grafikabteilung, ein Videoschnittplatz für die Videobearbeitung sowie das Sekretariat. In den anderen Räumlichkeiten außerhalb des Newsrooms arbeiten die Sport-Redaktion sowie die Redaktion „Newsdesk-Aktuelles", die den Reporterpool koordiniert.

Die Gesamtherstellung der Inhalte erfolgt in Zeitung C mit drei Desks: Zwei Regional-Desks und einem Mantel-Desk, die eine Trennung zwischen Blattmacher und Reporter aufweisen. Die zwei Regional-Desks koordinieren die Produktion der Lokalausgaben über alle Produktionsschritte, angefangen von der Organisation der Arbeit und Personalführung bis hin zum Layout. Insgesamt werden in den Desks 16 Ausgaben hergestellt.

Der Mantel-Desk, der im Rahmen dieser Arbeit untersucht wurde, produziert für die Hauptzeitung zwei regionale Ausgaben, die in den Lokalausgaben Unterschiede aufweisen können. Weiterhin stellen Editoren aus einem parallelen Desk, dem sogenannten „Kunden-Desk", vier Ausgaben

Kapitel 5

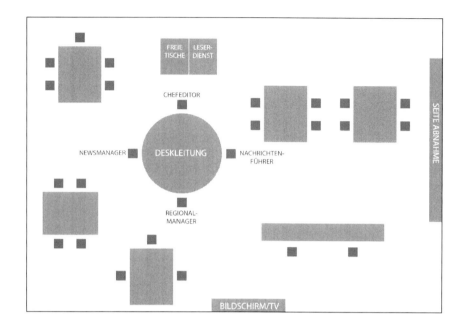

*Abbildung 9: Räumliche Aufteilung von Newsroom B zur Zeit der Beobachtung. Quelle: Eigene Darstellung.*

für die Kunden-Zeitungen her. Die Inhalte erhalten sie vom Mantel-Desk nebenan, das die Hauptausgaben am Nachbartisch editiert. Der Content wird in ähnlicher Form auch für die Kunden-Ausgaben am „Kunden-Desk" bearbeitet, mit wenigen Ausnahmen.

In Zeitung D sind am zentralen Tisch elf Arbeitsplätze sowie 26 Plätze um das Desk herum für die Produktion der Ressorts und Beilagen (s. Abbildung 11, S. 110). Das Großraumbüro befindet sich in einem vor wenigen Jahren errichteten Neubau, der optimale räumliche Bedingungen für die Umsetzung des Konzeptes bietet. Die Produktion organisiert sich in einem Mantel-Desk, weiteren sieben Regional-Desks und 22 Lokal-Redaktionen, die insgesamt 22 Ausgaben herstellen. Im Erdgeschoss befinden sich noch eines der sieben Regional-Desks sowie die Fernsehredaktion, die bei der Videoproduktion mit der Online-Redaktion kooperiert.

Die Online-Redaktion am Desk agiert als Schnittstelle zwischen den Medienkanälen und ist zugleich als Dienstleister für die lokalen bzw. regionalen Redaktionen tätig. Die „Onliner" sitzen ebenfalls am Desk und haben einen weiteren Teil des Teams an einem anderen Tisch im Newsroom. Für das Sekretariat gibt es sechs Arbeitsplätze, fünf für die Produktions-

*5 Die Redaktionskonzepte heute: Zielerreichung und aktueller Entwicklungstand*

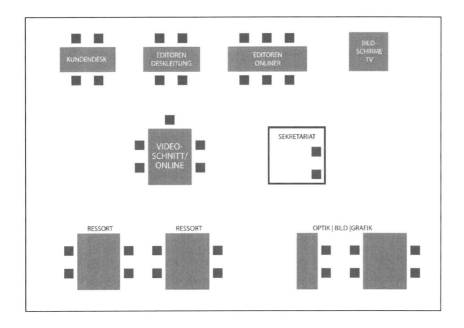

*Abbildung 10: Räumliche Aufteilung von Newsroom C zur Zeit der Beobachtung. Quelle: Eigene Darstellung.*

steuerung und den Chef vom Dienst sowie drei voneinander getrennte Büros für die Mitglieder der Chef-Redaktion.

Aus der Beobachtung ist festzuhalten, dass die speziell für den Newsroom neugebauten Räumlichkeiten die Kommunikation zwischen Desk und den Mitarbeitern fördern. In den Neubauten mit den offenen Großraumbüros ist auch der Kontakt zwischen der Chef-Redaktion und den Desk-Mitarbeitern aufgrund der räumlichen Nähe intensiver.

Allerdings können sich die Newsdesk-Manager, die kein eigenes Büro bzw. keine Ressortzugehörigkeit aufweisen, nur schwer aus dem Redaktionsgeschehen zurückziehen. Eine Rückzugsmöglichkeit fehlt auch den Mitarbeitern, die direkt am Desk oder im Newsroom ihre Regel-Arbeitsplätze haben. Um Texte in Ruhe zu schreiben, Mitarbeitergespräche und Interviews zu führen oder Planungen vorzunehmen, ziehen sich die Redakteure bzw. der Desk-Manager in ihr eigenes oder in ein leerstehendes Büro zurück. Dies nutzen vor allem die Desk-Chefs, die parallel zur Desk-Chef-Funktion eine leitende Rolle haben, wie beispielsweise, als Chef-Editor oder als stellvertretender Chef-Redakteur.

*Kapitel 5*

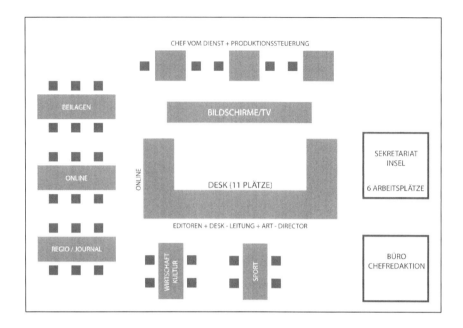

*Abbildung 11: Räumliche Aufteilung von Newsroom D zur Zeit der Beobachtung. Quelle: Eigene Darstellung.*

Im Durchschnitt aller Redaktionen halten sich die Desk-Chefs 78% der Zeit im Newsroom, 8% im Konferenzraum, 1% im eigenen Büro und 1% im Büro der Chef-Redaktion auf. Abwesend vom Desk-Raum waren sie bei Plan-Konferenzen, Sondergesprächen oder sonstigen Versammlungen und Pausen. Weiterhin wurden kurze Gespräche außerhalb des Desks mit der Chef-Redaktion, Redakteuren oder Mitarbeitern anderer Abteilungen durchgeführt. Abwesend vom Newsroom waren sie somit insgesamt in 12% der Zeit eingespannt. Der durchschnittliche Prozentsatz der Aufenthalte wird in Diagramm eins dargestellt (s. Diagramm 1, S. 111).

5.2.2 Funktionen und Rollen: Die spezialisierte Arbeitsteilung und ihre Folgen

Die Einführung neuer Organisationsformen in den Redaktionen bringt ebenfalls neue Funktionen und Rollen innerhalb der journalistischen Praxis mit sich. Neben dem untersuchten Desk-Leiter, auch Desk-Manager oder Desk-Chef genannt, gibt es weitere Funktionen in den untersuchten

*5 Die Redaktionskonzepte heute: Zielerreichung und aktueller Entwicklungstand*

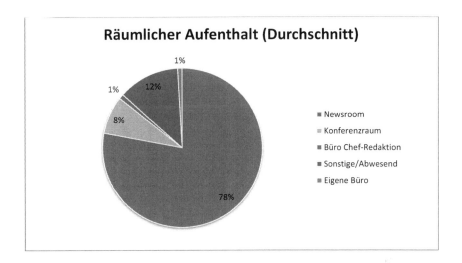

*Diagramm 1: Räumlicher Aufenthalt (Durchschnittlicher Prozentsatz).*

Redaktionen, wie beispielweise Editoren und Reporter, den Chef-Editor und den Leitenden Redakteur, den Scout, den Reporter-Chef, den Regional-Manager, den Senior-Editor, den Newsmanager, den Art-Director sowie weitere Funktionen, die mit der Online- bzw. Multimedia-Redaktion in Verbindung stehen. Dazu zählen die Multimedia- bzw. Crossmedia-Redaktionsleiter sowie die „Onliner" am Desk. Neu in den crossmedialen Redaktionsstrukturen sind auch die Rollen des Moderators von Nutzerbeiträgen und die Arbeit in den sozialen Netzwerken (vgl. Meier 2013a: 127) oder des Social Media-Redakteurs und des Community-Managers (vgl. Bakker 2014).

Insbesondere für die Koordination des Produktionsprozesses im Newsroom wurden Funktionen eingeführt, größtenteils in den Führungsebenen und am Desk. Am Beispiel des redaktionellen Organigramms der Zeitung C (s. Abbildung 12, S. 112) können einige davon aufgezählt werden: der Chef-Redakteur, zwei leitende Redakteure und der Chef vom Dienst in den regionalen Desks, ein Projektmanager, ein leitender Redakteur „Newsdesk Aktuelles" im Mantel-Desk sowie ein journalistischer Büro-Leiter, das Sekretariat und ein journalistischer Assistent für die Chef-Redaktion. Dazu kommen noch 14 Volontäre, ein stellvertretender Leiter Chef vom Dienst für die anderen produzierten Ausgaben sowie für die Mantelkunden, sechs Multimedia-Redakteure, zwei Leiter für Multimedia-Redaktion, die Ressort-Leiter, ein Reporter-Chef und ein leitender Redakteur.

Kapitel 5

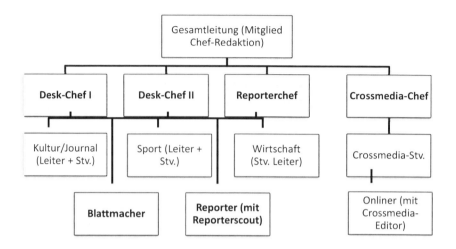

*Abbildung 12: Organigramm Redaktion C (Mantel-Desk). Quelle: Verlagsunterlagen.*

Die Mantel-Redaktion koordiniert der Leitende Redakteur „Newsdesk Aktuelles" bzw. „Gesamtleitung Mantel-Desk". Die nächste Ebene übernehmen der Desk-Chef und der Reporter-Chef, die einen Gesamtüberblick der Produktion aller redaktionellen Einheiten bewahren. Der Reporter-Chef arbeitet nicht direkt am Desk, er koordiniert den Reporter-Pool aus einem anderen Raum und produziert bzw. recherchiert die Themen zusammen mit dem Scout-Dienst.

In der zweiten hierarchischen Ebene und im Organigramm parallel zum Desk-Manager und zum Reporter-Chef ist der Crossmedia-Chef situiert, der die Online-Redaktion koordiniert. Der Ressort-Leiter mit den jeweiligen Stellvertretern bilden die dritte, die Editoren, Reporter und der Reporterscout die vierte Ebene im redaktionellen Organigramm, wie in der Abbildung 12 (s. Abbildung 12, S. 112) dargestellt ist.

Die Funktion der „Gesamtleitung Mantel-Desk" in der Redaktion C ist mit dem Chef-Editor in der Redaktion B vergleichbar. Dem Chef-Editor unterstellt sind zwei Regional-Desk-Manager (RDM), die eine stärkere operationale Rolle haben und den Chef-Editor in seiner Abwesenheit vertreten. Des Weiteren sitzt am zentralen Tisch im Newsroom ein Nachrichtenführer, der als Senior-Editor aufgrund seiner Erfahrung und seiner Fachkenntnissen bei wichtigen Entscheidungen miteinbezogen wird.

Beim Chef-Editor, RDM und Nachrichtenführer sitzt am zentralen Tisch weiterhin der Newsmanager, der für die Online-Arbeit zuständig ist. Der News-Manager gewährleistet die Veröffentlichungen im Online-Bereich

## 5 Die Redaktionskonzepte heute: Zielerreichung und aktueller Entwicklungstand

und ist der Ansprechpartner für die Websiten. Er folgt den Anweisungen des Nachrichtenführers aus der Schwester-Redaktion sowie des Chef-Editors bzw. Desk-Managers vor Ort. Eine Online-Redaktion in klassischem Sinn gibt es in Redaktion B nicht, die zentrale Koordination der „Onliner" befindet sich in der Schwester-Redaktion. Vor Ort publiziert der News-Manager die Meldungen aus beiden Redaktionen.

Zum Newsroom in Redaktion B gehört weiterhin die Abteilung für Mediengestaltung, die in den anderen Redaktionen Multimedia oder Grafik-Abteilungen benannt werden. Im Desk-Raum arbeitet auch die Stadt-Redaktion mit einem Ressortleiter. Die Bezirksredaktionen außerhalb des Desks haben ebenfalls eine Leitung, mit Ausnahme einer Lokal-Redaktion, die ihren Lokal-Chef behielt. Ähnlich aufgebaut ist die Struktur des anderen Desks des Verlages. Unterschieden wird hier allerdings zwischen Editor und Senior-Editor. Der Senior-Editor ist in jeder Desk-Einheit und Untereinheit vorhanden und hat aufgrund seiner Erfahrung den Status eines Team-Leiters.

Die beschriebenen Rollen und Funktionen zeigen die stark spezialisierte Arbeitsaufteilung in den untersuchten Redaktionen. Diese Spezialisierung der Funktionen, insbesondere die Aufteilung in Editor und Reporter, stellt eine grundlegende strukturelle Veränderung innerhalb der Zeitungsredaktionen in den letzten Jahren dar. Während die Reporter für die Herstellung des Contents zuständig sind, koordinieren die Editoren die Produktion der Seiten sowie teilweise die Zusammenarbeit zwischen den Plattformen am Desk. Auf der Trennung zwischen Inhalt und Produkt bzw. Plattform im Herstellungsprozess basiert grundsätzlich die Arbeitsaufteilung im Newsroom.

Die hohe Spezialisierung der Funktionen innerhalb der journalistischen Arbeit bietet ökonomische sowie organisatorische Vorteile im Vergleich zu traditionellen Redaktionsstrukturen. Die Aufteilung der Aufgaben zwischen Editoren und Reportern ist „in finanzieller Hinsicht vorteilhaft: Spezialisten für bestimmte Themengebiete müssen nur einmal finanziert werden, ebenso wie aufwendige Recherche" (Eichhorn 2004: 86).

Als Schnittstelle zwischen Redakteuren und Plattformen haben Editoren eine Schlüsselrolle am Desk. Sie koordinieren seitenbezogen die Produktion der Reporter und selektieren, zusammen mit dem Desk-Chef und dem Ressort-Leiter, was, wo und wie publiziert wird. Dabei kann es vorkommen, dass Artikel verschoben, „gekippt" oder neu aufgenommen werden, sodass sich sowohl die Platzierung auf den Seiten als auch die journalistische Darstellungsformen im Laufe des Tages verändern. Die Entscheidungen für die Platzierungen, die Länge oder die Gewichtung einer Geschich-

*Kapitel 5*

te werden teilweise in den Konferenzen, teilweise erneut am Desk getroffen.

Die Produktion der Inhalte für die verschiedenen Medienkanäle wird, insbesondere auf operativer Ebene, größtenteils über die Editoren am Desk koordiniert. Editoren haben in dieser Hinsicht eine wichtige Schnittstellenfunktion zwischen den Plattformen und den Produkten in der Redaktion. Sie spielen eine maßgebliche Rolle für eine funktionierende Crossmedialität im Newsroom.

> „Die [Editoren] sind diejenigen, [...], die gewährleisten müssen, dass zu einem Beitrag die Metadaten veröffentlicht werden, dass der Link auf einen alten Artikel online gesetzt wird, auf eine andere Website oder auf eine Bilderstrecke. [Es sind die Editoren], die die Verbindung zu Facebook herstellen und sagen, „hier könnte man vielleicht die Medien miteinander verlinken." (Stellvertretender Chef-Redakteur, Redaktion B).

Editoren tragen in dieser Hinsicht eine große Verantwortung auch für die Qualität der Produkte, insbesondere für die Printausgaben. Sie sind für die Einhaltung und Überprüfung der redaktionellen Qualitätsstandards zuständig und spielen eine wichtige Rolle für die Standardisierung der Produkte im Newsroom. Die „Kompetenz von Spezialisten" am Desk kommt, laut Aussagen der Interviewpartner, „dem Produkt zugute":

> „Dieser Desk-Raum, diese *Editoren*, das *sind die Qualitätssicherer des Produkts*. Sie sind diejenigen, die auf die Fehler hinweisen. [...] Die Rolle der Editoren hat sich maßgeblich verändert und ist so erweitert worden, dass es meiner Ansicht nach gar nicht mehr ginge, dass heute alle alles machen. Das muss man so aufteilen." (Stellvertretender Chef-Redakteur, Redaktion B).

Mit der großen Verantwortung für die Ausgaben wachsen in der Redaktion ebenso die Erwartungen: Als „Qualitätsfilter" sollten Editoren möglichst „alle" Fehler im Herstellungsprozess erkennen und beheben können. In der Blattkritik wurde aus diesem Grund oft auf Tipp-, Grammatik- oder Inhaltsfehler hingewiesen, die „eigentlich" hätten gesehen werden müssen. Ausgeführt wird die Funktion der Editoren in den untersuchten Redaktionen normalerweise von mehreren Ressortmitgliedern, die in der Besetzung am Desk wochenweise oder in flexibleren Zeitspannen rotieren. Die Rolle des Ressortleiters und des Editors überschneidet sich nicht unbedingt, Editoren können sowohl Ressortleiter als auch Redakteure sein.

### 5.2.3 Spezialisierung und Qualitätssteigerung

Die Spezialisierung und die Zentralisierung der Kontrolle am Desk soll die Produktivität der Mitarbeiter erhöht haben, argumentieren der Chef-Redakteur und der stellvertretende Chef-Redakteur der Zeitung B. Eine spezialisierte Arbeitsaufteilung wird in diesem Zusammenhang als „effizient" bezeichnet. Der Newsroom verschafft somit die Bedingungen für eine Effizienzsteigerung in den Redaktionen und für die Erweiterung der Produktion.

> „Wir haben gedacht, dass eine große Spezialisierung der Mitarbeiter dazu führt, dass qualitativ besser und rationeller gearbeitet wird. [...] Und diese Theorie ist aufgegangen. Ganz klar. Also, wir schaffen heute im Schnitt vier Seiten pro Editor. Brutto, natürlich. Da sind auch Anzeigenbelegungen mit drauf. Wir haben vor vier, fünf Jahren noch mit drei Seiten kalkuliert. Das ist eine sehr grobe Rechnung, weil sie ganz unterschiedliche Anforderungen an Seiten haben." (Chef-Redakteur, Redaktion B).

Die Trennung zwischen Content- und Produktherstellung wird mit flexiblerem und rationellem Einsatz des Personals in Verbindung gebracht. Argumentiert wird, dass eine zentrale Koordinations- und Kontrollstelle der Seitenproduktion weitere Überprüfungsinstanzen in anderen Bereichen des Herstellungsprozesses erspart. Aufgrund der zentralisierten Kontrolle der Seitenproduktion und der Überwachung des Produktionsprozesses am Desk stellen die Interviewpartner einen Zusammenhang zwischen der Spezialisierung der Funktionen und der Qualitätssteigerung her.

> „Dadurch, dass ich noch einen am Desk habe, spare ich wieder Mitarbeiter. Ich habe den [Filter] nicht in jeder Lokalredaktion sitzen, sondern es gibt eine zentrale Stelle, die das macht." (Chef-Redakteur, Redaktion B).

Die strikte Trennung der Aufgaben vereinfacht weiterhin die Vertretung der Redakteure sowie die Disposition der Ressourcen, beispielsweise bei der Besetzung neuer Stellen sowie bei der Dienstplanung.

> „Wenn man das einmal etabliert hat und ein Reporter ausfällt, weil er irgendwo anders hingeht, pensioniert wird, wegzieht, einen anderen Job findet oder in den Ruhestand geht – und man dann nach speziellen Editoren sucht, dann wird man diese Unruhe nie wieder haben. Und man hat die höchste Kompetenz auch an dieser Stelle. Man hat nicht mehr diese Leute, die alles können und alles machen wollen,

Kapitel 5

> sondern wir haben dann echte Spezialisten auf diesen Stellen. Und das kann dem Produkt nur helfen. Gerade bei den Herausforderungen, die das crossmediale Arbeiten erfordert." (Stellvertretender Chef-Redakteur, Redaktion B).

> „Was wäre gewesen, wenn wir heute immer noch mit Arbeitsaufteilung innerhalb einer Redaktion jeweils arbeiteten? Dann gäbe es einen Producer in der Redaktion dort und einen Producer in der Mantelredaktion. Das wäre viel schwieriger, sie auf die neue Zeit umzustellen, und sie, vor allen Dingen, mit dem crossmedialen Zeitalter zu konfrontieren. So kriegen wir das mit ein paar Stellschrauben viel schneller eingerichtet. [...] Nichts ist schneller verändert als diese zentrale Produktionseinheit." (Chef-Redakteur, Redaktion B).

Jedoch bringt diese strikte Trennung zwischen Reporter und Editor auch Nachteile mit sich: Reporter laufen Gefahr, den Kontakt zu den Editoren und deren Vorgaben zu verlieren, Editoren dagegen das „Reporter-Händchen". Editoren beklagen, dass sie in ihrer Funktion nicht sichtbar sind und immer weniger klassischen journalistischen Aufgaben nachgehen, was Unzufriedenheit verursachen kann. Reporter wiederum stehen permanent unter dem Druck, immer neue, spannende Geschichten liefern zu müssen.

> „Diese strikte Trennung hat sehr viele Vorteile, weil man sich darauf konzentrieren kann, auf das, was man wirklich gut kann. Das hat aber, aus meiner Sicht, auch viele gravierende Nachteile. [...] Ich bin mir nicht sicher, ob das eine gute Entwicklung ist. Weil als Reporter sollte man auch ein Gefühl für Seitengestaltung, Bild, Überschrift haben, dass es einer Zeitungsseite ganz gut tut, wenn ein Bild drauf ist und nicht nur Zeilen und Text. Und als Editor [...] fällt man sehr schnell in eine mechanische Seitenbauroutine. Und da geht das journalistische Gespür ein bisschen verloren." (Desk-Manager, Redaktion B).

Nach Meinung des Desk-Managers könnte eine Abwechslung der Mitarbeiter bei Ausübung der Reporter- und Editor-Funktion dieses Problem teilweise beheben. Auch die Zufriedenheit der Mitarbeiter könnte dadurch erhöht werden. Bestätigt wurde die Meinung des Desk-Managers durch eine Mitarbeiterbefragung in der Redaktion B. Darüber berichtete auch der Chef-Redakteur der Zeitung (s. Kapitel 4, S. 77).

> „Da hängt ja noch mehr dran, da ist aber natürlich eine gewisse Unzufriedenheit bei den Editoren da. Bei den Editoren, die natürlich gern schreiben würden, aber jetzt am Desk [sind]. Und solche Problemfälle

schafft man sich oft, meiner Meinung nach, selber. Wenn jemand Reporter sein will und auch kann, soll man es machen. Wer gerne Seiten baut, soll er es auch machen. Aber es gibt sicherlich Leute, die mal vier Wochen so, mal vier Wochen so [machen möchten]. Denen sollte man, aus meiner Sicht, das auch ermöglichen. Weil das ein Gewinn für alle ist." (Desk-Manager, Redaktion B).

Eine ähnliche Untersuchung von Hofstetter und Schönhagen (2014) über den redaktionellen Strukturwandeln in der Schweiz weißt wiederum darauf hin, dass „mit den neuen Strukturen zugleich neue (multimediale) Kompetenzen erworben werden, die im heutigen Arbeitsmarkt wichtig erscheinen" (Hofstetter/Schönhagen 2014: 246). Allerdings plädieren die Autoren für den Ausbau von Aus- und Weiterbildungsmaßnahmen in den Redaktionen, um den „schleichenden Verlust von zentralen Kompetenzen" zu vermindern (vgl. ebd.: 246). Denn die klassischen journalistischen Kompetenzen erweisen sich als ausschlaggebend, „um veränderte Strukturen gemäß den gewohnten Routinen anpassen oder sogar ignorieren zu können" (ebd.: 234), so die Autoren.

Hier wird die Bedeutung der autoritativen Ressourcen sichtbar, wie sie Giddens (1997) in der Strukturationstheorie modelliert: Diese erweisen sich als entscheidend für die Handlungsmacht der journalistischen Akteure. Aber für die Herausbildung solcher Kompetenzen bleibt unter den veränderten Bedingungen weniger Zeit, so dass längerfristig die Handlungsmöglichkeiten abzunehmen drohen. Ohnehin werden diese durch die neuen Arbeitsweisen eingeschränkt. (…) Dieser Zustand verschärft sich angesichts der zunehmenden Anzahl zu füllender Kanäle sowie zusätzlich bei abnehmenden oder allenfalls gleichbleibenden allokativen Ressourcen, vor allem Personalressourcen (Hofstetter/Schönhagen 2014: 234).

5.2.4 Die Spezialisierung und die Rolle des Desk-Leiters

Im Rahmen der empirischen Untersuchung war Hauptuntersuchungsperson der Desk-Manager. Anhand der Merkmale und Ausprägungen des Klassifikationssystems (s. Anhang, S. 207) wurde somit das journalistische Handeln des Desk-Leiters bzw. Desk-Chefs beobachtet, um die Auswirkung unternehmensstrategischer Prämissen auf das journalistische Handeln zu untersuchen.

*Kapitel 5*

Als Desk-Leiter wird in dieser Arbeit eine Person definiert, welche die redaktionelle Produktion im Newsroom leitet. Zu den Aufgaben eines Desk-Chefs bzw. Desk-Managers gehören die Planung, Steuerung und Überwachung des journalistischen Herstellungsprozesses. Er fungiert als Schnittstelle zwischen den Produktionseinheiten und Plattformen und trägt die Hauptverantwortung für die redaktionellen Entscheidungen im Newsroom. Diese Funktion ist in allen untersuchten Redaktionen vorhanden, wird allerdings unterschiedlich bezeichnet: Newsdesk-Manager (NDM), Desk-Leiter Überregional, Regional-(Desk)-Manager sowie Leitender Redakteur „Nachrichten und Blattplanung" können hier festgehalten werden.

Von einem Desk-Manager wird viel erwartet: Er muss die Koordination zwischen den verschiedenen Redaktionen und Kooperationspartnern gewährleisten und den Überblick über die Tagesthemen sowie die Nachrichtenlage bewahren. Darüber hinaus koordiniert er die Kommunikation mit den Korrespondentenbüros sowie die Themen aus den Agenturen.

Auch die Disposition der Ressourcen bzw. die Personalplanung, vor allem wenn sie parallel die Funktion des Stellvertretenden Chef-Redakteurs oder Chef-Editors ausführten, gehört zu seinen Aufgaben. Dabei wird die effiziente Nutzung der Ressourcen, insbesondere des Personals, vorausgesetzt. Auch die Leitung der Seitenproduktion am Desk, insbesondere des Titelblattes gehört zu seinen Aufgaben.

Ausgeführt wird die Rolle des Desk-Managers von verschiedenen Redakteuren in täglicher oder wöchentlicher Rotation. Die Funktion wird häufig aber nicht exklusiv von leitenden Redakteuren belegt: Zur Zeit der Untersuchung übernehmen Redakteure, Ressort-Leiter oder stellvertretende Ressort-Leiter die Führung der Desk-Produktion für einzelne Tage oder über mehrere Tage hinweg. Wie viele Tage eine Person die Funktion des Desk-Chefs ausführte, variiert von Redaktion zu Redaktion. Diagramm zwei (s. Diagramm 2, S. 121) zeigt, wie die Aufteilung der Rolle des Desk-Managers je nach Redaktion prozentuell erfolgt.

In Redaktion A beispielsweise teilen sich grundsätzlich drei Personen wochenweise die Funktion des Desk-Managers: der stellvertretende Chefredakteur sowie zwei weitere Redakteure aus der Politik-Redaktion. Während der Beobachtung wird die Funktion wochenweise ausgeführt: In der ersten Woche übernimmt der stellvertretende Chefredakteur und in der zweiten Woche ein Redakteur aus dem Politik-Ressort die Rolle des Desk-Chefs als leitender Redakteur „Nachrichten und Blattplanung". Zeitlich wird die Rolle homogen aufgeteilt: Der stellvertretende Chefredakteur

*5 Die Redaktionskonzepte heute: Zielerreichung und aktueller Entwicklungstand*

übernimmt 55%, der Redakteur 45% der Zeit in der Funktion als Desk-Manager.

Die meisten Desk-Chefs kumulieren Aufgaben aus ihren ursprünglichen Funktionen/Rollen, während sie die Produktion leiten. Beispielhaft ist die Situation des stellvertretenden Chef-Redakteurs in der Zeitung A, der gleichzeitig auch Leiter des Politik-Ressorts ist. In der ersten Woche der Beobachtung führt er mehr oder weniger parallel drei Rollen aus: Als Desk-Leiter, als stellvertretender Chefredakteur und als Leiter des Politik-Ressorts. Diese Konstellation wiederholt sich in Redaktion D und auf ähnliche Weise in Redaktion B.

In Redaktion B teilt sich der Chef-Editor, der auch stellvertretender Chef-Redakteur ist, mit zwei weiteren Regional-(Desk-)Managern die Koordination der Produktion im Newsroom auf. Er leitet den Desk-Raum als Chef-Editor und trägt die Verantwortung für die täglichen Abläufe und Entscheidungen, inhaltlich bis zur Personalführung. Als stellvertretender Chef-Redakteur beschäftigt er sich weiterhin mit den Planungs- und Koordinationsaufgaben sowie mit der Konzeption und Umsetzung von Projekten des Verlags. Insbesondere mit den Projekten, welche die Plattformen und Produkte weiterentwickeln sowie die Kooperationen und Synergien mit anderen Unternehmen und Redaktionen aufbauen bzw. stärken sollen. Dazu zählt unter anderem die Zusammenlegung von Ausgaben, die gemeinsame Herstellung des Mantels mit der Schwester-Redaktion oder die Entwicklung von neuen Produkten für die Kunden. Zur Zeit der Beobachtung vertritt er an einem Tag noch den Chef-Redakteur.

> „Es gibt Tage, an dem ich sehr stark am Desk eingebunden bin, da geht der Tag auch sehr schematisch vor. Da geht es darum, gewisse Werkzeuge, Planer auszufüllen, Planungen vorzunehmen, Absprachen zu treffen, Spiegelplanung zu machen usw. Bis am Abend dann die Blattabnahme, Konferenzen und die Vorplanung für den nächsten Erscheinungstag erfolgt. Und es gibt andere Tage, an denen die Projektarbeit oder Gespräche dominieren. Also, völlig unterschiedlich. Und das ist aber das, was so reizvoll an der Geschichte ist." (Stellvertretender Chef-Redakteur, Redaktion B).

Die Koordination des Newsrooms wird in der Zeit der Beobachtung mit zwei weiteren Personen geteilt: den Regional-(Desk)-Managern. Sie leiten zusammen 66% (41% und 25%) der Zeit die Desk-Arbeit während der Beobachtung, der Chef-Editor 34%. Regional-(Desk)-Manager sind operative Führungskräfte und haben keine Funktion als Ressortleiter. Hierarchisch dem Chef-Editor unterstellt, koordinieren und strukturieren sie den Produktionsprozess am Desk und vertreten den Chef-Editor im Newsroom während seiner Abwesenheit.

Zu den Aufgaben der Regional-(Desk)-Manager gehört die Begleitung der Arbeit der Editoren, die Seitenproduktion, die Themenplanung und -definition, die Koordination zwischen den verschiedenen Ausgaben und Mitarbeitern sowie die Kommunikation und Koordination mit dem Desk der Schwester-Redaktion. Darüber hinaus beschäftigen sie sich mit der Sichtung der Nachrichten am Morgen, der Konferenzvorbereitung sowie -leitung, der Seitenabnahme, der Planung der Ausgaben sowie der Themenaufteilung für die einzelnen Ausgaben.

> „Das können Sie vielleicht auch aufnehmen, dass wir tatsächlich aktiv werden, Kommentare schreiben, Seiten bauen. Das gehört natürlich auch noch dazu. Das machen wir nebenher. Von daher ist das schon eine andere Form als die klassisch Journalistische, die aus Recherchieren und Schreiben besteht. Bei uns ist es eher das Organisieren." (Desk-Manager, Redaktion B).

In Redaktion C übernehmen das „Organisieren" zwei Desk-Manager, wobei die Funktion grundsätzlich unter drei Personen aufgeteilt wird. Bezeichnet wird sie als „Desk-Leiter Überregional". Diese Rolle wird während der Beobachtungszeit nicht für die komplette Woche, sondern über drei bis vier Tage am Stück ausgeführt, sodass die erste Person 71% und die zweite 29% der Zeit die Koordination des Newsrooms übernimmt.

Die Funktion des Newsdesk-Managers führen in Redaktion D vier Personen aus. In der ersten Woche ist der stellvertretende Chef-Redakteur beispielsweise zwei Tage in der Funktion des NDM, an einem weiteren Tag übernimmt der stellvertretende Politik-Leiter die Rolle, am vierten Tag der Ressortleiter Wirtschaft und am fünften Tag ein Mitglied der Chef-Redaktion, der ursprünglich für die Rolle des NDMs eingestellt wurde. Am häufigsten leitet der stellvertretende Politikleiter (47%) das Desk, gefolgt vom stellvertretenden Chef-Redakteur (30%). Weiterhin übernehmen 14% der Zeit der Ressortleiter Wirtschaft sowie 9% das Mitglied der Chef-Redaktion.

Dieser permanente Wechsel des Desk-Chefs in Redaktion D beeinträchtigt die Zusammenarbeit und die Kontinuität der Arbeit. Im Gespräch erklärt ein Desk-Manager, dass die Leitung theoretisch wochenweise geteilt werden sollte. Aufgrund der Unterbesetzung führen allerdings verschiedene Redakteure in kurzen Abständen die NDM-Funktion aus. Während der Beobachtung fragen die Redakteure beispielsweise gegen 19 Uhr, wer die Desk-Manager-Funktion am folgenden Tag ausführen wird.

*5 Die Redaktionskonzepte heute: Zielerreichung und aktueller Entwicklungstand*

„Eigentlich hätten wir mittlerweile einen fast festen NDM, weil wir über die Jahre verschiedene Sachen ausprobiert haben. Wir haben immer versucht, weil wir auch personell nicht so gut ausgestattet sind, wie kriegen wir es hin, die beste Qualität mit dem wenigsten Aufwand? Und dann hatten wir vor eineinhalb Jahren zehn potenzielle NDMs, die sich für den Dienstplan immer wieder anders abgestimmt haben. Und das war schlecht, weil die Absprachen nicht so richtig funktionierten. Wir hatten sogar einen Früh-NDM und einen Spät-NDM. Da waren die Absprachen sehr schwierig. Insgesamt war keine Konstanz dahinter. Es passierte sehr häufig, dass die Lokal-Redaktionen nicht mehr wussten, wen sie ansprechen sollen. Das haben wir jetzt geändert. Und da gehen wir nicht mehr herunter von einem festen NDM am Tag. Und wenn es geht, bemühen wir uns, dass er eine ganze Strecke macht, vier, fünf Tage am Stück, weil er dann alle Absprachen kennt und weiß. (…) Weil es sonst bei diesen vielen NDMs überhaupt nicht funktioniert hat." (Chef-Redakteur, Redaktion D).

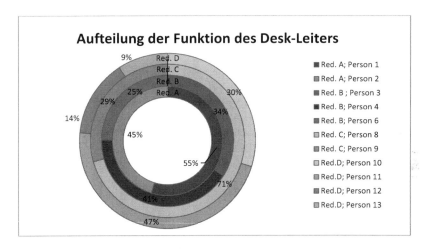

*Diagramm 2: Aufteilung der Funktion des Desk-Leiters (Durchschnittlicher Prozentsatz).*

5.2.5 Parallele Rollenausführung und die Organisationsebenen im Newsroom

Aus der Beobachtung der Arbeit des Desk-Managers in den Redaktionen ist festzustellen, dass eine parallele Besetzung mehrerer Funktionen bzw. die Akkumulation von Rollen, insbesondere durch leitende Redakteure

*Kapitel 5*

praktiziert wird. Die Akkumulation von Rollen ist gängige Praxis in den untersuchten Redaktionen und hängt mit der neu eingeführten Arbeitsteilung der Desk-Produktionsweisen sowie ebenfalls mit der relativ dünnen Personallage zusammen.

Wie schon oben beschrieben, wurden mit dem Newsroom-Konzept zur klassischen Hierarchie-Struktur einer Zeitungsredaktion auch neue Funktionen eingeführt, wie beispielweise die des Editors und des Desk-Managers. Diese neu eingeführte Arbeitsaufteilung aus den Desk-Modellen bringt eine weitere Organisationsebene in die Printredaktionen mit sich, die eine starke operative Rolle aufweist. Die Organisationsformen in den untersuchten Redaktionen weisen somit eine *hierarchische-disziplinare*, eine *fachliche* und eine *operative* Ebene auf, die parallel existent sind und sich je nach Situation im redaktionellen Geschehen relativ flexibel anpassen. Das bestätigt die Aussagen der Interviewpartner, die die aktuelle Organisationsform der Redaktion als „Hybride" bezeichnen (s. Kapitel 5, S. 104).

Als disziplinarische Hierarchieebene in den Print-Redaktionen können die klassische bzw. schon vorhandene Organisationsform benannt werden. Aufgebaut ist sie in Chefredakteur und stellvertretender Chefredakteur, Redaktion- oder Ressortleiter sowie Redakteur. Der Chef-Redakteur und sein Stellvertreter sind die höchsten hierarchischen Stufen und stehen in engem Kontakt mit der Verlagsführung. Aus betriebswirtschaftlicher Perspektive entspricht diese klassische Organisationsform in den Printredaktionen der Aufbauorganisation (s. Kapitel 2, S. 52).

Parallel dazu gibt es eine operative Ebene, die auf den täglichen Produktionsprozess ausgerichtet bzw. aufgebaut ist und die für die erfolgreichen Abläufe zuständig ist. In dieser Ebene sind die Funktionen des Desk-Leiters oder des Chef-Editors, die zugunsten des Produktionsprozesses Anweisungen auch an die Ressortleiter erteilen können. Diese Ebene war vor der Einführung von Newsrooms in dieser Form nicht vorhanden und stellt eine strukturelle Veränderung im deutschen Journalismus dar. Das „hybride" Organisationsmodell verknüpft somit die alte mit der neuen Redaktionsstruktur.

Der Unterschied zwischen den beiden Ebenen kann mit den Funktionen des Ressort-Leiters und des Desk-Chefs beispielhaft dargestellt werden. Der Ressort-Leiter koordiniert seine Redakteure oder Reporter als fachspezifische Produktionsabteilung, dabei kumuliert er die fachliche sowie die hierarchische Leitung. Der Desk-Chef wiederrum koordiniert den gesamten Produktionsprozess im Newsroom über die Ressorts hinaus.

Da operative Entscheidungen häufig am Desk erfolgen und an den Produktions- und Zeitvorgaben der verschiedenen Plattformen ausgerichtet

## 5 Die Redaktionskonzepte heute: Zielerreichung und aktueller Entwicklungstand

sind, kann der Desk-Chef in die Entscheidungen der einzelnen Ressorts eingreifen, wenn es um den Produktionsprozess geht.

> „Wenn z.B. der Reporter, der die Verpflichtung hat, nachdem er von einem Termin zurückgekommen ist, einen Kurztext für Online zu schreiben, dieser Verpflichtung nicht nachkommt, dann kann, selbstverständlich jemand aus dem Desk-Raum, ich oder mein Stellvertreter ihm sagen „Macht das jetzt". Und wir müssen nicht zuerst warten, bis der Ressortleiter zurückgekommen ist, um ihn da anzuleiten." (Stellvertretender Chef-Redakteur Redaktion B).

Wenn es allerdings um fachliche Entscheidung geht, kann sich das Verhältnis wieder ändern. Da die Fachkompetenz in der Regel in den Ressorts verlagert ist und die Themenproduktion überwiegend durch die Redakteure bzw. Reporter oder über Lokal-Redaktionen erfolgt, bleiben die Ressort-Leiter oder das Ressort nach wie vor die höchste fachliche Instanz. Die Entscheidung des Ressorts wird dann in das Handeln der operativen Ebenen einbezogen bzw. berücksichtigt.

Eine weitere informelle Ebene bildet die fachliche Expertise der einzelnen Redakteure. Diese Ebene ist in der Redaktion nicht formell vorhanden, wird aber immer wieder „aktiviert", wenn aus fachlicher Sicht Unklarheiten vorhanden sind oder Fehlentscheidungen getroffen wurden. Dann kann es vorkommen, dass ein Redakteur die Entscheidung aus der Chef-Redaktion infrage stellt und der Entschluss aus den oberen hierarchischen Ebenen aus fachlichen Gründen wiederlegt wird. Die fachliche Expertise hat aus journalistischer Sicht einen sehr hohen Stellenwert unter den Mitarbeitern der Redaktion.

Diese fachliche Ebene überschneidet sich häufig mit der (klassischen) hierarchischen Ebene und war schon immer vorhanden. Neu dabei sind die Absprachen mit der operativen Ebene bzw. mit dem Desk. Aufgrund der Themenorientierung, der ressortübergreifenden Produktion und der crossmedialen Arbeitsweisen erfolgen ebenfalls ein fachübergreifender Meinungsaustausch sowie eine gegenseitige Beobachtung der redaktionellen Arbeit im Newsroom, was die Interaktion der Experten über die Grenzen der Ressorts erweitert. Aus journalistischer Sicht ist dies eine positive Entwicklung, so auch die Meinung der Interviewpartner.

In den untersuchten Redaktionen bewegten sich die Desk-Leiter zwischen den drei Ebenen wie in einem fließenden Übergang: inhaltlich bzw. fachlich als Ressortleiter, hierarchisch bzw. formell als stellvertretender Chef-Redakteur und operationell als Desk-Manager. Dabei erstreckt sich das Handeln der Desk-Chefs im Durchschnitt in allen Redaktionen zu

Kapitel 5

69% auf das Operative, zu 11% auf die fachliche und zu 20% auf die hierarchische Ebene (s. Diagramm 3, S. 124). Diagramm drei zeigt somit den Bezug der beobachteten Handlung zu den Organisationsebenen. Dabei wird der starke operative Charakter der Arbeit des Desk-Leiters deutlich.

*Diagramm 3: Rollenausführung nach Organisationsebenen (Durchschnittlicher Prozentsatz der Redaktionen).*

5.2.6 Zentralisierung am Desk und der hohe Koordinationsaufwand im Newsroom

Bei der Beobachtung des Handelns des Desk-Managers ist ebenfalls festzustellen, dass Newsroom-Redaktionen die Kommunikation und die Entscheidungen am Desk verlagern. Die räumliche Nähe im Großraumbüro sowie die „kürzeren Kommunikationswege" führen zu schnellen und direkten Themenabsprachen sowie zu mehr Diskussion und Austausch. Auch die Koordination zwischen externen redaktionellen Einheiten bzw. externen Redaktionen wird dadurch optimiert.

> „Ich halte aus redaktioneller Sicht diese Organisation für richtig, weil wir einfach sehr schnell auf kurzem Weg über aktuelle Themen entscheiden können. [...] Natürlich, es könnte immer besser sein, aber wenn wir große Themen haben, gelingen uns die Themenabsprachen recht gut, sodass wir auch sagen können, es passiert irgendwas international und das hat Auswirkung auf unsere Gegend, da sprechen wir

mit den Lokalredaktionen und das funktioniert sehr gut über diese regionalen Newsdesks." (Chef-Redakteur, Zeitung D).

Nach Meinung des stellvertretenden Chef-Redakteurs der Zeitung A haben die kurzen, direkten Kommunikationswege am Desk weitere positive Aspekte. Der permanente Austausch zwischen den Redakteuren bzw. Editoren der verschiedenen „Ressorts" fördert den kreativen Prozess. Aufgrund der permanenten Zusammenarbeit und der offenen Kommunikation entstehen ein fachübergreifender Meinungsaustausch sowie eine gegenseitige „Beobachtungsstruktur" zwischen Redakteuren und Ressorts, die sich positiv auf die Inhalte sowie auf die Produkte auswirken kann.

> „Weil die kritische Masse für die Diskussionen da ist. […] Wenn mehr Leute da sind, ist die Chance größer, dass jemand auf eine Idee kommt oder sich herausgefordert fühlt durch eine Diskussion." (Stellvertretender Chef-Redakteur der Zeitung A).

Diese beschriebene verdichtete, lebendige Atmosphäre, die ebenfalls als kreativitätsfördernd und journalistisch effizient bezeichnet wird, hat auch negative Seiten. Redakteure beschweren sich über den Lärm am Desk, was zu Konzentrationsschwierigkeiten führt. Gerade der permanente Austausch und die offenen Räumlichkeiten werden kritisiert, weil dadurch kaum Ruhe in den Newsroom einkehren kann. Um fokussiert arbeiten zu können, ziehen sich Redakteure in andere Räumlichkeiten zurück, insbesondere um Texte zu schreiben oder Interviews zu führen.

> „Zugleich ist die Arbeit auch anstrengender geworden. […] Und zwar anstrengender dadurch, dass eben eine sehr verdichtete Atmosphäre ist, eine sehr lebendige Atmosphäre, die es einem auch manchmal schwer macht, sich zu fokussieren und zu konzentrieren. Es war vorher sicher ruhiger. Es hat sich auch beschleunigt dadurch." (Stellvertretender Chef-Redakteur, Zeitung A).

Die Zentralisierung im Newsroom erleichtert weiterhin der Chef-Redaktion den Zugriff auf die Arbeit in den lokalen Redaktionen sowie die Koordination zwischen den verschiedenen Plattformen und redaktionellen Einheiten. Auch die Kontrolle der Seiten wird dadurch überschaubarer: Am Desk werden die Qualitätsstandards durch die Editoren zentral überprüft und aktualisiert.

Die Konzentration am Desk ist auch in der Reorganisation der Entscheidungsbefugnisse zu erkennen. Die Einrichtung eines zentralen Newsrooms verändert die Zusammenarbeit zwischen den Produktionseinheiten und verlagert den größten Teil der Koordinationen am Desk. Redaktion D, die in sieben Regional-Desks sowie in 22 Lokal-Redaktionen organisiert ist, definiert die Funktion des Regional- bzw. Lokal-Chefs kurz nach der Beobachtung „neu". Dabei wird den Regional-Desks die Ressort-Leitung entzogen. Sie fungieren ab diesem Zeitpunkt exklusiv als operative Leiter.

> „Diese Ebene habe ich abgeschafft, weil wir mittlerweile für alle Lokalausgaben ganz genaue Blatt-Seiten-Konzepte und funktionierende Newsdesks haben, wobei vernünftig Themen verteilt und abgeglichen werden. Und so haben wir als Chef-Redaktion den direkten Zugriff auf die Lokal-Redaktion, was wir auch jetzt theoretisch hatten, aber wir mussten immer über die Regional-Chefs [koordinieren]. Das hat alles verzögert. Und das haben wir schon abgeschafft. Sie haben einen Desk-Chef, aber sie haben keinen Regio-Chefs mehr, keinen inhaltlichen Ressort-Leiter." (Chef-Redakteur, Redaktion D).

Die Zentralisierung der Kontrolle und der Entscheidung am Desk zeigt sich insbesondere in der Rolle des Desk-Leiters. Seine Schnittstellen-Funktion ist während der Beobachtung deutlich zu erkennen, gerade in seiner Abwesenheit vom Desk. Sobald er den Raum verlässt, wird viel weniger kommuniziert. Auch am Abend, wenn der Desk-Chef seinen Arbeitstag beendet, kehren einige Entscheidungen zurück in die Ressorts oder werden auf den Spätdienst verlagert. Insbesondere für die Desk-Leitung erfordern der permanente Austausch und die häufigen Absprachen im Laufe des Tages einen hohen Kommunikations- sowie Koordinationsaufwand.

> „Es kann schon vorkommen, dass man am Abend da sitzt und völlig platt ist, völlig kaputt, und überhaupt nicht weiß, was man geschafft hat. Weil der Tag einfach nur aus diesen Telefonkonferenzen, Kommunizieren, Absprechen, in die Wege leiten, gegebenenfalls Umwerfen etc. besteht. […] Das ist auch nicht so, dass alles zielgerichtet ist und alles zum gewünschten Ergebnis führt, das ist klar. Wenn Sie mit den anderen sprechen würden, sie würden auch sagen, die kommunizieren sich zu Tode und koordinieren sich zu Tode. So geht es uns sicherlich manchmal auch. […] Das ist wirklich ein zweischneidiges Schwert. Das ist einerseits ein Bemühen, alles zu koordinieren, zu standardisieren. Es ist natürlich so, dass man manchmal auch das ganze überkoordiniert und überkommuniziert." (Desk-Manager, Redaktion B).

Das „Überkoordinieren und Überkommunizieren" zeigt sich in Redaktion B unter einem weiteren Aspekt: Die gemeinsame Produktion von Ausgaben mit der Schwester-Redaktion im benachbarten Bundesland. Zusammen produzieren sie 21 Ausgaben, die über beide Desks tagtäglich koordi-

## 5 Die Redaktionskonzepte heute: Zielerreichung und aktueller Entwicklungstand

niert werden. Eine eingespielte Praxis, die sich trotz routinierter Abläufe als „sehr komplex" erweist.

„Kompliziert wird es durch das Zusammenspiel mit der anderen Zeitungstochter des Verlages in der Nachbarstadt des anderen Bundeslandes. Da gibt es eine ganze Fülle von Unter-Ausgaben. [...] Und kompliziert wird es [...] mit den blauen Titeln. [...] Die blauen Titel, sie haben ihren Kopf in der anderen Stadt, was die Titelseiten betrifft, und Politik. Die Landesseite unseres Bundeslandes wird aber, zum Beispiel, hier gemacht. Und dafür fällt eine ungeheure [sic] Menge an Koordinationen an. Allein das, was das ganze „Seiten bauen", aber auch das, was den Reportereinsatz betrifft. Wenn jetzt ein Ereignis kommt, das die andere Redaktion interessiert und wir auch Interesse haben, da sind so viele Überschneidungen, dass das einfach koordiniert werden muss." (Desk-Manager, Redaktion B).

Die Zusammenarbeit der beiden Desks über zwei verschiedene Bundesländer hinweg erfolgt im Rahmen der Kooperation zwischen den Medienhäusern. Dabei leistet die Redaktion ihren Beitrag zur Synergienutzung durch die gemeinsame Produktion von Inhalten und die Optimierung des Ressourcen- bzw. Personaleinsatzes. Die Kooperationen mit weiteren Redaktionen bzw. Unternehmen erhöhen in dieser Hinsicht den Kommunikationsaufwand im Newsroom ein weiteres Mal.

„Schwierig wird es dann, wenn kooperiert wird. Das erschwert die Arbeit, weil man sich – natürlich – absprechen muss. Weil man dann, es sagt sich immer so schön, „Synergien nutzt". Das bedeutet, zum Beispiel, dass zum einen Termin anstelle von zwei Reportern von zwei Zeitungen, nur ein Reporter geht, der für zwei Reporter schreibt. Und das muss alles abgesprochen sein, muss koordiniert werden." (Desk-Manager, Redaktion B).

Institutionalisiert wird die Kommunikation mit dem kooperierenden Desk in der täglichen Telefonkonferenz, die ebenfalls in Redaktion C stattfindet. Dabei tauschen die Desks die Entscheidungen aus den Redaktionskonferenzen aus und koordinieren den Ressourceneinsatz, um die erwartete effizientere Nutzung zu gewährleisten. Ein tagtäglicher Spagat zwischen journalistischen und ökonomischen Ansprüchen.

*Kapitel 5*

5.2.7 Die soziale Situation und die Kommunikation des Desk-Managers

Der intensive kommunikative Austausch im Newsroom zeigt sich besonders in der Analyse der sozialen Situation des Desk-Leiters. Konzentriert und allein zu arbeiten ist für die Desk-Chefs in den untersuchten Redaktionen kaum möglich, insbesondere weil am Desk oft parallel gearbeitet bzw. kommuniziert und koordiniert wird. Meist geht es darum, zusammen mit den Kollegen die Arbeit im Newsroom zu koordinieren, zu planen oder zu begleiten, auch wenn diese Aufgaben oft zur eigenen Tätigkeit „nebenbei" erledigt werden müssen.

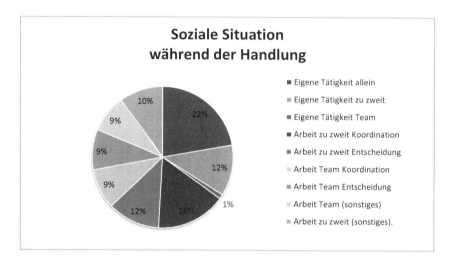

*Diagramm 4: Soziale Situation während der Handlung (Durchschnittlicher Prozentsatz).*

Die Beobachtung der sozialen Situation des Desk-Leiters zeigt, dass er in 78% der Zeit mit einer oder mit mehreren Personen interagierte, um seine eigenen oder fremde Tätigkeiten zu erledigen, bzw. zu koordinieren oder zu entscheiden. Zeit allein für die eigenen Aufgaben hatten die Desk-Leiter durchschnittlich nur zu 22% ihrer Zeit im Newsroom (s. Diagramm 4, S. 128). Zusammengerechnet arbeiten sie zu zweit in den Redaktionen A und B in 48%, in Redaktion C in 47% und in Redaktion D in 53% der beobachteten Handlungen. Auf die Arbeit im Team, bei der mehr als zwei Personen beteiligt sind, beziehen sich in Redaktion A 29%, in Redaktion B 25%, in Redaktion C 32% und in Redaktion D 23% der Handlungen des Desk-Managers. Im Durchschnitt repräsentiert die Teamarbeit 28% der Fälle.

## 5 Die Redaktionskonzepte heute: Zielerreichung und aktueller Entwicklungstand

Am Häufigsten interagiert der Desk-Leiter mit den Kollegen, die direkt im Newsroom arbeiten (s. Diagramm 5, S. 129). Im Durchschnitt repräsentieren sie 71% der Interaktionen des Desk-Chefs. Allerdings wird in Redaktion C das „Kunden-Desk" mit in der Summe eingerechnet, das in 8% der Fälle für die Arbeit des Desk-Leiters eine Rolle spielt. Die Online-Redaktion wird in Redaktion A zu 8%, in der Redaktion B zu 5% und in den Redaktionen B und C zu 6% der Fälle in die Interaktion des Desk-Chefs einbezogen.

Der intensivste Austausch des Desk-Managers erfolgt mit den Editoren am Desk, was im Durchschnitt fast ein Drittel bzw. 28% der Gespräche ausmacht. Als Grund für den häufigen Austausch kommen die Nähe am Desk sowie die zahlreichen und notwendigen Entscheidungen und Koordinationen für die Planung, Organisation und Durchführung der Seitenproduktion in Betracht.

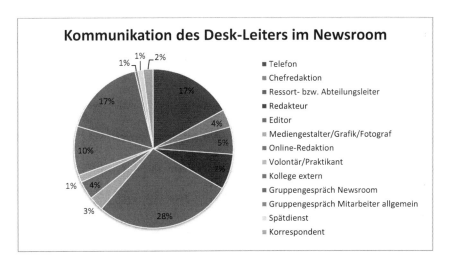

*Diagramm 5: Kommunikation des Desk-Leiters im Newsroom (Durchschnittlicher Prozentsatz).*

Aus den einzelnen Gesprächen mit den Editoren entwickeln sich häufig Gruppengespräche im Newsroom, wobei mindestens drei Personen an den Diskussionen beteiligt sind. Diese „kleinen Konferenzen" bedeuten im Durchschnitt 17% der Kommunikation des Desk-Leiters, wobei große Unterschiede zwischen den Redaktionen festzustellen sind. In Redaktion A sind das 25%, in Redaktion B 20%, in Redaktion C 13% und in Redaktion

*Kapitel 5*

D 14% der Kommunikation der untersuchten Personen. Oftmals sind in diesen Gesprächen die Ressortleiter und/oder die Redakteure involviert.

Um externe Redaktionen, Kooperationspartner oder Mitarbeiter außerhalb des Desk-Raums zu erreichen, telefonieren die Desk-Leiter regelmäßig. Im Durchschnitt nehmen Telefonate 17% der Kommunikation in den untersuchten Redaktionen in Anspruch. Nimmt man die Einzelgespräche mit den Kollegen aus anderen Abteilungen, Räumen oder externen Redaktionen hinzu, bedeutet die Kommunikation mit externen Mitarbeitern und Redakteuren im Durchschnitt 27% der kommunikativen Handlungen des Desk-Managers (s. Diagramm 5, S. 129).

In Redaktion B zählt weiterhin die Zusammenarbeit mit den Kooperationspartnern als externe redaktionelle Einheit, da sich die Schwester-Redaktion in einem Desk außerhalb des Gebäudes befindet. Sie nimmt hier 11% der Handlungen des Desk-Leiters in Anspruch, auch deshalb, weil er in die Seitenedition der Ausgaben der Kooperationspartner miteinbezogen ist.

Inhaltlich geht es in den Gesprächen am häufigsten um Koordinationen und Entscheidungen sowie um die Themenproduktion, insbesondere um die Kommunikation der Themenlage oder um thematischen Meinungsaustausch allgemein. Weiterhin erteilt der Desk-Chef Aufträge oder Anweisungen an die Redaktionsmitglieder und plant oder koordiniert Personalangelegenheiten (s. Diagramm 6, S. 132).

Der größte Anteil der Kommunikation der Desk-Manager bezieht sich letztendlich auf die Koordination der Arbeit im Newsroom bzw. in den Redaktionen. Im Durchschnitt geht es um Koordinationen in 21% der Gespräche sowie in 9% um Anweisungen und Auftragserteilungen, die ebenfalls als Koordinationen zu betrachten sind. Zusammengerechnet stellen sie in diesem Zusammenhang 30% der kommunikativen Handlungen der Desk-Manager in den untersuchten Redaktionen dar. Aufgeteilt auf die gesamte Beobachtungszeit wurde in Redaktion A alle 12 Minuten, in Redaktion B alle 10 Minuten, in der Redaktion C alle 9 Minuten und in der Redaktion D alle 11 Minuten eine Art von Koordination vorgenommen.

Weiterhin bezieht sich ein bedeutender Anteil der Kommunikation auf Entscheidungen, die 18% der kommunikativen Handlungen darstellen. In der Redaktion A fällt im Durchschnitt alle 20 Minuten, in Redaktion B alle 19 Minuten, in der Redaktion C alle 15 Minuten und in Redaktion D alle 18 Minuten eine Entscheidung. Dazu zählen neue Themenausrichtungen, die Themenverteilung zwischen den Redaktionen oder den Ressorts, die Bilderauswahl für die Titelseite, die Vergabe von Themen an Redaktionspartner sowie ebenfalls organisations- und personalbezogene Entscheidungen.

## 5 Die Redaktionskonzepte heute: Zielerreichung und aktueller Entwicklungstand

Aufgrund der zahlreichen Absprachen zwischen dem Desk und den weiteren redaktionellen Einheiten geht man davon aus, dass die Häufigkeit an Entscheidung in den aktuellen Desk-Produktionsweisen größer ist als in den vorherigen Ressort-Strukturen. Diese Aussagen treffen ebenfalls die Interviewpartner im Rahmen der Befragung.

Auffallend dominant in den Gesprächen sind weiterhin die Diskussionen und Absprachen über die Themen am Desk. Im Durchschnitt dreht sich um sie 23% der kommunikativen Handlungen des Desk-Leiters: In 13% der Fälle tauschen die Redakteure ihre Meinung über eines oder mehrere Themen aus, in 10% geht es um Aktualisierungen über die Themenproduktion (s. Diagramm 6, S. 132). In den sonstigen Gesprächen tauschen die Redakteure ihre Meinungen über Verschiedenes aus, der Desk-Leiter erklärt die ein oder andere Entscheidung der Redaktion gegenüber, er löst Konflikte unter den Ressorts, Redakteuren oder Abteilungen oder trifft sonstige Absprachen und Abmachungen.

Aufgrund strategischer Veränderungen in der Verlagsebene werden Verlagsthemen bzw. die Situation des Unternehmens und der Branche im Allgemeinen unter den Redakteuren ebenfalls thematisiert. Konferenzen, Versammlungen und Gespräche über die Restrukturierungsprozesse finden während der Beobachtung in drei Redaktionen statt. Dabei sprechen die Mitarbeiter über die Auswirkungen auf die Redaktion und bereiten sich auf Personalversammlungen oder Projektgruppen vor. Die Stimmung war aus diesem Grund in drei der vier Redaktionen manchmal angespannt, da die Lage der Branche durch Tarifverhandlungen, kontinuierliche interne Optimierungsprozesse und chronische personelle Unterbesetzungen für die Redakteure spürbar wird.

Zur Zeit der Beobachtung thematisierte beispielsweise eine Sonderkonferenz die „Zukunft des Verlags", so ein Mitarbeiter. Dabei werden strategische Veränderungen von der Geschäftsebene an die Mitarbeiter herangetragen. Der Verlag gibt beispielsweise eine weitere Kooperation mit einer vierten Kundenzeitung bekannt, wobei das Desk die Inhalte ebenfalls produzieren bzw. liefern soll. An diesem Tag verschieben sich alle redaktionellen Abläufe, Konferenzen werden gestrichen oder durch Gespräche nachgeholt.

In Redaktion C plant ein Kooperationspartner, jeweils den Vertrieb, die Anzeigenabteilung sowie die Redaktion in eigenständige GmbHs umzuwandeln und aus dem Tarifvertrag auszusteigen. Beide Maßnahmen sollen Kosten einsparen. Dabei zeigen sich Redakteure über die Auswirkungen der neuen Regelung auf ihre eigenen Arbeits- und Vertragsbedingungen besorgt. „Es ist das erste Mal in meinem Berufsleben, dass ich über institu-

*Kapitel 5*

tionelle Themen und nicht über meine Arbeit an sich in der Redaktion nachdenke", meinte ein Redakteur. Die kontinuierlichen Veränderungen der letzten Jahre beunruhigen in dieser Hinsicht einige Redakteure.

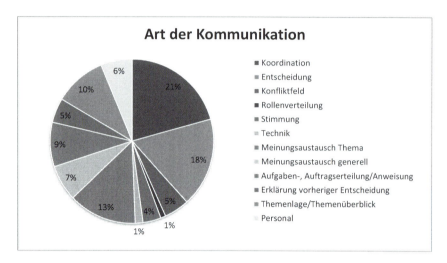

*Diagramm 6: Art der Kommunikation (Durchschnittlicher Prozentsatz).*

5.2.8 Koordinationshandlungen und Entscheidungsprogramme

Exklusiv bezogen auf die Koordinationen nehmen die Interaktionen mit den Editoren (30%) und den Mitarbeitern im Newsroom (25%) den großen Anteil der Delegationshandlung des Desk-Leiters in Anspruch. Mit den Ressortleitern wird weniger koordiniert als mit den Editoren, was den starken operativen Charakter der Arbeit am Desk zum Ausdruck bringt: 9% der Koordinationen sind auf die Leiter der Ressorts zurückzuführen (s. Diagramm 7, S. 133).

Koordinationen können sich an den bestehenden, etablierten Programmen orientieren (Koordination des Handelns) oder sich aufgrund neuer, dazugekommener Faktoren bestehender Programme bzw. Prämissen an die neuen Gegebenheiten anpassen (Koordination durch Handeln). Diese beiden Varianten der Entscheidungsprogramme strukturieren das einzelne Entscheidungshandeln entweder auf Basis vorhandener Entscheidungsprogramme oder bei der Entwicklung neuer Entscheidungsprämissen (vgl. Rühl 1979: 78).

In der Redaktion A koordiniert der Desk-Leiter das Handeln durch Anwendung bzw. ohne Änderungen der Programme in 71% der Handlungen.

## 5 Die Redaktionskonzepte heute: Zielerreichung und aktueller Entwicklungstand

In 29% erfolgen neue Entscheidungen durch Modifikation der Programme. Dabei werden vorangegangene Entscheidungen aufgrund dazugekommener Variablen widerlegt und neu getroffen, oft im Zusammenhang mit neuen Themen oder mit der Platzierung der Inhalte in der gedruckten Ausgabe. Unabhängig von der Art der Entscheidung erfolgte das Koordinationshandeln durch Interaktion und Kommunikation in 77% der Situationen, was den hohen Koordinations- bzw. Kommunikationsaufwand in Newsroom-Redaktionen bestätigt.

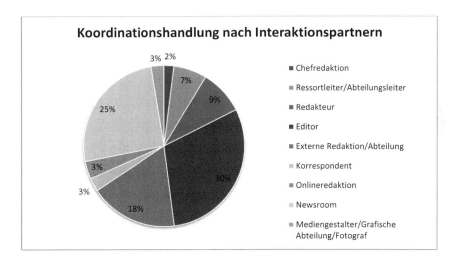

*Diagramm 7: Koordinationshandlung nach Interaktionspartnern (Durchschnittlicher Prozentsatz).*

In Redaktion C nimmt die Koordination des Handelns ohne offensichtliche Modifikation der Programme 61% der Absprachen in Anspruch. In 39% der Fälle werden Modifikationen vorgenommen, wie beispielsweise Personaldispositionen, Seitenumbau oder Themenänderungen. Auch hier ist die kommunikative Leistung sehr hoch, 81% der Handlungen im Rahmen von Entscheidungsprozessen erfolgen durch Interaktion und Kommunikation.

In den Redaktionen B und D erfolgen Koordinationen ohne Änderungen jeweils in 53% und 54% der Handlungen sowie das Koordinieren durch Handeln jeweils in 47% und in 46% der Fälle. Dafür werden in Redaktion B 81% und in Redaktion D 71% der Handlungen durch Kommunikation und Interaktion durchgeführt.

*Kapitel 5*

Eine Zusammenfassung der Aussagen der Interviewpartner über die Strukturmerkmale der aktuellen Redaktionskonzepte, auch in Bezug zur früheren Organisationsform, sind in der Tabelle 5 (s. Tabelle 5, S. 134-135) dargestellt.

| Merkmale Redaktionsstruktur | Zusammenfassung der Aussagen |
|---|---|
| Effizientere Kommunikationswege | − Mehr Diskussion aufgrund des Newsrooms (Red. D)<br>− Mehr Diskussion durch die höhere Anzahl der Redakteure im Raum („kritische Masse") (Red. A)<br>− Bessere Absprachen als früher (Red. D)<br>− „Permanente Redaktionskonferenz" (Red. A und B)<br>− Engere Zusammenarbeit im Haus zwischen Abteilungen und Ressorts (Red. A) |
| Höherer Kommunikationsaufwand | − Zusammenarbeit zwischen beiden Desks erfordert einen großen Koordinations- und Kommunikationsaufwand, Absprachen (um Synergien zu nutzen) erschweren die Arbeit, „Überkoordinieren und Überkommunizieren" (Red. B)<br>− Permanente Absprachen am Desk, „es ist wie eine permanente Redaktionskonferenz" (Red. A)<br>− Permanente Redaktionskonferenz (Red. B) |
| Beschleunigter Produktionsprozess | − Häufigkeit der Entscheidung steigt an (Red. A)<br>− Geschwindigkeit der Produktion und der Innovationen sind gestiegen (Red. B)<br>− Geschwindigkeit der elektronischen Medien stellt die Anforderung, über Ereignisse so schnell wie möglich zu berichten (Red. B)<br>− Der Prozess hat sich beschleunigt (Red. A) |
| Veränderte Arbeitsbedingungen | − Mehr Kreativität durch permanenten Austausch am Desk (Red. A)<br>− Verdichtete Atmosphäre (Red. A)<br>− Lebendigere Atmosphäre (Red. A)<br>− Produktion anstrengender geworden (Red. A)<br>− Weniger fokussiert und konzentriert (vorher war es ruhiger) (Red. A)<br>− „Alleingänge" wurden minimiert, mehr Teamarbeit bei der Produktion (Red. A) |
| Effizienterer Produktionsprozess | − Journalistisch effizienter (Red. D)<br>− Journalistische Kompetenz ist gestiegen (Red. A)<br>− Effizienterer Ressourceneinsatz (Red. D)<br>− Newsdesk ermöglicht die Zeitungsproduktion „aus einem Guss" (Red. A)<br>− Erweiterung der Produktion (Red. A) |

## 5 Die Redaktionskonzepte heute: Zielerreichung und aktueller Entwicklungstand

| Merkmale Redaktionsstruktur | Zusammenfassung der Aussagen |
|---|---|
| Flexiblerer Ressourceneinsatz | – Flexiblerer, effizienterer Ressourceneinsatz (Red. D)<br>– Spezialisierung der Arbeit flexibilisiert den Personaleinsatz<br>– (Red. B) |
| Themenorientierung statt Ressortorientierung | – Themenorientierung ist gelungen (Red. D)<br>– Neue Organisationsform ermöglicht thematische Flexibilität<br>– (Red. A) |
| Wichtigkeit der Planung gestiegen | – Notwendigkeit der Planung gestiegen, da weniger Ressourcen vorhanden sind und sie besser eingesetzt werden müssen („wir planen heute mehr als früher") (Red. A) |
| Veränderte Räumlichkeiten | – Neubau und optimale Räumlichkeiten erleichtern die Arbeit<br>– (Red. D) |
| Multimediale Produktion und Distribution | – Crossmediales Arbeiten wird gewährleistet (Red. D)<br>– Neue Distributionswege für die Inhalte (Red. B) |
| Qualitätssteigerung und Produktorientierung | – Spezialisierung der Arbeit führt zu qualitativeren Produkten<br>– (Red. B)<br>– Deskraum mit Editoren – dienen der Qualitätssicherung des Produktes (Red. B)<br>– Geschwindigkeit der Innovationen ist gestiegen (Red. B) |
| Stärkere Regionalisierung | – Regionaler geworden (Red. C)<br>– Eigenrecherchierte Artikel und Geschichten sind gestiegen, weniger Agenturthemen (Red. C) |
| Spezialisierung der Funktionen/Veränderung der Organisationsform, der Rollen und der Hierarchieebenen | – Rolle der Editoren wurde erweitert und hat sich im Lauf der Zeit verändert (Red. B)<br>– Strikte Trennung bringt Vorteile mit sich: Spezialisierung, Synergien, effizienteres Arbeiten (Red. B)<br>– Strikte Trennung bringt Nachteile mit sich: Reporter verliert den Kontakt zu Editoren, Editoren verlieren „Reporterhändchen", Unzufriedenheit bei einigen Editoren (Red. B)<br>– Ressorts haben weniger Autonomie (Red. A) |

*Tabelle 5: Aussagen über die Merkmale der aktuellen Redaktionskonzepte bzw. -struktur. Quelle: eigene Darstellung.*

# Kapitel 6

*6  Die Redaktionskonzepte heute: Der alltägliche Produktionsprozess*

In diesem Kapitel wird anhand des Tagesablaufes des Desk-Managers bzw. der Redaktion der zweite Teil der gewonnenen Daten dargestellt, um den Alltag in den untersuchten Redaktionen näherzubringen. Am Ende des Kapitels sind ebenfalls die aktuellen Ziele der Redaktionen beschrieben bzw. das, was sie noch erreichen möchten. Diese Informationen schließen die Darstellung der Ergebnisse der empirischen Untersuchung ab.

Mit kleineren Abweichungen kann der Tag im Newsroom in folgende Phasen aufgeteilt werden: (1.) Tagesplanung mit Themendefinition bzw. Themenplanung sowie Ressourcendisposition in den redaktionellen Einheiten bzw. Ressorts, (2.) Morgenkonferenzen sowie Telefonkonferenzen, (3.) Koordination und Kommunikation der Entscheidungen an die Mitarbeiter bzw. Redaktionspartner, Mittagspause, (4.) Produktionszeit, (5.) Überschriftenkonferenz bzw. Seitenabnahme und Redaktionsschluss bzw. Übergabe an den Spätdienst. Die hier aufgelisteten Tätigkeiten sind chronologisch dargestellt und können von Redaktion zu Redaktion leicht abweichen.

## 6.1 Phase 1: Tagesplanung

Meist beginnt die Arbeit in den Redaktionen mit der Tagesplanung, wobei die Themendefinition bzw. -sichtung erfolgt. Darüber hinaus versuchen die Desk-Chefs die Nachrichtenlage zu überblicken, die Vorschläge und Materialien von externen Redaktionen, Korrespondenten oder Agenturen zu sichten sowie sich einen ersten Überblick über die Ressourcen zu verschaffen.

Die erste Themendefinition bzw. Themenauswahl am Tag erfolgt in der Regel vor den gemeinsamen Morgenkonferenzen, die je nach Redaktion zwischen 10:15 Uhr und 11:30 Uhr anfangen. Über die thematische Ausrichtung der Inhalte wird nicht selten bis zur Mittagspause diskutiert. Diese Themenabsprachen können sich je nach Redaktion bis 13 Uhr hinziehen.

*6 Die Redaktionskonzepte heute: Der alltägliche Produktionsprozess*

Um die Themenselektion bzw. -definition geht es sehr häufig im Alltag der Redaktionen, insbesondere weil sich die Themen im Laufe des Tages ändern oder neu entwickeln. Innerhalb der Arbeitsprogramme des Journalismus (s. Kapitel 2, S. 36) beziehen sich 28% der Handlungen des Desk-Managers auf die Themen- und 28% auf die Selektionsprogramme. Aufgrund des Zusammenspiels von Themen- und Selektionsprogrammen, beispielsweise bei der Themenauswahl sowie den Themenentscheidungen, beziehen sich die Handlungen des Desk-Managers innerhalb der Arbeitsprogramme zusammengerechnet zu 56% auf die Themen- und Selektionsprogramme. Das lässt auf den hohen Anteil an Themenabsprachen und thematischen Entscheidungen am Desk im Laufe des Tages schließen. Absprachen rund um unterschiedliche Darstellungsformen nehmen in allen Redaktionen 25% der Handlungen in Anspruch. Diese werden insbesondere in den Konferenzen sowie im Zusammenhang mit der Definition der Themen getroffen.

Bestandteil der Arbeitsprogramme sind letztlich auch die Bearbeitungsprogramme, worauf sich 19% der Handlungen des Desk-Managers beziehen. Hierzu zählen beispielsweise die Bildbearbeitung oder das Editieren der Seiten. Dabei ist auffällig, dass die drei anderen Arbeitsprogramme häufiger angewendet werden als das Bearbeitungsprogramm an sich. Das bringt auch der höhere Anteil an Koordinationsaufgaben und Entscheidungen im aktuellen redaktionellen Alltag zum Ausdruck. Man „bearbeitet" im handwerklichen Sinne lange nicht mehr so viel, wie man diskutiert bzw. entscheidet. Auf den hohen Kommunikationsaufwand innerhalb der Newsdesk-Redaktionen wurde im vorherigen Kapitel eingegangen.

6.2 Phase 2: Die Morgenkonferenzen

Nach der ersten Themendefinition in den redaktionellen Einheiten bzw. in den Ressorts versammeln sich die Mitarbeiter aus der Redaktion zur Morgenkonferenz. Die Morgenkonferenz ist die erste gemeinsame Koordinationsinstanz des Tages und die wichtigste in den untersuchten Redaktionen, wobei sowohl die „Blattkritik" als auch die Blatt- und Themenplanung erfolgt. Eröffnet wird sie in der Regel mit der Blattkritik, die von Redaktionsmitgliedern abwechselnd abgehalten wird. Die Kritiker äußern sowohl negative als auch positive Rückmeldungen, wie beispielsweise die gelungene oder nicht gelungene Auswahl der Farben einer Grafik oder die gute oder schlechte Aufbereitung einer Geschichte.

In der Blattkritik werden journalistische Standards überprüft, erneuert, wiederholt und/oder verfestigt. Die Ausgaben bewerten sie inhaltlich, gestalterisch sowie auch in Bezug zur Konkurrenz und Publikumsakzeptanz bzw. -relevanz. Die positive oder negative Besetzung eines Begriffs, die Qualität und der Aufbau der Texte sowie die Auswahl und Platzierung der Themen sind häufig Gesprächsthema. Ein Artikel wird beispielsweise als „der schlechteste Text" in der Ausgabe beschrieben, ein anderer ist „zu trocken", ein drittes Thema sehr gut und hätte auf Seite eins gehört.

Positive Rückmeldungen erhalten unterhaltsame, informative oder originelle Geschichten sowie gelungene Kommentare: „Ich bin gespannt, was der Leser uns zurückschreibt. Das macht eine Zeitung aus, wir zeigen Kanten und das ist gut", meint der „Blattkritiker" zum Sport-Ressortleiter in einer der Konferenzen. In der Blattkritik werden ebenfalls die Erwartungen der Redaktion geäußert und aktualisiert.

Im Zuge der Regionalisierung werden Themen, die Nähe zum Publikum schaffen und lokale bzw. regionale Geschichten behandeln, oft positiv bewertet. Ebenfalls wird das Verhalten mancher Interviewpartner oder Informanten kommentiert. Die Redakteure sprechen darüber, wie qualitativ oder fundiert die gelieferten Informationen waren oder beispielsweise wie humorlos ein Interviewpartner sein kann.

Die gemeinsamen Entscheidungen der Konferenzen orientieren sich an den Umweltsphären der Redaktion, besonders stark am Publikum bzw. am Leser und an der Gesellschaft, aber auch an der Konkurrenz und den anderen Medien sowie am Verlag. Dabei diskutieren die Redakteure beispielsweise über die Positionierung der Redaktion zu einer Thematik sowie über die Auswirkung derselben auf die Leserschaft.

Die „vermuteten" Erwartungen der Leser spielen in der Argumentation für oder gegen ein Thema eine wichtige Rolle. In diesem Zusammenhang wird ein Artikel bei einer Ausgabe beispielsweise als „viel zu rosa" betrachtet, was dem „Blattkritiker" „massive Bauchschmerzen" verursachte. „Ich würde mich als Leser auf die Füße getreten fühlen, wenn meine Gemeinde so geschildert würde", meinte er. Ebenfalls diskutiert wird der Bezug der Leser zu bestimmten Themen sowie ob die Texte „lesergerecht" aufbereitet wurden oder das Publikum dabei repräsentiert wird.

In den Konferenzen kommt ebenfalls die strukturelle Situation des Verlages zum Vorschein, wie beispielsweise die Personalsituation. So entschuldigt sich ein Redakteur für die zu kurz gekommene Aufbereitung eines Themas, das ursprünglich größer hätte erscheinen sollen: Kein Redakteur konnte sich intensiver mit der Thematik beschäftigen, da die Kapazität

*6 Die Redaktionskonzepte heute: Der alltägliche Produktionsprozess*

nicht vorhanden war. An diesem Tag verstärken Krankheitsfälle die Unterbesetzung der Redaktion.

Obwohl das „Blatt" kritisiert wird, übertragen sich die Erwartungen ebenfalls auf die Online-Redaktion. Ihre Arbeit wird kommentiert, allerdings eher seltener bzw. punktueller. Aufgrund der Kooperation mit externen Redaktionen „erweitern" sich außerdem die Erwartungen der Redaktion an die kooperierenden Redakteure bzw. Redaktionen.

Nach der Blattkritik folgt normalerweise die „Blattplanung". Die Themen des Tages werden aus den Ressorts oder vom Reporter-Pool vorgetragen und zunächst grob auf die Seiten bzw. die Rubriken verteilt. Auch die Produktion aus den Korrespondenten-Büros werden angekündigt sowie Themen an die Korrespondenten übergeben. Koordiniert wird die Blattplanung vom Desk-Chef.

In den Konferenzen sollte die Aufteilung der Themen im Sinne der „Themenorientierung" zwischen den Ressorts geklärt werden bzw. auf welcher Seite der Zeitung ein Thema publiziert wird. Die Themenorientierung stellt ein wichtiges Merkmal der aktuellen Produktionsweisen im Newsroom dar. Die Ressorts bzw. die Leiter diskutieren über die Gewichtung der einzelnen Themen untereinander, definieren, welche Themen größer oder kleiner ausgearbeitet werden, bzw. welche mehr oder weniger Platz in den Ausgaben erhalten sollten. Auch eine erste grobe Formatdefinition sowie Aufgabenverteilung findet statt. Die Vertreter der Ressorts berichten über die Themen, der Desk-Leiter notiert sie und gibt am Ende einen ersten Überblick über die Produktion des Tages.

Nicht alle vorgeschlagenen Themen werden tatsächlich produziert. Die „Verfolgung" einer Geschichte verändert sich einmal mehr, einmal weniger im Verlauf des Tages. Je nach Tagesgeschehen und Entwicklung der Nachrichtenlage sehen die Meldungen am Abend manchmal ganz anders aus, als primär in den Konferenzen vorgesehen.

Die Mehrheit der Themen bekommt allerdings eine klare Platzierung auf den Seiten, da sie eindeutig den Rubriken Wirtschaft, Politik oder Kultur zugeordnet werden. Andere werden in den Konferenzen umdisponiert oder durch eine neue Ausrichtung der Thematik auf andere Seiten verteilt. So kann ein Thema aus der Sportredaktion im Lokalteil der Zeitung landen, weil es um das wirtschaftliche Überleben eines Sportvereines geht.

Das geschieht, wenn nicht genug Platz für die wichtigsten Tagesthemen auf einer Seite vorhanden ist, beispielsweise aufgrund der Anzeigenfläche, der großen Themenanzahl oder der Personalsituation. An manchen Tagen werden genau aus diesen Gründen Themen verworfen, an anderen wiederum sind „zu viele" Themen vorhanden, die entweder auch verworfen

*Kapitel 6*

oder, wenn inhaltlich möglich, an eine andere Redaktion oder ein anderes Ressort weitergegeben werden.

Abschließend klären die Redaktionsmitglieder die Personalien, es werden Termine bestätigt oder Gespräche abgesagt. Wie bei der Blattkritik rückt die eingeschränkte Personalkapazität bei der einen oder anderen Entscheidung in den Vordergrund. So kündigt ein Desk-Chef an einem Tag an, dass die Ausgaben keine komplizierten Grafiken beanspruchen sollen, da kein Art-Director anwesend ist.

Im Durchschnitt konferieren die Redakteure während der Beobachtung insgesamt 56,4 Minuten am Tag sowie 38,1 Minuten im Mantel-Desk (s. Diagramme 8 und 9, S. 145). In Redaktion A wird zunächst am Desk konferiert, insbesondere über politische Themen aufgrund der großen Anzahl der Politik-Redakteure im Newsroom. Bei der Ressortkonferenz sind zwischen sieben und neun Personen anwesend. Die täglichen Morgenkonferenzen im Konferenzraum dauern im Schnitt 51,8 Minuten, wobei die kürzesten 37 und die längsten 65 Minuten andauern (s. Diagramm 8, S. 141).

In Redaktion B starten die Konferenzen um 10:15 Uhr mit den lokalen Themen. Um 10:30 Uhr geht es mit der Regional- bzw. Mantel-Konferenz weiter. Insgesamt nehmen zwischen sechs und zehn Redakteure an den Lokal- und Regionalkonferenzen teil. Zusammengerechnet dauern die Morgenkonferenzen durchschnittlich 41,6 Minuten. Insgesamt konferiert der Desk-Manager in Redaktion B im Durchschnitt 58,6 Minuten (s. Diagramm 9, S. 141).

Addiert man alle drei Konferenzen in der Redaktion C zusammen, wird im Durchschnitt 60,6 Minuten am Tag konferiert (s. Diagramm 9, S. 141). Die Morgenkonferenz des Mantels findet am Desk vor der allgemeinen Blattkritik um 10:30 Uhr statt und dauert 24,16 Minuten im Schnitt. Die Anzahl der Personen variiert zwischen 15 und 24 Personen. Dabei wird im Desk-Raum die Tagesplanung von den Ressorts und Reporter-Teams vorgetragen. Die Online-Redaktion startet in der Regel und berichtet über die geplanten Themen. Danach trägt der Reporter-Scout bzw. Reporter-Chef seine Tagesthemen vor.

*6 Die Redaktionskonzepte heute: Der alltägliche Produktionsprozess*

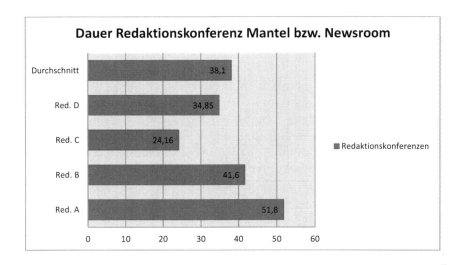

*Diagramm 8: Dauer der Redaktionskonferenz im Newsroom in Minuten.*

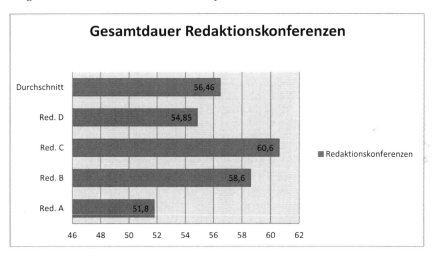

*Diagramm 9: Gesamtdauer der Redaktionskonferenzen pro Tag in Minuten (inklusive Telefonkonferenzen).*

Anschließend erfolgt die Telefonkonferenz mit den Regional-Redaktionen, an der zwischen sechs und 14 Personen teilnehmen. In der Redaktion D fängt die Morgenkonferenz um 10:30 Uhr an und dauert im Schnitt 34,85

Minuten, wobei zwischen zehn und 21 Redakteure anwesend sind. Insgesamt konferiert Redaktion D durchschnittlich 54,8 Minuten am Tag.

### 6.2.1 Telefon-, Wochenplan- und Sonderkonferenzen

Aufgrund der Zentralisierung der Koordination und der Entscheidung am Desk stellen die Telefonkonferenzen, die zwischen den Mantel- und Regional-Desks bzw. Lokalredaktionen sowie zwischen den Desks und den Kooperationspartnern erfolgen, eine weitere wichtige Koordinationsinstanz innerhalb der untersuchten Redaktionen dar. Dabei berichten die Teilnehmer über die Themenplanung und üben Kritiken an der Produktion des vorherigen Tages. Der Desk-Chef schreibt währenddessen das Protokoll mit den Tagesthemen, die er im Anschluss an alle redaktionellen Einheiten sendet.

In den Telefonkonferenzen erhält der Desk-Leiter die Informationen, welche Themen aus den lokalen Redaktionen für die Titelseite infrage kommen. Außerdem verschaffen sie sich einen ersten Überblick über die Gesamtproduktion aller Redaktionen. Dieser Koordinationsvorgang hat zum Ziel, die wichtigsten Nachrichten abzudecken, Themendoppelungen zu vermeiden sowie die Ressourcen rationell einzusetzen, insbesondere was das Personal angeht.

Bei Zeitung B telefoniert der Desk-Leiter an seinem Arbeitsplatz im Newsroom im Rahmen von Konferenzen im Durchschnitt 17 Minuten pro Tag (s. Diagramm 10, S. 143). Involviert sind alle Bezirksleiter der Lokal-Redaktionen sowie die Leiter der Desks. Ähnlich wie in der Morgenkonferenz berichten sie über die Produktionsplanung des Tages.

In Redaktion C erfolgt die Telefonkonferenz mit den weiteren Desks und den lokalen Redaktionen um 11 Uhr. Der Vorgang dauert durchschnittlich 23,6 Minuten und variiert zwischen 18 und 30 Minuten. Sie findet im Konferenzraum statt und verläuft ähnlich wie die Morgenkonferenz zuerst mit der Blattkritik und anschließend mit der Tagesplanung. In den Telefonkonferenzen mit den Regionalen-Desks sowie den Lokalredaktionen sind zwischen sechs und 14 Personen anwesend, per Telefon werden weitere Redakteure aus den regionalen Redaktionen zugeschaltet.

Eine weitere Telefonkonferenz mit dem Kooperationspartner erfolgt in Redaktion C um 13:30 Uhr. Sie dauert zwischen 10 und 15 Minuten. Auch hier werden die Themen des Tages ausgetauscht sowie Entscheidungen über Distributionswege und Erscheinungsdatum getroffen. Die Telefonkonferenzen mit den Kooperationspartnern fördern Synergien und sind in der Praxis eine entscheidende Schnittstelle zwischen den Kooperationspartnern und der Redaktion. Sie sind ebenfalls als eine strukturelle Veränderung im Alltag der Redaktionen zu betrachten.

Bei Zeitung D verläuft die Telefonkonferenz mit den weiteren regionalen Desks anders. Sie findet um 11 Uhr statt und wird allein von einem Redakteur aus dem Mantel-Desk bzw. Ressort Land geleitet. Vom Konferenzraum aus telefoniert er mit den Kollegen, um die Themen aus den Redaktionen zu koordinieren. Die Gespräche dauern etwa 20 Minuten und dienen der Kommunikation der Themen und Formate innerhalb der sieben regionalen Desks (s. Diagramm 10, S. 143).

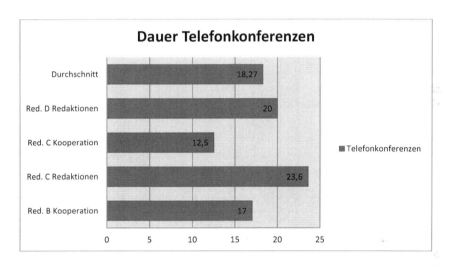

*Diagramm 10: Dauer der Telefonkonferenzen in Minuten pro Tag (Durchschnitt).*

Wie auch bei den anderen Konferenzen berichten die regionalen Desks über die „Storys" und Formate, die sie für die Print-Ausgabe sowie für die Online-Redaktion produzieren. Dabei werden die Themen aus den „Regio-Desks" für die Mantelseiten sowie die Videos und Bilder aus den lokalen Redaktionen für die Online-Redaktion bestellt. Diese Informationen werden an den Desk-Leiter herangetragen.

Neben den täglichen Morgen- und Telefonkonferenzen ist auch die Wochenplankonferenz eine sehr wichtige Koordinationsinstanz. Sie finden in der Regel donnerstags und/oder freitags sowie montags statt. Die Redakteure bzw. Ressortleiter berichten darin, was sie für die kommende Woche planen. Der Desk-Chef sammelt und koordiniert auch hier die Themenvergabe. Montags wird dann normalerweise der Themenüberblick in der Konferenz erneut wiederholt und gegebenenfalls aktualisiert.

Weiterhin werden Konferenzen abgehalten, wenn mehrere Redakteure, Abteilungen und Redaktionen in die Produktion von Sonderprodukten oder -beilagen involviert sind. Dabei werden beispielsweise die optische und inhaltliche Aufbereitung der Themen sowie die Platzierung der Anzeigen diskutiert bzw. kommuniziert. In Redaktion D fand zur Zeit der Beobachtung so eine Sonder-Konferenz statt. Anwesend sind acht Mitarbeiter sowie der Chef-vom-Dienst und der Art-Director.

6.2.2 Themenorientierung in der Praxis und die Ressortautonomie

In den Konferenzen kommt eine der wichtigsten Merkmale der Produktionsweisen im Newsroom zum Ausdruck: Die Themen- statt Ressortorientierung. Dabei soll die Redaktion in Themen und nicht ressortorientiert denken. Angestrebt wird die Aufnahme und Bearbeitung der wichtigsten Themen des Tages unabhängig vom Medium und der Ressortzugehörigkeit.

In der Praxis erfolgt die Verschiebung der Themen zwischen den Ressorts bzw. zwischen den Seiten nicht immer unproblematisch. Dabei können Konflikte entstehen, wenn Redakteure sich das Thema unter ihren Rubriken nicht vorstellen können, wenn die Seite schon gefüllt oder die personelle Kapazität nicht vorhanden ist. Anderseits können sich die Ressorts benachteiligt fühlen, wenn ihnen ihre Themen „weggenommen" werden. Manchmal können auch Geschichten, die thematisch zwischen den verschiedenen Ressorts liegen, doch nicht verfolgt werden, meist aufgrund zeitlicher oder personeller Engpässe. Ein „Teufelskreis" (Hofstetter/Schönhagen 2014: 244), der den täglichen Spagat „zwischen inhaltlichen Synergien und einer Qualitätsverbesserung einerseits und Sparmaßnahmen anderseits" (ebd.: 244) darstellt, wie eine Studie aus der Schweiz ebenfalls erkennt.

Die Themenorientierung bzw. die thematische Flexibilität hat in dieser Hinsicht ihre Grenzen. Dagegen wird argumentiert, dass das „Hin und Her" der Themen den Leser irritieren könnte, auch weil die Auswahlkriterien nicht erkennbar sind: „Ab wann ist ein Thema in der Politikseite und ab wann ist es in der Wirtschaftsseite? Das haben wir nie geklärt. Der Leser kann unserer komplizierten Desk-Struktur nicht folgen. Aber heute so, morgen so, ist nicht gut. Und das Argument, ich habe heute eine leere Seite, ist kein Argument", erläutert einer der Desk-Leiter.

*6 Die Redaktionskonzepte heute: Der alltägliche Produktionsprozess*

In solchen Situationen findet die Bewertung, die Gewichtung oder die Verteilung der Themen oft in einem gemeinsamen Entscheidungsprozess erneut statt, zusammen mit den Editoren und/oder Ressortmitgliedern, wobei operative und fachliche Entscheidungen sich gegenseitig beeinflussen können. Inhaltliche Entscheidungen erfolgen häufig in den (oder unter Einbeziehung der) Ressorts, operationale aber eher am Desk, das den Überblick über die verschiedenen Produkte behält. Berücksichtigt werden in solchen Situationen Faktoren wie Personallage, Nachrichtenwert und der Bezug des neuen Themas zu den schon vorhandenen sowie die verfügbaren Flächen in den Ausgaben.

Im Allgemeinen trifft das Desk die endgültige Entscheidung bei Unklarheiten während der Produktion im Newsroom. Dabei können fachliche bzw. thematische Entscheidungen operativen Faktoren unterworfen werden. Aufgrund der stärkeren Gewichtung von Produktionsfaktoren können in dieser Hinsicht Entscheidungen des Ressorts an das Desk verlagert werden, was die journalistische Kompetenz des Desks stärkt und die Autonomie des Ressorts teilweise einschränkt. Auf operativer Ebene fungiert das Desk als höchste Instanz.

„In der Realität hat der Ressortleiter vorhin ganz alleine entschieden. In der Praxis hatte er mehr Autonomie, als er jetzt hat. Und auf der anderen Seite ist [es] so, dass diese Kompetenz, diese journalistische Kompetenz, wie bewerte ich ein Thema, was mache ich groß, was klein, stärker hier [im Desk-Raum] ist, als es früher in den Ressorts war." (Stellvertretender Chefredakteur Zeitung A).

Trotzt der angestrebten Themenorientierung behalten die bestehenden Ressorts bzw. die Ressortmitglieder einen bedeutenden Einfluss auf die Planung sowie auf die Produktion der Inhalte. Sie wählen oft die Themen, bereiten die Materialien für das Desk auf und, aufgrund ihrer fachlichen Expertise, werden sie bei inhaltlichen Entscheidungen häufig vom Desk-Manager miteinbezogen. Als fachspezifische „Content-Abteilung" liefern sie zusammen mit den Reporter-Pools, Lokalredaktionen, Korrespondentenbüros sowie den freien Mitarbeitern die Geschichten für die verschiedenen Produkte bzw. Plattformen im Newsroom.

Bei der Themenproduktion werden ebenfalls die einzelnen Abrufe der Online-Auftritte berücksichtigt. Sie fungieren als Maßstab für die Akzeptanz eines Themas und können beeinflussen, ob eine Geschichte weiter verfolgt oder abgelehnt wird. Auch die Beteiligung des Publikums durch „Posts" sowie Social-Media-Meldungen findet Einzug in die thematische Selektion.

Die Anzahl der Kommentare, „Likes" und Klicks aus den sozialen Medien können die Themenauswahl sowie -aufbereitung beeinflussen. Beispielweise entscheidet eine der Redaktionen, über eine Möbel-Kette auch aufgrund der Zustimmung der Online-Community zu berichten, obwohl die Redakteure dem Unternehmen skeptisch gegenüberstanden. Das Thema wird letztendlich aufgenommen, auch weil die Online-Redaktion meldet, dass viele User gerne eine Filiale der Firma in ihrer Region hätten.

Darüber hinaus werden in die journalistischen Entscheidungen die Ergebnisse aus der Leser- bzw. Marktforschung aus den Unternehmensebenen miteinbezogen. In diesem Zusammenhang liest ein Desk-Leiter in der Konferenz abschließend eine E-Mail aus der Verlagsleitung vor, in welcher das Steigen bzw. Absinken der Abonnentenzahlen sowie das Verhältnis des Konsums der Online- bzw. Print-Angebote behandelt wird.

Insbesondere im Online-Bereich gehören Forschungsdaten sowie Tools für die Erhebung bzw. das Monitoring der Abrufe in die Themenplanung hinein. Somit spielt die Klickzahlenmessung nicht nur für Werbepreise eine große Rolle, „die Aussagen über Reichweite und Akzeptanz helfen beim Blattmachen, beim Strukturieren und Aktualisieren" (Hohlfeld 2016: 278) der Seiten. Dabei erhält den Journalismus nicht nur Aussagen über die Effektivität und Wirksamkeit seiner Themen, sondern im Allgemeinen über die gesamte Aussagenproduktion (vgl. Hohlfeld 2016: 279).

## 6.3 Phase 3: Kommunikation und Koordination nach den Konferenzen

Im Anschluss an die Morgenkonferenzen gehen die Desk-Leiter oft zurück in den Newsroom und fassen die Themen des Tages in einer E-Mail bzw. einem Protokoll zusammen, das an die Redaktionen bzw. Redaktionsmitglieder gesendet wird. Weiterhin klären sie die Details hinsichtlich Aufbereitung und Umsetzung der „Storys" mit den Redakteuren im Newsroom. Hierbei wird beispielsweise häufig über thematische Unklarheiten, über die Herangehensweise bei der Themenumsetzung oder über die journalistischen Darstellungsformen gesprochen.

Die Nachricht mit dem Protokoll koordiniert die Redaktionen, die damit über die Ausgabenplanung und über die Produktion der einzelnen Ressorts informiert werden. Dieser Vorgang wird im Grunde genommen täglich durchgeführt, um die Redakteure im Newsroom, die regionalen Desks, die lokalen Redaktionen sowie die Korrespondenten über die Entscheidungen aus den Morgenkonferenzen zu informieren. Das Schreiben des Protokolls dauert unterschiedlich lang und wird häufig parallel neben

## 6 Die Redaktionskonzepte heute: Der alltägliche Produktionsprozess

weiteren Gesprächen bzw. Koordinationen erledigt. Das führt nicht selten dazu, dass eine Tätigkeit, die an manchen Tagen in ungefähr zehn Minuten erledigt werden kann, aufgrund der parallel laufenden Delegationsaufgaben und Arbeitsschritte bis zu 80 Minuten andauert.

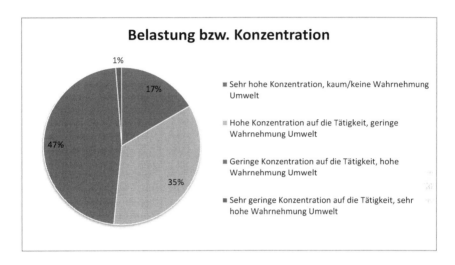

Diagramm 11: *Belastung bzw. Konzentration während der Handlung (Durchschnittlicher Prozentsatz).*

Die Möglichkeit, sich ganz seiner eigenen Tätigkeit zu widmen, haben die Desk-Leiter selten. Den Großteil ihrer Zeit müssen sie ihre eigenen Aufgaben parallel zum Gesamtprozess im Newsroom erledigen. Die parallele Ausführung von Arbeitsschritten und Koordinationsaufgaben führt dazu, dass die Desk-Leiter in einem leicht abgelenkten Konzentrationszustand „schweben", wobei die eigenen Aufgaben stets mehr oder weniger neben den Aufgaben am Desk erfüllt werden (s. Diagramm 11, S. 147).

Sehr konzentriert oder komplett abgelenkt sind sie eher selten, am häufigsten bewegen sie sich in einem Zwischenbereich. Das ist beispielsweise in der oben dargestellten Situation der Fall, in der das Protokoll für die Redaktionsmitglieder vorbereitet und währenddessen Koordinationsaufgaben erledigt werden. Im Durchschnitt arbeiten die Desk-Leiter in dem bereits beschriebenen „leicht abgelenkten Konzentrationszustand" in 82% ihrer Zeit.

Die Konzentration auf die eigene Tätigkeit variiert im Laufe des Tages und ist häufig von der Dringlichkeit der parallelen Aufgaben sowie vom Stand des allgemeinen Produktionsprozesses im Newsroom abhängig. Der

*Kapitel 6*

Konzentrationsgrad variiert ebenfalls von Person zu Person. So gibt es Desk-Manager, die fast permanent mit den Kollegen interagierten, andere sind eher stiller und kommunizieren weniger mit den Desk-Nachbarn oder weiteren Kollegen im Desk-Raum. Im Durchschnitt arbeiten sie in 17% der Fälle mit sehr hoher Konzentration mit kaum bzw. keiner Wahrnehmung der Umwelt (s. Diagramm 11, S. 147).

Der dynamische und zugleich unruhige Tagesablauf eines Desk-Managers kann ebenfalls in der Verlaufsanalyse der Handlungen festgestellt werden. So verlassen die Desk-Leiter häufig ihre Arbeitsplätze und suchen das Gespräch mit den Kollegen, um einzelne Arbeitsschritte zu koordinieren und Aufgaben zu erledigen. Im Durchschnitt verlassen sie ihren Tisch 126-mal am Tag, um ihrer Arbeit nachzugehen.

Viel „Bewegung" innerhalb des Desk-Raums ist in Redaktion C festzustellen: Die Desk-Chefs verlassen das Desk 204-mal, während sie den Newsroom leiten. Verteilt auf die Zeit, in der sie sich im Großraumbüro befinden, stehen sie im Durchschnitt alle 15,44 Minuten auf, um Arbeitsschritte oder Koordinationen bzw. Entscheidungen vorzunehmen. Ebenfalls „sportlich" geht es in Redaktion D zu: 145-mal verlassen sie den Desk-Tisch und 40-mal das Großraumbüro. Hier stehen sie durchschnittlich nach 22,4 Minuten auf. In 71% der Fälle stehen sie auf, um Absprachen mit den Redakteuren bzw. Kollegen zu treffen, die ebenfalls mit ihrem Arbeitsvorgang zu tun haben.

Aufgrund der häufigen Absprachen wird der Desk-Chef oft in die Entscheidungen der Redakteure bzw. Mitarbeiter miteinbezogen, wobei seine Tätigkeit jedes Mal dadurch unterbrochen wird. In Redaktion A wird er im Durchschnitt 69-mal unterbrochen (alle 27,1 Minuten), in Redaktion B 82-mal (alle 38,6 Minuten), in Redaktion C 170-mal (alle 18,52 Minuten) und in Redaktion D 208-mal (alle 15,6 Minuten).

6.4  Eine Pause zwischendurch: Die Mittagszeit

Nachdem die Desk-Leiter die E-Mail bzw. das Protokoll an die Kollegen gesendet haben, gehen sie, mit wenigen Ausnahmen, in die Mittagspause. Diese ist klassischerweise zwischen 12 Uhr und 14 Uhr. In Redaktion A ändert sich die Länge der Mittagspausen von Tag zu Tag. Sie dauert zwischen 27 und 113 Minuten. Je nachdem, ob Gespräche auch mit Informanten, mit anderen Mitarbeitern, Korrespondenten oder weiteren Personen in diese Zeit gelegt werden. In Redaktion B dauert sie zwischen 25 und 35 Minuten, in Redaktion C und D zwischen 35 und 50 Minuten.

## 6.5 Phase 4: Die Produktionszeit

Nach der Mittagspause startet ab 14 Uhr die intensivste Produktionszeit im Newsroom. Grundsätzlich verlagert sich der Schwerpunkt der redaktionellen Arbeit nach dem Mittagessen überwiegend auf die Herstellung der Printausgaben. In der Produktionszeit beschäftigen sich die Editoren grundsätzlich mit der Edition der Seiten, während Redakteure bzw. Reporter an der Aufbereitung ihrer Artikel arbeiten. Mit dem „Seitenbauen" beschäftigen sich die Desk-Manager durchschnittlich 182,25 Minuten am Tag (s. Diagramm 12, S. 150).

Die parallele Ausführung mehrerer Tätigkeiten kennzeichnet die Arbeit des Desk-Managers ebenfalls in dieser Phase am Nachmittag, was eine scharfe zeitliche Trennung zwischen den ausgeführten Tätigkeiten erschwert. Die zeitliche Auffassung einer Tätigkeit schließt in diesem Zusammenhang eine weitere, oft parallel ausgeführte Tätigkeit nicht aus.

Ebenfalls von Bedeutung ist die Koordinationsarbeit am Computer durch das Empfangen und Absenden von Meldungen aus dem Redaktionssystem sowie von E-Mails. Darauf werden im Durchschnitt 92,25 Minuten täglich verwendet. Die Desk-Leiter sichten dabei Materialien sowie Artikel für die Seitenproduktion und koordinieren die Zusammenarbeit (s. Diagramm 12, S. 150).

Das Redigieren und Korrigieren bzw. Umschreiben nimmt im Durchschnitt 68,75 Minuten in Anspruch. Dabei sind in den Redaktionen Unterschiede festzustellen, die bei 38 Minuten anfangen und bei 97 Minuten enden. Hier werden die Texte, die das Desk aus den anderen Redaktionen erreichen, inhaltlich kontrolliert, Formulierungen geändert sowie teilweise neu geschrieben. Auch eigene Texte redigieren die untersuchten Personen. Häufig kehrten die beobachteten Personen in der Ausführung dieser Tätigkeit zu ihrer fachlichen Rolle beispielsweise als Ressortleiter zurück.

Aufgrund der permanenten Veränderung der Nachrichtenlage, begleiten die Desk-Manager im Laufe des Tages die Entwicklung der Themen in den Medien bzw. Agenturen. Dabei geht es um die Informationsbeschaffung bzw. -überprüfung in 67,65 Minuten am Tag sowie um die Verfolgung der Nachrichten in 59,25 Minuten. Diese Tätigkeiten umfassen die Internet- und Agenturrecherche, die Überprüfung von Informationen aus anderen Medien sowie die Beobachtung der Nachrichtenlage. Als Quelle dienen beispielsweise führende Online-Medien, die Konkurrenz, die Nachrichtenagenturen, Social-Media- oder Nachrichtendienste.

Die Produktionszeit am Nachmittag ist in diesem Zusammenhang eng mit der Tätigkeit „Arbeit am Rechner" verbunden und beinhaltet Arbeits-

*Kapitel 6*

schritte, die in allen Redaktionen ähnlich sind. Dazu zählen das Schreiben oder Korrigieren eines Artikels, die Beobachtung der Nachrichtenlage im Internet, die Verfassung einer E-Mail sowie die Seitenedition. Im Durchschnitt arbeiten sie am Rechner bzw. sitzen sie vor dem Computer in 77,2% der Zeit, in der sie sich im Desk-Raum befinden.

In der Betrachtung aller Tätigkeiten relativiert sich allerdings die Bedeutung der „Arbeit am Rechner" zugunsten von Koordinations- und Organisationsaufgaben. In dieser Hinsicht nehmen die Auswahl bzw. Definition der Themen 102,5 Minuten sowie die Absprachen um die Themenlage 46,75 Minuten am Tag in Anspruch. Um die Definition der journalistischen Darstellungsformen geht es in 28,25 Minuten.

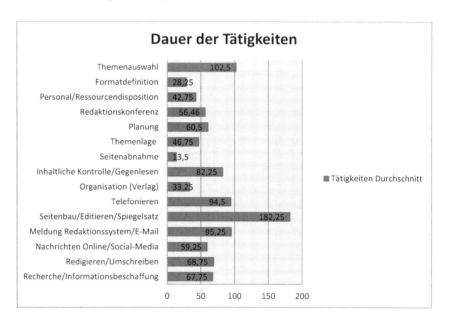

*Diagramm 12: Ausgeführte Tätigkeiten in Minuten am Tag (Durchschnitt).*

Ebenfalls auffallend ist die Häufigkeit der Absprachen und Tätigkeiten, die mit der Planung (60,5 Min.) und der Personaldisposition (42,75 Min.) in Verbindung stehen. Um weitere Koordinationen und Absprachen vorzunehmen, wird häufig telefoniert, was 94,5 Minuten der Arbeit des Desk-Managers beansprucht, die Telefonkonferenzen miteinbezogen.

Organisationsbezogene Aufgaben, die direkt mit den Angelegenheiten des Verlags im Zusammenhang stehen, nehmen zur Zeit der Beobachtung 33,25 Minuten in Anspruch. Allerdings muss hier berücksichtigt werden, dass während der Untersuchung eine Sonderkonferenz über die Situation des Verlages sowie diverse Vorbereitungsgespräche für eine Betriebsversammlung stattfand, was die Zeit für „Verlagsthemen" und Personalangelegenheiten möglicherweise erhöht.

Eine weitere Tätigkeit im Arbeitsalltag sind die Kontrollaufgaben. Die inhaltlichen Kontrollen (mit oder ohne Computer) dauern über 82,25 Minuten, die Seitenabnahmen im Durchschnitt 13,5 Minuten. Dabei beschäftigt sich der Desk-Manager überwiegend mit der Überprüfung und Verbesserung des Produzierten in den Redaktionen.

### 6.5.1 Print dominiert weiterhin

In der Produktionszeit bereiten die Redakteure bzw. die Reporter größtenteils die Inhalte für die publizistischen Produkte bzw. Plattformen auf. Der Content wird für die Haupt-Printausgaben, für die Kooperationspartner und Kunden-Zeitungen sowie für die Online-Plattformen aufbereitet. Nicht jeder Inhalt wird für jedes redaktionelle Produkt umgesetzt oder weiterverwendet. In der Produktion des Contents orientieren sich die Redakteure prinzipiell erst an einem bestimmten Produkt bzw. einer Plattform. Über Absprachen oder durch Verweise im Redaktionssystem werden sie dann für weitere Plattformen wiederverwendet.

Trotz crossmedialer, plattformübergreifender Produktionsweisen bestimmt die Herstellung der Printausgaben immer noch in großem Maß die Abläufe in den Printredaktionen. Mit Ausnahme der „Onliner", ist immer noch die gedruckte Version die stärkste Referenz und Orientierung für die Mitarbeiter im Newsroom, auch wenn Texte und Materialien zur Wiederverwendung für die anderen Plattformen und Produkte im Redaktionssystem zur Verfügung gestellt werden. Die Mehrheit der Tätigkeiten und Gespräche, die im Laufe der Beobachtung protokolliert wurden, beziehen sich auf die Herstellung der gedruckten Version der Zeitung.

Die Dominanz des Print-Produkts wird in der Betrachtung der Produktionsabläufe sowie der Redaktionskonferenzen deutlich, wobei überwiegend über Themen für die Seiten bzw. Sparten der Zeitungen diskutiert werden. Alle Printausgaben zusammengerechnet nehmen, je nach Redaktion, zwischen 80% und 85% der Handlungen des Desk-Leiters in Anspruch. Im Durchschnitt bezieht sich der Desk-Leiter bei seinen Handlungen zu 70% auf die Haupt-Printausgaben, zu 13% auf die Online-Produkte, zu 11% auf die Kooperationspartner und zu 5% auf den Sonderausgaben (s. Diagramm 13, S. 152).

Kapitel 6

*Diagramm 13: Bezug zum Produkt bzw. Distributionskanal (Durchschnittlicher Prozentsatz).*

In Redaktion A geht es um die gedruckten Ausgaben in 80% und um die Online-Version in 18% der beobachteten Handlungen des Desk-Leiters, wobei es sich bei der letzten überwiegend um die Aufbereitung der Inhalte für beide Distributionswege handelt. Social-Media oder Nachrichtendienste beschäftigten in der Zeit der Beobachtung im Durchschnitt 2% der Handlungen des Desk-Managers.

In Redaktion B geht es um die Printausgabe bei 84% der Handlungen, wobei es in 22% der Fälle parallel oft auch um die Zusammenarbeit mit dem Kooperationspartner geht. Bezug auf die Online-Produkte nahmen die Desk-Chefs in 9%, auf Multimedia bzw. Social-Media oder mobile Anwendungen in 2% der Fälle. In Redaktion C beansprucht die Zusammenarbeit mit den Kooperationspartnern bzw. Kunden 15% der Handlungen des Desk-Leiters. Zusammengerechnet mit den Haupt-Printausgaben geht es um die gedruckte Zeitung in 80% der Handlungen. In 15% der Fälle beziehen sich die Desk-Leiter auf die Onlineproduktion.

Die Desk-Leiter in Redaktion D beschäftigen sich zu 82% der Handlungen mit der Produktion der gedruckten Ausgabe und zu 9% mit dem Online-Auftritt. Über die Social-Media-Präsenz, Kurznachrichten-Dienste sowie Multimedia- oder Mobile-Anwendungen geht es in der Redaktion D explizit bei 3% der Handlungen.

Die Orientierung der Produktionsabläufe an der Printproduktion kommt ebenfalls in der Analyse der zeitlichen Flexibilität am Desk zum

*6 Die Redaktionskonzepte heute: Der alltägliche Produktionsprozess*

Ausdruck. Je später es wird, desto höher wird der Druck der Fertigstellung der Ausgaben, der klassische Ablauf in einer Zeitungsredaktion. Eine sehr hohe zeitliche Flexibilität ist insbesondere bis zur Mittagszeit zu beobachten. Eine hohe Flexibilität, wobei die Redakteure noch mit relativ wenig Druck arbeiten, ist bis circa 15 Uhr festzustellen.

Ungefähr ab 15 Uhr, in der intensiveren Produktionszeit im Newsroom, reduziert sich die zeitliche Flexibilität. Ab etwa 17 Uhr/18 Uhr wächst der Druck zur Abnahme der Seiten, wobei er sich in der Zeit ein weiteres Mal erhöht. Eine „geringe" sowie „sehr geringe" zeitliche Flexibilität wurde nach der Seitenabnahme beobachtet.

### 6.5.2 Crossmediale Arbeitsweise und die Zusammenarbeit zwischen Online und Print

Auch wenn die Produktion am Desk sich stark an den gedruckten Ausgaben orientiert, sind crossmediale Arbeitsweisen in den untersuchten Redaktionen als etabliert zu betrachten. Der Konvergenzgrad zwischen „Online" und „Print" weist allerdings von Newsroom zu Newsroom Unterschiede auf. Wie crossmedial die Redakteure eines Newsdesk arbeiten variiert somit von Redaktion zu Redaktion. Die Journalisten arbeiten in der Regel „überwiegend monomedial" oder „fallweise mehrmedial" (García Avilés et al. 2009) in den untersuchten Redaktionen. In der Regel werden die Inhalte für die digitalen Produkte und die Plattformen eher parallel von den Online- oder Multimedia-Redaktionen aufbereitet.

Die „Onliner" koordinieren die Produktion der Videos und Bilderstrecken sowie die Betreuung der Social-Media-Plattformen und der mobilen Anwendungen. Sie sind ebenfalls in die Recherche und Beschaffung von Informationen aus dem Netz involviert, insbesondere wenn es sich um soziale Medien und Nachrichtendienste wie Facebook und Twitter handelt.

„Sicherlich ist das Bewusstsein der Redaktion auch in anderen Medien, aktiv zu sein, massiv gewachsen. Wir hatten am Anfang die Sorge, dass die Leute, die im Print-Bereich groß geworden sind, sich eher sperren würden. Und das ist heute ein großes Selbstverständnis geworden. Da hat sich schon vom Berufsbild etwas geändert. Das Ziel heute ist sicher nicht mehr nur, eine schöne Zeitung zu machen, sondern es gibt viele, die richtig angespannt sind, mit dem guten Thema, das sie haben, auch möglichst schnell online zu sein. Da hat sich das Denken in Bezug zu Formaten geändert." (Stellvertretender Chefredakteur, Redaktion A).

Die Redaktion erstrebt eine routinierte, mehrfache Distribution oder Ankündigung der Inhalte, einmal auf den klassischen Plattformen sowie in den Online-Medien, Social-Media-Netzwerken und Kurznachrichten-Diensten. Das geschieht in manchen Redaktionen nicht immer koordiniert, wird aber auch von einzelnen Redakteuren oder Plattform-Managern durchgeführt, um die User bzw. Follower auf neue Themen aufmerksam zu machen. Inhaltlich liegt der Schwerpunkt der Online-Versionen auf regionalen und lokalen Nachrichten, um das Angebot der regionalen Zeitungen von den nationalen Medien zu differenzieren sowie die Leser der Region stärker an das Produkt zu binden.

Die Entscheidung, ob ein Thema sofort online publiziert oder für die Print-Ausgabe aufgehoben wird, hängt vom Thema, der Konkurrenzsituation und dem Redaktionsschluss ab. Je nachdem werden die Geschichten in den lokalen Redaktionen für die Bearbeitung freigegeben oder für die Printausgabe aufgehoben und nicht zuerst online publiziert, um die Exklusivität für den nächsten Tag zu garantieren. Taucht ein Thema allerdings erst nach Redaktionsschluss auf, wird in der Regel zunächst online und am nächsten Tag in der Printausgabe ausführlicher darüber berichtet.

In Bezug auf die Organisation und Aufteilung der „Onliner" im Newsroom sind in den untersuchten Redaktionen Unterschiede zu erkennen. Je nach räumlicher Kapazität und Arbeitsaufteilung sitzen zwischen ein und drei Online-Editoren am Desk, die normalerweise in zwei Schichten arbeiten. Auch die Rolle der Online-Redaktion unterscheidet sich: Manchmal hat sie einen Ressort-Charakter, manchmal wird sie fast als technischer Dienstleister betrachtet.

In der Zeitung B beschränkt sich die Online-Redaktion auf einen News-Manager, aufgrund der Aufteilung der Produktion mit dem Desk in der Nachbarstadt. Die zentrale Online-Redaktion sitzt am Schwester-Desk, im untersuchten Newsroom wird der News-Manager aus der Nachbarstadt sowie vom Chef-Editor bzw. Desk-Chef vor Ort koordiniert. Der Chef-Editor betreut bzw. beobachtet ebenfalls die Social-Media Auftritte vom Desk aus.

Verfolgt werden beispielsweise die Posts und Kommentare der Nutzer, die Hinweise auf neue Themen und Kritik über die Inhalte liefern, oder es werden die Top-Themen des Tages über die Social-Media-Kanäle angekündigt bzw. beworben. Weiterhin verlinkt der Newsmanager die Posts mit Fan-Foren, um auf die Inhalte aus der Redaktion aufmerksam zu machen, was die Anzahl der Zugriffe auf die Website der Zeitung steigern soll.

Die Interaktion mit der Online-Redaktion ist in Redaktion B in großem Maß durch das Redaktionssystem standardisiert und routiniert, sodass we-

*6 Die Redaktionskonzepte heute: Der alltägliche Produktionsprozess*

nig am Desk koordiniert werden muss. Die Kommunikation findet überwiegend über Querverweise über das Redaktionssystem statt.

„Sie haben schon am Morgen [...] die Angebote aus den Redaktionen. Wir haben einen Fahrplan, wir nennen es „Waschmaschine", in der die Redaktionen ihre Themen hineinlegen. Und da steht schon: Vorschlag für Online. Da gibt es bestimmte Standards, Sachen, die wir, bei der sogenannten „Morgendrehung", erst am Erscheinungstag „hochziehen". [...] Und manche Sachen, die machen wir dann aktuell: Kurzversion für Online und dann wird was für Print geschrieben." (Desk-Manager, Redaktion B).

Viel Austausch „über" das Desk findet in der Redaktion A statt. Die Online-Redaktion nimmt aktiv an den Konferenzen teil und diskutiert häufig mit. Dabei läuft die Kommunikation zwischen den Editoren und der Online-Redaktion nicht immer über die Desk-Leitung; der Austausch findet auch ohne explizite Koordination des Chefs statt. So bieten Editoren der Online-Redaktion spontan Themen „über das Desk" an, wenn sie der Meinung sind, dass das Thema ebenfalls für die Online-Version der Zeitung geeignet ist. Weiterhin koordinieren die „Onliner" die digitale Zusammenarbeit mit den lokalen Redaktionen.

Eine auffallend gut eingespielte Routine in der Zusammenarbeit zwischen Online und Print ist in Redaktion C zu beobachten: Die Online-Redaktion nimmt aktiv an den thematischen Diskussionen, an den Konferenzen sowie an den Abläufen des Newsrooms teil. Als eigenständiges, etabliertes „Ressort" arbeiten sie eng mit der Print-Produktion zusammen, insbesondere bei der Produktion von Videos oder der Verlinkung der Inhalte von Online und Print. Sie drehen aus dem Großraumbüro täglich Videos mit der Ankündigung der Tagesthemen oder sprechen nach den telefonischen „Kooperationskonferenzen" mit der Desk-Leitung über die Aufbereitung und Ankündigung der Inhalte.

In Redaktion D besteht die Online-Redaktion bzw. digitale Redaktion aus sieben Redakteuren und einem Volontär. Sie haben die Aufgabe, die regionalen Redaktionen bei der digitalen Arbeit zu unterstützen, so die Chef-Redaktion. Weiterhin kooperieren die „Onliner" mit einem TV-Sender des Verlags, der seinen Sitz im gleichen Gebäude hat. Dabei entstehen Videos für die Online-Produkte und mobilen Anwendungen des Medienhauses.

Um einen Überblick über alle relevanten Themen zu erhalten, kommunizieren die Onliner jeden Morgen mit den Lokalredaktionen. Auch der Scout selektiert die Themen für die Online-Produkte. Der Leiter der digitalen Redaktion in Zeitung D erklärt allerdings, dass die Kommunikation am Desk noch besser direkt über das Redaktionssystem funktionieren könnte, wenn die Technik kompatible Schnittstellen anbieten würde. Als Beispiel nennt er die Nutzung verschiedener Plattformen für die Print- und Online-Produktion und Verwaltung sowie weitere Anwendungen bzw. Interfaces für die Apps und Social-Media-Plattformen.

In Zeitung D verfügt jedes regionale Desk zur Zeit der Beobachtung über einen eigenen Facebook-Auftritt, um mehr Regionalität zu gewährleisten; insgesamt sind es sieben Facebook-Auftritte. Das erschwert allerdings die Koordination zwischen den Redaktionen, erklärt der Leiter. Erstrebt wird eine bessere, funktionierende Integration der Schnittstellen und Kanäle, wobei die Produkte sich besser ergänzen sowie die Themen der User einbezogen werden.

### 6.5.3 Der Newsroom als permanente Redaktionskonferenz

Aus der Beobachtung in den Redaktionen kann festgehalten werden, dass trotz Dominanz des Printmediums die enge Zusammenarbeit mit der Online-Redaktion den Herstellungsprozesses der gedruckten Ausgaben beeinflusst: Aufgrund des Aktualisierungszwangs der neuen Medien fallen während des Produktionsprozesses der Printausgaben häufig neue thematische sowie operationelle Entscheidungen, was die Redaktion in einen „Dauerentscheidungszustand" versetzt.

> „Wenn man früher in der großen Konferenz eine Diskussion und eine Entscheidung getroffen hatte, ging man auseinander. Und da war die Neigung gering, das nochmals umzuwerfen. Wenn ich jetzt sage: Wir machen den Leitartikel X und dann sehe ich, dass in einer Stunde ein anderes Thema viel wichtiger wird, dann kann ich auch nochmal sagen: Ich glaube, das war falsch, lasst uns das anders machen. Und da sind wir viel beweglicher geworden. […] Ein bisschen ist es wie eine permanente Redaktionskonferenz während der Arbeit." (Stellvertretender Chefredakteur, Redaktion A).

Dieser Aktualisierungszwang, der sich durch die permanente Beobachtung der Nachrichtenlage in den Online-Medien entwickelt, beschleunigt somit den journalistischen Produktionsprozess im Printbereich. Auch die Studie von Hofstetter und Schönhagen (2014) weist darauf hin, dass die schnelle Arbeitsweise des Onlinejournalismus als Norm in allen Bereichen der Redaktion handlungsleitend wird und somit zu Struktur kristallisiert (vgl.

Hofstetter/Schönhagen 2014: 245 f.). So werden die Themen im Laufe des Tages häufig aktualisiert und die Produktionsbedingungen der Printredaktion teilweise an die Produktionsabläufe der anderen Medien bzw. der Online-Medien angepasst. Auch die Wichtigkeit der Themen verschiebt sich im Laufe des Tages und muss in das Themenspektrum der Redaktion einbezogen werden.

> „Wir haben jetzt die Voraussetzung, dass es viel schneller geht. […] Unser Prozess hat sich insofern beschleunigt, als ich früher gedacht habe: Wie mache ich es für die morgige Zeitung? Und heute, dass schon parallel in Echtzeit [mache und schaue] über welche Themen berichtet und hochgezogen wird und wir dann reflektieren, was heißt es fürs Blatt usw." (Stellvertretender Chef-Redakteur, Zeitung A).

> „Der Druck und der Zeitdruck und die Taktung ist heute schon sehr viel höher als früher. […] Wir haben natürlich einen Wahnsinns Druck heute. Andererseits, früher konnte es auch passieren, dass man mit zwei leeren Seiten dasaß und sie füllen musste. Das ist auch Druck. Aber das heute ist natürlich alles viel schneller, auch durch das Online und so." (Desk-Manager, Redaktion B).

Was früher als Ausnahmezustand betrachtet wurde, ist in der Newsdesk-Produktionsweise Alltag. Die häufigere Aktualisierung der Nachrichtenlage wird nicht nur durch die Schnelligkeit der klassischen Online-Welt, sondern durch die Social-Media-Meldungen und Prosumers gepuscht. Andere Medien, Online-Autoren, sowie Twitter- und Facebook-Meldungen fungieren in dieser Hinsicht sowohl als Konkurrenz als auch als Themenquelle bzw. Informationslieferant für die Redaktion. Als User sind sie weiterhin als Publikum zu betrachten.

> „Wenn heute früh um elf das Rathaus abbrennt, dann stehen wir um diese Uhrzeit im Wettbewerb in Geschwindigkeit mit Radio, anderen Online-Auftritten, letzendlich sogar mit privaten Menschen, die auf Facebook Bilder posten und sagen: „Seht ihr, das Rathaus brennt". Wenn wir wollen, dass wir die Quelle sind, aus der die Menschen sich informieren, dann müssen wir bei dem Wettlauf auch vorne mit dabei sein." (Stellvertretender Chef-Redakteur, Zeitung B).

Wenn im Laufe des Tages ein neues Thema „hoch kommt", wird in diesem Zusammenhang außerhalb der institutionalisierten Konferenzen erneut entschieden. Das Desk trifft dabei sowohl fachliche als auch operative Entscheidungen, die einmal zugunsten der Geschichte, einmal zugunsten des

*Kapitel 6*

Produkts fallen. Die aktuellen Produktionsweisen im Newsroom erfordern in dieser Hinsicht hohe thematische Flexibilität.

„Es gibt Zeitungen, die nennen den News-Raum „eine permanente Redaktionskonferenz". Mir ist es nicht wichtig, wie man das nennt. Fakt ist: Es muss funktionieren. [...] Wenn man erfolgreiche oder vernünftige Produkte haben will, online, in den verschiedenen Medien, bis zu Print, dann ist [es] einfach notwendig, sich kontinuierlich „upzudaten", um Dinge zu verwerfen und zu besprechen. [...] Es geht einfach darum, Aktualisierung und neue Lagen an die entsprechenden Stellen zu kommunizieren, um am Ende das bestmögliche Produkt herzustellen." (Stellvertretender Chef-Redakteur, Redaktion B).

Durch den Aktualisierungszwang anderer Medien und die aktive Partizipation der User gehört das Verschieben oder Verwerfen von Themen mittlerweile zur routinierten Praxis. Das wird nicht immer positiv aufgefasst, aufgrund des Aktualitätsanspruchs dann aber doch akzeptiert. „Wenn jetzt die Person X noch stirbt, dann sage ich euch, dann ist das das Ende meiner Flexibilität", sagt plakativ ein Desk-Leiter ironisch. Dieser Satz drückt die Situation beispielhaft aus. Auf die Beschleunigung und auf die Verdichtung der journalistischen Arbeit in Newsdesk-Redaktionen weisen ebenfalls weitere Untersuchungen hin (vgl. Blöbaum/Kutscha/Bonk/Karthaus 2011: 43 ff.).

### 6.5.4 Serielle Produktion mehrerer Ausgaben: Der „Fließband-Journalismus"

Die Produktionsweise in Desk-Strukturen verleiht dem Journalismus einen noch stärker industrialisierten Charakter, was nicht alleine durch technische Innovationen, sondern auch aufgrund betriebswirtschaftlicher Optimierungs- bzw. Rationalisierungsprozesse erreicht wird. Wichtige Charakteristika dieser Entwicklung im Journalismus sind die spezialisierte Arbeitsteilung, die Zentralisation der Koordinationsinstanzen, die Rationalisierung der Produktionsabläufe und die Standardisierung von Produktionsschritten, die auf vordefinierten Layouts und festen Vorgaben für die Produkte basieren.

Aufgrund der Standardisierung werden im zentralen Desk mehrere Ausgaben hergestellt. Dabei produziert beispielsweise Zeitung B zusammen mit der Schwester-Redaktion 21 Ausgaben, Zeitung C täglich 16 und Zeitung D 22. Zwei Ausgaben für die Haupt-Zeitung in Redaktion C sind zu

*6 Die Redaktionskonzepte heute: Der alltägliche Produktionsprozess*

80% identisch; die lokalen Seiten werden in den regionalen Desks angefertigt. Das Standardisierungs-Prinzip, wobei bestimmte Inhalte in festgelegte Raster und Produkte verteilt werden, nennt der Chef-Redakteur der Zeitung B „Modulbauweise" oder „Baukasten-Prinzip".

> „Die Titelseite ist gerade diejenige, die wir noch wechseln. [...] Und wir haben aber ein Verfahren und das ist genau das, was ich vom Fließband gesagt habe: Wir arbeiten in einem Baukasten-Prinzip. Das und das sind feste Linien [zeigt auf die Ausgabe], die nicht verändert werden. Da muss schon 11. September sein. [...] Und dann haben wir hier eine Linie, darunter kommt Standard-Inhalt. [...] Oberhalb dieser Linie, kann man individualisieren. [...] Das erlaubt ihnen, rationell zu arbeiten. Sie müssen nur dieses Stück [oben] tauschen. Das andere, das machen sie für alle [Ausgaben]. Und das [Teil] oben ist individualisiert. Das macht man nicht jeden Tag für acht Ausgaben unterschiedlich. (...) Wir nennen das Modulbauweise." (Chef-Redakteur, Redaktion B).

Die serielle Produktion mehrerer Ausgaben erlaubt wenig Abweichung und führt weiterhin zur Standardisierung der Inhalte. Diese Feststellung kommt während der Beobachtung in der Aussage eines Desk-Managers deutlich zum Ausdruck: „Es gibt bei der Seite keine Sonderwünsche, sie wird überall ähnlich aussehen", erklärt er einem Editor, der sich mehr Platz für einen Artikel erhofft.

> „Und dann ist halt so, dass es [...] wie oft kommt es vor? Fünf-, sechsmal im Jahr? Dann sagt der Norden, wir hätten gern ein regionales Bild, was aber im Süden keinen Sinn machen würde, und dann tauschen wir die Bilder auf der Seite Eins aus." (Mitglied Chef-Redaktion, Redaktion C).

Negative Auswirkungen der „Serienproduktion" und der Mehrfachverwendung der Inhalte über die Ausgaben hinweg werden während der Beobachtung öfters in den untersuchten Redaktionen thematisiert. Ein Interview, das exklusiv bei der Hauptausgabe angekündigt wird, erscheint beispielsweise in drei weiteren Ausgaben. Dabei fragt sich ein Editor, „ob man es trotzdem exklusiv nennen darf?"

> „Es geht um die Synergien. Wenn man völlig unterschiedliche Mantelteile machen würde, wäre der Aufwand viel zu groß. Man muss die kleinen Auflagen sehen. Wir machen [unterschiedliche Inhalte] im Lokalteil, da haben wir noch Konkurrenz dadurch, dass es noch Heimatszeitungen gibt." (Mitglied Chef-Redaktion, Redaktion C).

Kapitel 6

Vonseiten der Leser kommt ähnliche Kritik: Eine Redakteurin berichtet in dieser Hinsicht über die Enttäuschung ihrer Eltern, als sie feststellten, dass zwei Zeitungen, die früher verschiedene Inhalte lieferten, mittlerweile gleiches Aussehen und Meldungen haben.

### 6.5.5 Kooperationen und die Aufbereitung der Inhalte für die „Konkurrenz"

Die Aufbereitung der Inhalte für mehrere Ausgaben, für Kunden bzw. Kooperationspartner sowie für die Online- und Mobil-Produkte verändern die Arbeitsweisen in den Printredaktionen und machen aus Zeitungsverlagen Medienhäuser. Dabei setzen sie auf kundenorientierte, flexiblere Modelle für die Entwicklung neuer Produkte sowie Kombi-Abonnements, um die Leserschaft bzw. die Nutzer auf verschiedenen Wegen zu erreichen.

Die crossmedialen Arbeitsweisen und die Mehrfachverwendung bzw. -verwertung der Inhalte werden weiterhin mit der Steigerung der Effizienz des Desks und mit der Produktionserweiterung in Verbindung gebracht. Aus betriebswirtschaftlicher Perspektive verschaffen Desk-Strukturen nicht nur Bedingungen für Personalersparnisse und Rationalisierung, sondern ebenfalls für effizientere Kostenabrechnungen und Fehlerkontrollen pro Seite sowie für Produktdifferenzierungen im Journalismus.

> „Das Desk hat uns sicherlich geholfen, manche Ziele leichter und besser zu erreichen. [...] Wenn ich weniger Fehler machen will, dann kann ich am Desk bessere Filter einbauen, die das verhindern. Später hat es uns auch geholfen, zum Beispiel Kosten pro Seite transparenter zu machen und auszurechnen. Und die Produktion für die dritte [Zeitung] hat auch nochmal einen Produktivitätsschub gebracht. Auch das war irgendwann eine Anforderung der Geschäftsführung an uns." (Chef-Redakteur, Redaktion B).

Mit der „dritten Zeitung" meint der Chef-Redakteur die Herstellung von Ausgaben bzw. Mantelinhalten für Kunden bzw. Kooperationspartner. Im Rahmen der Kooperationen bzw. Partnerschaften mit anderen Zeitungen, Unternehmen oder Tochterunternehmen im Bereich Druck, Vertrieb, Anzeige und/oder Content-Produktion geht es in den Redaktionen um die Produktion und den Vertrieb von mehreren Ausgaben, die gemeinsame Herstellung sowie den Austausch von Themen und Ressourcen oder die Content-Aufbereitung für Kunden- und Konkurrenz-Blätter. Dabei sollen die Ressourcen so effizient und rationell wie möglich genutzt werden.

> „Ich glaube, dass zwei Regionalzeitungen am Markt [...] schwierig werden. Es geht darum, dass man sich lokal noch unterscheidet. Und sie können auch nur überleben, weil sie von uns gedruckt werden, Mantel kriegen, den Vertrieb mit uns zusammengelegt haben, die große Vermarktung von Anzeigen mit uns zusammen haben. Also, sie können nur in der Partnerschaft mit einer großen Zeitung leben. Und auch wir [...] brauchen diese starken Partner, um wirtschaftlich weiter erfolgreich sein zu können. Diese Prozesse halte ich für unvermeidlich, weil die Alternative sieht man ja auch: Zeitungen, die Pleite gehen, die das Erscheinen einstellen müssen. [Es] sind inzwischen längst große regionale Zeitungen betroffen bei uns. [...] Das Geschäft wird einfach schwieriger." (Mitglied Chef-Redaktion, Redaktion C).

Im Rahmen von Kooperationen erstellen zwei der untersuchten Redaktionen Inhalte für Kunden-Zeitungen vom Desk aus. Das ist der Fall in Redaktion B, die beispielsweise die Mantel-Seiten für eine weitere Zeitung herstellt. Dabei koordiniert der Regional-Desk-Manager die Produktion der eigenen Ausgaben der Zeitung sowie der Kunden-Zeitungen. Normalerweise werden erst die Seiten der eigenen Zeitungen editiert und kontrolliert, danach die Seiten der Kunden.

Auch in Zeitung C kommt zu den 16 hergestellten Ausgaben noch die Produktion der Mantel-Inhalte für vier Kunden bzw. Heimatzeitungen, die eine ähnliche Aufbereitung der Themen und der Seiten aufweisen. Im Newsroom ist das Desk in Redaktion C aus diesem Grund in zwei verschiedene Tische bzw. Bereiche aufgeteilt: Ein Desk für die Haupt-Zeitung und der andere für die Kunden-Produktion, der Inhalte mit leichten Abweichungen für die Kunden-Blätter herstellt.

> „Was [die Kunden] immer machen, ist, die Optik auf der Eins, ein anderes Bild, auch eine andere Überschrift über den Aufmacher, um sich ein bisschen abzuheben. Und die Seite zwei, die Meinung, da haben sie eine andere Muster-Seite. Das ist zwar derselbe Leitartikel, aber er ist dann zum Beispiel ohne Bild, es steht rechts statt links. Da haben sie ein eigenes Layout. Der Rest ist eigentlich, soweit es geht, eins zu eins. Mit Ausnahme von einer Ausgabe, die etwas umfangreicher ist, weil da keine Anzeigen bei den Kunden [sind], so dass man aus dem Lokal-Teil sich bedient und noch auffüllt." (Mitglied Chef-Redaktion, Redaktion C).

Die enge Zusammenarbeit mit den Kooperationspartnern bringt in den untersuchten Redaktionen neue Elemente in den alltäglichen journalistischen Routinen, die als fester Bestandteil der redaktionellen Praxis zu be-

*Kapitel 6*

trachten sind. Dazu zählen die schon erwähnten täglichen Telefonkonferenzen und Telefonate, der Austausch der Themen und produzierten Inhalte, der gemeinsame Einsatz des Personals, das Editieren der Seiten sowie die Blattabnahme für die Kundenblätter und Partnerausgaben.

Diese Art von Zusammenarbeit wird als „unverzichtbar" in der aktuellen Situation des Zeitungsmarktes betrachtet, aufgrund der sinkenden Auflagen, die zu einer Marktkonzentration und zur Schließung zahlreicher Zeitungen deutschlandweit führte.

> „Was bei uns noch dazukommt ist eine weitere Stadt, bzw. eine andere Zeitung, für die wir den Mantel liefern, aus einer anderen Zeitungsgruppe. Diese Zeitungsgruppe gehört auch zu der Verlagsgruppe seit einigen Jahren. Sie haben sich an uns quasi angelehnt. Dadurch konnten sie sich retten, muss man, glaube ich, so sagen. Das ist mindestens was bei mir, als „mittlerer Ebene", immer ankommt. Ansonsten wären sie auch so ein Kandidat für die Insolvenz." (Desk-Manager, Redaktion B).

### 6.5.6 Engere Zusammenarbeit zwischen Redaktion und Verlag

Die Kooperationen mit weiteren Unternehmen sowie die Notwendigkeit der gemeinsamen Entwicklung neuer Produkte oder Strategien erfordern eine enge Zusammenarbeit zwischen Redaktion und Verlag. Als Folge beschäftigen sich Redakteure häufig mit Verlagsthemen, der „Beitrag der Redaktion" für die Sicherstellung der Wirtschaftlichkeit des Unternehmens wird immer wieder diskutiert, angepasst oder überprüft.

> „Früher hätte man gesagt: Das interessiert uns alle nicht, das ist Verlags-Geschäft, geht uns nichts an und wir machen nur den Journalismus. Macht man auch, aber diese Fragen: Komme ich an den Leser oder nicht, zahlt er denn für mich oder nicht? Das beschäftigt heute Redakteure und Journalisten schon mehr. […] Das heißt, dass man weiß, dass auch hier in einem mittel-ständischen Betrieb viele Leute sind, die […] überlegen, was kann ich tun? Und da gibt es dann immer wieder neue Ideen. Das passiert auch hier. […] Und ich denke, das schadet auch nicht, wenn man sich solche Gedanken macht." (Stellvertretender Chefredakteur, Redaktion A).

Die Zusammenarbeit von Vertrieb und Redaktion, um Strategien auszuarbeiten, neue Produkte zu entwickeln oder kundenrelevante Inhalte für die Ausgaben zu planen, gehört in den untersuchten Redaktionen zur gängigen Praxis. Themen werden zusammen mit den Marketingabteilungen überlegt, Content wird für die Konkurrenz im Rahmen von unternehmerischen Kooperationen aufbereitet. Marktforschungsdaten aus den Verlagsetagen gehören in die Redaktionskonferenz, die Anzahl der Klicks sowie der Inhalt der Online-Kommentare begleiten und beeinflussen die Arbeit der Redakteure. Die veränderte Beziehung zwischen der Redaktion und den anderen Abteilungen in den untersuchten Medienhäusern stellt eine wichtige strukturelle Veränderung im deutschen Printjournalismus dar.

Loosen geht davon aus, dass die „Entwicklung automatischer Verfahren zur Filterung und Analyse von Nutzerkommentaren" für die journalistische Arbeit weiter vorangetrieben wird (vgl. Loosen 2016: 303 f.). Mit dieser Praxis werden journalistische Kriterien der Themen- und Nachrichtenselektion aufgeweicht (vgl. Hohlfeld 2016: 278) sowie die Entscheidung der Redaktion durch wirtschaftliche Prämissen beeinflusst.

Eine Redaktion, die wirtschaftlich „mitdenkt", wäre vor ein paar Jahren für viele Journalisten unvorstellbar gewesen. Aus den Gesprächen mit den Redakteuren ist es aber herauszuhören, dass die Annäherung zwischen Redaktion und Verlag das Überleben des Produkts sowie die Sicherstellung von Arbeitsplätzen bedeutet. Eine Situation, die sowohl kritisch als auch mit Verzweiflung mehr oder weniger in Kauf genommen wird.

Trotz der engen Zusammenarbeit versuchen Redakteure die Grenzen zwischen Anzeige bzw. Kunde und Content weiterhin aufrechtzuerhalten. Beispielsweise äußerte sich der Sport-Ressortleiter in einer Redaktionskonferenz verärgert über eine Anzeige auf der Sport-Seite, die nicht deutlich genug als solche zu erkennen war. Dabei bat er den Desk-Chef, die Missstände mit der zuständigen Abteilung zu klären. „Ich weiß, es wird argumentiert, dass man das macht, weil viel Geld dafür bezahlt wird, aber bei aller Geld-Liebe, das geht nicht, wir müssen unsere Grenzen zeigen", plädiert er.

Die Grenzen zwischen Redaktion und Verlag werden in manchen Situationen auch zugunsten von Kunden, Informanten oder besonderen Beziehungen des Verlags teilweise verschoben. So verlangt die Chef-Redaktion bei der Blattabnahme von den Editoren, die Auswahl eines Bildes zu ändern, damit eine bestimmte Person größer bzw. im Mittelpunkt dargestellt wird.

Die engere Zusammenarbeit zwischen Redaktion und Verlag kommt ebenfalls in der Betrachtung des Handlungsbezuges zu den Organisationsprogrammen (s. Diagramm 14, S. 164) zum Ausdruck. Dabei werden die Handlungen der beobachteten Personen anhand der Anforderungen von Organisationsstrukturen, -zielen sowie -rollen klassifiziert. Am häufigsten

Kapitel 6

beziehen sich die Handlungen des Desk-Leiters auf die Organisations- bzw. die Redaktionsziele. Dabei wird beispielsweise diskutiert, ob ein Thema der publizistischen Linie der Zeitung entspricht oder die Bearbeitung eines Themas die Ansprüche der Redakteure erfüllt. Um die Ziele der Organisation geht es in Redaktion A zu 54%, in Redaktion B und C zu 47% und in Redaktion D zu 46% der Handlungen.

*Diagramm 14: Bezug der Handlung zu den Organisationsprogrammen (Durchschnittlicher Prozentsatz).*

Auf die Organisationsstrukturen bezieht sich das Handeln des Desk-Leiters innerhalb der Organisationsprogramme in 23% der Fälle. Aufgrund strategischer Veränderungen auf der Verlagsebene werden Verlagsthemen bzw. die Situation des Unternehmens und der Branche immer wieder thematisiert. Um die Rollen geht es in Redaktion A zu 24%, in Redaktion B und C zu 29% und in Redaktion D zu 32% der Fälle. In Redaktion D nimmt der Bezug zu den Rollen einen größeren Anteil in der Beobachtung ein aufgrund der häufigeren Rotation in der Besetzung der Funktion des Desk-Leiters sowie aufgrund der Änderungen in der Personalplanung.

Die Ausrichtung des Handelns auf wirtschaftliche Ziele versetzt die Redaktion in einen permanenten ökonomischen Zwang, der sich immer wieder in die Entscheidungs- und Arbeitsvorgänge innerhalb der Redaktionen zeigt. Beispiele hierfür sind die verlangte effizientere Nutzung der Ressourcen sowie die andauernden Optimierungen und Rationalisierungen in den Redaktionen.

*6 Die Redaktionskonzepte heute: Der alltägliche Produktionsprozess*

6.5.7 Personalsituation belastet Redakteure und beeinträchtigt Qualität

Eine bedeutende Folge des Ökonomisierungsprozesses im Journalismus kommt in der Personalsituation der Redaktionen zum Ausdruck. Aufgrund des Personalmangels müssen tagesaktuelle Themen verworfen, verschoben oder unter dem gewünschten Niveau der Redaktion bzw. niedrigeren Qualitätsstandards produziert werden. In diesem Zusammenhang soll die Kürzung der redaktionellen Ressourcen negative Auswirkungen auf die Qualität der Berichterstattung haben, „denn die Zeit für die Recherche und für die Überprüfung von Informationen sinkt" (vgl. Kutscha/Karthaus/Bonk 2009: 17).

Die personelle Unterbesetzung und die Kumulation von Aufgaben kann in allen der untersuchten Redaktionen festgestellt werden. Die rationalisierte Anzahl von Mitarbeitern erschwert die Arbeit, beeinträchtigt die Produktionsabläufe und bedeutet Qualitätsverlust.

In Redaktion B beispielsweise wird die Personalsituation als „sehr eng" bezeichnet und der Mangel an Mitarbeitern mehrmals von den Redakteuren thematisiert. Im Gespräch schilderte ein Desk-Leiter die Engpässe und sagte, dass „alles ganz genau geplant werden muss. Und wenn jemand krank ist, dann wird es kompliziert". So bemängelte er an einem Tag, dass in einem Ressort kein Reporter für den Tag eingeplant wurde. „Und wenn wir einen Mordfall haben, was soll ich machen? Ich kann etwas mitschreiben, wenn ich weniger zu tun habe, aber es muss jemand da sein!", meinte er entrüstet.

In Redaktion C wurde zur Zeit der Beobachtung die Personalsituation ebenfalls angesprochen, auch eine Arbeitsgruppe beschäftigte sich für die nächste Betriebsratssitzung mit den Arbeitszeiten bzw. Überstunden. Aufgrund mehrerer Krankheitsfälle im Sekretariat übernahm der Desk-Chef punktuell zusätzlich noch organisatorische bzw. personalbezogene Aufgaben, wie die Honorarabrechnungen der freien Redakteure.

Die Spitze der Rationalisierung wird in der Personalsituation der Fotografen besonders deutlich. In zwei Redaktionen ist die reduzierte Anzahl der Fachkräfte Ursache für den Qualitätsverlust des Bildmaterials. Aufgrund des Qualitätsmangels konnten die Bilder eines Lokalredakteurs in einer Ausgabe nicht verwendet werden. Nach längerer Diskussion nimmt die Redaktion alte Agentur-Bilder, obwohl die Editoren befürchten, dass die Bewohner des Dorfes die vor langer Zeit aufgenommenen Bilder erkennen könnten.

Einen professionellen Fotograf für lokale Veranstaltungen bzw. Ereignisse verlangt die Redaktion schon lange, erzählen die Mitarbeiter. „Wenn man über Regionalisierung der Zeitung spricht und wir keinen Fotograf in den Lokalredaktionen haben. Ich habe keinen Fotograf vor Ort und kann jetzt nicht sagen: Mach mal ein Bild. So sehen unsere Wälder gar nicht aus!", argumentiert der Desk-Leiter.

Der Anspruch der Redaktionen, Journalismus mit Qualität zu machen, kann aufgrund dieser personellen Realität nicht immer gewährleistet werden. Obwohl die zentrale Überprüfung der Qualitätsstandards am Desk sich positiv auf die Fehlerkontrolle auswirken kann, leidet der Qualitätsjournalismus an der Rationalisierung in den Newsdesk-Strukturen. In Redaktion D sind laut Aussage der Chef-Redaktion außerdem keine passenden Mitarbeiter für die Stellen auf dem Arbeitsmarkt zu finden.

> „Grundsätzlich glaube ich, unabhängig von dieser Struktur, ist es auch eine Frage von Manpower, ob ich auf neue Dinge einsteigen kann. Es ist einfach ein Unterschied, ob ich im Newsroom 30 Leute habe oder 40. Wir sind im Moment in zwei Stellen unterbesetzt, die wollen wir neu besetzen, aber wir haben im Moment keine geeigneten Leute gefunden dafür. Und das war hier zum Beispiel die Debatte, wie gehen wir mit dem Thema Asylbewerber um? Da habe ich dann gesagt, ich möchte es auf der Seite drei haben. Das scheitert im Moment an Personalstärke und nicht an der Struktur." (Chef-Redakteur, Redaktion D).

Gerade aufgrund der begrenzten Personalkapazität steigen die Notwendigkeit der Planung der täglichen Abläufe sowie der Einsatz der Ressourcen in den Redaktionen. „Effizienter" und „geplanter" zu arbeiten bedeutet auch für die Redakteure, sich einem funktionierenden und getakteten Arbeitstag zu „unterwerfen". Innerhalb der optimierten Arbeitsabläufe im Newsroom können sie ihren eigenen Workflow begrenzt bestimmen. Durch die Spezialisierung der Funktionen werden Editoren beispielsweise fachübergreifend für die Seitenproduktion eingesetzt, was ebenfalls zentral am Desk koordiniert wird. So erreicht die Redaktion die gewünschte Flexibilisierung der Personalplanung.

> „Wir planen heute mehr als früher. Das hängt damit zusammen, dass wir weniger Ressourcen haben als früher. Das heißt, dass wir unsere Ressourcen besser einsetzen müssen, auch wenn man eine gute Planung dann über den Haufen werfen kann, wenn [ein Thema] aufkommt." (Stellvertretender Chefredakteur, Zeitung A).

Newsdesk-Strukturen ermöglichen in dieser Hinsicht die erwünschte Flexibilisierung und Rationalisierung der Ressourcen, insbesondere beim Personal.

## 6.5.8 Ressourcenbezug bei der Handlung

Die effizientere Nutzung der Ressourcen ist eine der wichtigsten Prämissen der Desk-Produktionsweisen. In die Handlungen des Desk-Managers werden am häufigsten die allokativen Ressourcen *Personal* und *Technik* sowie das autoritative *Organisationswissen* einbezogen. Hier geht es beispielsweise darum, Absprachen mit den Kollegen zu treffen, personalbezogene Koordinationen zu steuern sowie über die Zusammenarbeit mit Kooperationspartnern zu verhandeln. Die Zusammenarbeit mit dem Personal sowie die dazugehörigen Absprachen machen im Durchschnitt 53% der Handlungen im Rahmen der sachbezogenen Ressourcen aus (s. Diagramm 15, S. 167).

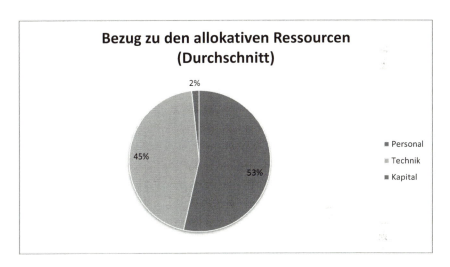

*Diagramm 15: Bezug zu den allokativen Ressourcen (Durchschnittlicher Prozentsatz).*

Des Weiterem wird Technik in 45% der Handlungen benötigt, wobei sich der größte Anteil auf die Edition der Seiten und die Koordination bzw. Kommunikation über den Computer bezieht. Dazu kommen noch die Gespräche über technische Probleme, Änderungen im Redaktionssystem sowie die Klärung der digitalen Nutzungsrechte für Mitarbeiter. Ein direkter Bezug des Handelns zum Kapital des Unternehmens wird offensichtlich in 2% der Fälle festgestellt.

Im Bereich der autoritativen Ressourcen ruft der Desk-Leiter häufig das Organisationswissen ab, um Entscheidungen zu treffen sowie Koordinatio-

Kapitel 6

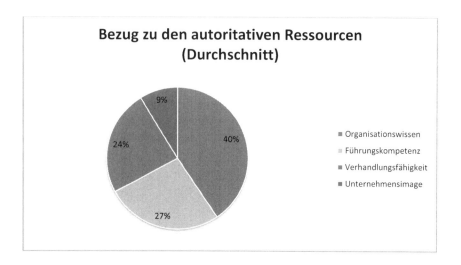

*Diagramm 16: Bezug zu den autoritativen Ressourcen (Durchschnittlicher Prozentsatz).*

nen vorzunehmen. Diese personenbezogene Ressource wird in 40% der Handlungen in Anspruch genommen. Um die Führungskompetenz des Desk-Leiters geht es bei 27% der Handlungen. Hier ist sein Durchsetzungsvermögen gefragt, insbesondere in Situationen, in denen schwierige Entscheidungen zu treffen sowie unbeliebte Tätigkeiten auszuführen sind. Ebenfalls von Bedeutung ist seine Verhandlungsfähigkeit, die normalerweise bei Konflikten zwischen Mitarbeitern oder bei Interessenskonflikten zwischen Redaktionspartnern und redaktionellen Einheiten zum Tragen kommt. Im Durchschnitt ergibt sich ein Bezug hierzu in 24% der beobachteten Handlungen (s. Diagramm 16, S. 168).

Im Rahmen der autoritativen Ressourcen geht es darüber hinaus um das Unternehmensimage bzw. Redaktionsimage in 9% der Handlungen. Hier kommen beispielsweise Situationen in Betracht, wobei die Reputation der Redaktion bzw. des Unternehmens infrage gestellt wird bzw. bewahrt werden muss. In einem anderen Fall wird die Auswirkung einer bestimmten redaktionellen Handlung auf das Redaktionsimage diskutiert.

## 6.6 Phase 5: Die Überschriftenkonferenz bzw. die Seitenabnahme: Der Tag geht zu Ende

Am Spätnachmittag oder frühen Abend erfolgt die Kontrolle der produzierten Ausgaben in der Überschriftenkonferenz bzw. Seitenabnahme. In diesem etablierten Arbeitsvorgang werden die Seiten der Print-Produkte von der Redaktion als Ganzes betrachtet: Sie dient der inhaltlichen, gestalterischen sowie publizistischen Kontrolle der gedruckten Ausgaben. Dabei werden Überschriften, Bilder und das Layout kontrolliert, Texte korrigiert sowie die Qualität und Kohärenz des Geschriebenen bzw. die Aufteilung der Themen überprüft.

Bei der Seitenabnahme suchen Redakteure beispielsweise nach Schreibfehlern, inhaltlichen Missverständnissen oder überprüfen die Qualität der Bilder. Weiterhin werden Verbesserungsvorschläge und notwendige Veränderungen eingebracht sowie neue Umsetzungen koordiniert. In allen Redaktionen sind ähnliche Fragestellungen zu erkennen.

Differenzen sind beim Medium sowie bei der Methode zu finden. Zwei Redaktionen hängen die ausgedruckten Seiten an eine Pinnwand und einer überprüft die Inhalte direkt am Computer. In Zeitung D werden die Seiten digital an den Leinwänden bzw. Bildschirmen gegenüber vom zentralen Tisch im Newsroom überprüft. Die Seitenabnahme beginnt in Redaktion D um etwa 18.30 Uhr/19 Uhr und dauert circa zehn Minuten.

In Zeitung B startet die Überprüfung der verschiedenen Ausgaben ab 17 Uhr mit drei bis vier Personen an, inklusive dem Desk-Chef. Später kommen weitere Mitarbeiter dazu, sodass bis zu acht Personen teilnehmen. Zuerst werden die Seiten für die lokalen Ausgaben kontrolliert, dann die Stadt-Seiten und abschließend der Mantelteil der Hauptausgabe bis kurz nach 18 Uhr. Danach überprüft in der Regel die Redaktion die Seiten der Kunden-Zeitung. Für die Kontrolle der Kunden-Ausgaben vergehen etwa 20 Minuten. Am Ende nehmen die Editoren die Seiten zum Arbeitsplatz für die Abschlusskorrekturen zurück.

Während der Überschriftenkonferenz wird eine weitere Synergieleistung der Redaktion deutlich: Die Edition und Kontrolle der Ausgaben für die Kooperationspartner bzw. Kunden-Zeitungen. Nach der Seitenabnahme fragt beispielsweise ein Editor, für welche Ausgaben er die Änderungen aus der Überschriftenkonferenz übernehmen soll: Für die Hauptausgabe, für die Ausgabe aus der Schwester-Redaktion oder für die Kunden-Ausgabe? Danach ändert er die Seiten, die infrage kommen.

Die Überschriftenkonferenz ist die letzte kollektive Überprüfungsinstanz journalistischer Art im Newsroom. Dabei koordinieren und entschei-

*Kapitel 6*

den Redakteure anhand der Arbeits- und Organisationsprogramme des Journalismus sowie anhand des Wissensvorrats, was tatsächlich an die Öffentlichkeit herangetragen wird. Hierbei kommen Themen, Texte, Layout, Bilder oder Bildunterschriften, die sich an den Organisationszielen und an den Erwartungen der Redaktion orientieren sollen, in Betracht.

Ziel der Redaktion ist dabei sowohl die Erfüllung der eigenen Erwartungen als auch, soweit möglich, der Umweltsphären. An einem Tag wurde in diesem Zusammenhang diskutiert, ob ein Bericht über die Wirtschaftslage eines Warenhauses von der Chef-Redaktion „bestellt" wurde. Nach einem Telefonat mit dem Chef-Redakteur wurde das Thema aus den Ausgaben entfernt, der Artikel erschien am nächsten Tag nicht, weil der Nachrichtenwert nicht vorhanden ist. Dabei werden die Erwartungen des Verlages mit den eigenen bzw. des Publikums konfrontiert.

6.6.1 Umweltbezug bei der Handlung

In ihren Handlungen orientieren sich die Redaktionsmitglieder somit an den Umweltsphären der Redaktion (s. Kapitel 2, S. 36). Das wird in den Konferenzen sowie im Newsroom häufig in der Argumentation über Entscheidungen offensichtlich. Als Umweltsphären der Redaktion zählen das Publikum und die Gesellschaft, das Presserecht, die Konkurrenz, die Informanten bzw. Quellen sowie das Unternehmen und im erweiterten Sinne die Kooperationspartner. Zusammengerechnet orientiert sich der Desk-Leiter in 59% der Fälle am Publikum und der Gesellschaft. Das Presserecht spielt in 6% der Fälle eine offensichtliche Rolle. Weiterhin kann bei 6% der Handlungen ein Bezug zu den Informanten sowie bei 5% zur Konkurrenz festgestellt werden (s. Diagramm 17, S. 171).

Das Unternehmen bzw. der Verlag spielt in 19%, die Kooperationspartner im Durchschnitt in 5% der Fälle eine Rolle. Diese Werte stellen den Durchschnitt aller vier Redaktionen dar, was den Prozentsatz in der Gesamtbetrachtung der Kooperationen schrumpfen lässt. In den Redaktionen B und C, wobei Kooperationspartner bzw. Kunden in den täglichen redaktionellen Arbeiten eine Rolle spielen, kann eine Orientierung der Handlungen an den Partnern in 8% (Redaktion C) und in 10% (Redaktion B) der Fälle festgestellt werden. Die Orientierung der Redaktion an den Kooperationspartner bzw. an den Kunden stellt in dieser Hinsicht eine wichtige strukturelle Veränderung im Printjournalismus dar.

Erwähnenswert ist ebenfalls die Rolle der Prosumer bzw. Prosumenten als „neue Umwelt" der Redaktion. Sie stehen zwischen drei verschiedenen

*6 Die Redaktionskonzepte heute: Der alltägliche Produktionsprozess*

Umweltsphären der Redaktion, als Publikum, als Informant bzw. Informations- oder Themenlieferant sowie ebenfalls als Konkurrenz. Angelehnt an Rühls Definition der Umweltsphären, in der alle „potentiellen Lieferanten von potentiell informativen Mitteilungen", die „für die Leistungs- und Wirkungsabsichten der Zeitungsredaktion, insbesondere zu deren Zweckerfüllung" auf irgendeiner Weise beitragen (vgl. Rühl 1979: 179), fungieren die Prosumer in dieser Hinsicht ebenfalls als eine neue Umwelt der Redaktion. Ihre Beiträge im Netz werden im Newsroom verfolgt und berücksichtigt, was ebenfalls eine strukturelle Veränderung darstellt.

*Diagramm 17: Umweltbezug bei der Handlung (Durchschnittlicher Prozentsatz).*

Mit der Überschriftenkonferenz endet der Arbeitstag für die meisten Mitarbeiter am Desk. Nach den Korrekturen erfolgt in der Regel die Übergabe an den Spätdienst. Auch der Desk-Leiter beendet hier normalerweise seinen Arbeitstag. In Redaktion D beispielsweise ist Redaktionsschluss um 20:45 Uhr, wobei sehr häufig die Online-Redaktion den Schlussdienst übernimmt.

6.7 Die aktuellen Ziele der Redaktion

Zum Schluss der Befragung wurden die Mitglieder der Chef-Redaktion aufgefordert, über die aktuellen Ziele der Redaktion zu sprechen. Grundsätzlich streben die Redaktionen aktuell eine kontinuierliche Verbesserung des schon erreichten Zustands der Redaktionskonzepte. Um die Produktion noch effizienter und qualitativer zu gestalten, erstreben die Chef-Etagen weitere Rationalisierungen sowie eine Optimierung der Arbeitsabläufe und der Schnittstellen. Die aktuellen Ziele lassen sich größtenteils aus den damaligen Zielen ableiten, haben aber eine stärkere ökonomische Perspektive gewonnen, die an den Aussagen zu den Themenbereichen Kundenorientierung, Rationalisierung, Produktentwicklung und Wirtschaftlichkeit des Unternehmens zum Ausdruck kommt.

Aktuell verfolgen die Newsdesk-Redaktionen weiterhin einige der am Anfang der Restrukturierung festgelegten Ziele, angepasst an die dazugekommenen Anforderungen. Erstrebt wird insbesondere die kontinuierliche Verbesserung der Qualität der redaktionellen Inhalte und der Produkte, eine stärkere Kunden- bzw. Publikumsorientierung sowie die Optimierung der Prozesse, insbesondere der crossmedialen Zusammenarbeit. Auch wenn die Implementierung neuer Organisationsformen einige Jahre zurückliegt, sind Optimierungsprozesse und Verbesserungsmaßnahmen in den untersuchten Zeitungsredaktionen allgegenwärtig.

In den letzten Jahren sind somit ökonomische Ziele stärker in den Vordergrund getreten, die im Zusammenhang mit der Sicherstellung der Wirtschaftlichkeit des Unternehmens stehen. Aus ökonomischen Gründen sollen beispielsweise Kooperationen weiter ausgebaut und Synergien gestärkt werden. Ziel dabei ist, mit der aktuellen Personalbesetzung, neue Kunden zu gewinnen, erklärt der Stellvertretende Chef-Redakteur der Redaktion A. Die Rationalisierung und die Kooperationen zählen in dieser Hinsicht zu den wichtigsten Überlebensstrategien.

„Kann sich eine Stadt mit 150.000/200.000 Einwohnern überhaupt zwei Zeitungen leisten? Zwei Zeitungen, die jetzt wirklich lokal orientiert sind? Die Nachbarstadt hier hat auch zwei Zeitungen. Eine davon ist seit Jahren ein Zuschussgeschäft, ging es ganz schlecht, mit Stellenabbau. Es stellt sich eher die Frage, wie sich eine Stadt in dieser Größe zwei verschiedene Zeitungen leisten kann?" (Desk-Manager, Redaktion B).

„Wir haben ganz klar als fünften Aspekt die Rationalisierung. Synergien schaffen, um Geld zu sparen, ist mit hinzugekommen. Und wir sind jetzt in der Lage, viel leichter neue Produkte, im Sinne auch von neuen Kanälen zu bespielen, anzubieten auf dem Markt. Das geht aber nicht ohne eine enge Kooperation mit zweiten und dritten Partnern

*6 Die Redaktionskonzepte heute: Der alltägliche Produktionsprozess*

im Haus. Also, das schaffen wir nicht aus eigener Kraft." (Chef-Redakteur, Redaktion B).

Erstrebt wird ebenfalls noch mehr Kundenorientierung in der redaktionellen Arbeit. Die Inhalte sollen noch stärker auf die Bedürfnisse bzw. Wünsche des Publikums ausgerichtet werden, was durch die Regionalisierung der Themen und die Intensivierung des Kontakts mit der Leserschaft bzw. den Nutzern erfolgen soll.

Eine noch „stärkere Regionalisierung der Inhalte" sowie eine „Steigerung des Mehrwerts der Produkte bei den Lesern bzw. Kunden" erzielen aktuell drei der untersuchten Redaktionen. Die Zeitung soll „die Stimme der Leute vor Ort bzw. der gesamten Region sein" und dem Leser bzw. dem Nutzer Orientierung geben. Die Nähe zum Publikum soll durch qualitative, „gute, regionale Inhalte" erreicht werden.

„Es kommt im Kern auf die Inhalte an. Und da ist es so, dass wir als Tageszeitung mit Lokalgeschäft, wenn wir es richtig machen, keinerlei Probleme haben werden. Weil wir exklusiv hier sind. Wir bezahlen teure Mitarbeiter, gut ausgebildete, die lokale Nachrichten selbst recherchieren." (Chef-Redakteur, Zeitung B).

Dabei optimieren die Medienhäuser die Distribution der Inhalte auf möglichst vielen Kanälen bzw. über viele Produkte und Anwendungen, um die bestehenden Kunden zu erhalten sowie neue zu gewinnen. Durch „Produktentwicklungen" oder „Erneuerungen der Produktpalette" versuchen die Medienhäuser, den Mehrwert der Produkte zu steigern und auf die Anforderungen des Marktes zu reagieren, insbesondere was die Finanzierung der Online-Inhalte angeht. Aussagen wie „lokal" und „multimedial sein" sowie „wirtschaftlich bleiben", verdeutlichen dies. Das alles soll unter hohen Qualitätsstandards erfolgen.

„Egal, ob ich jetzt elektronisch lese, als E-Mail oder auf Papier, ich werde es immer brauchen. Für uns bleibt nur das Problem, kriegen wir für die E-Mail, für die SMS oder für die Online-Nachrichten genügend Geld, um die Redakteure zu bezahlen, die das recherchieren? [...] Für eine bestimmte Klientel wird es noch zehn Jahre gut gehen, aber wir werden nicht mehr so eine hohe Auflage haben. [...] Wir möchten eine durchdachte Strategie praktizieren, bei der jeder der von uns definierten Medienkanäle eine bestimmte Funktion übernimmt. Die sollen, je nach Lebenssituation und Tagesanforderungen alle Informationsbedürfnisse unserer Kunden befriedigen." (Chef-Redakteur, Redaktion B).

> „Ganz grob ist das hier bei uns, dass wir einen anspruchsvollen Journalismus machen wollen. [...] Und dann spielt eigentlich für die Arbeit keine Rolle, ob ich jetzt für Print mache oder für andere Kanäle. Aber die Strategie ist im Grunde schon medienunabhängig, mit der Zeit zu produzieren." (Stellvertretender Chef-Redakteur, Zeitung A).

Intern erstreben die Redaktionen weiterhin eine Verbesserung der crossmedialen Arbeit bzw. eine effizientere Verknüpfung der Schnittstellen zwischen den Plattformen im Newsroom. Die medienneutrale Produktion qualitativerer Inhalte ist in allen Redaktionen sowohl als Ziel als auch als Herausforderung zu betrachten, da die Bedingungen dafür nicht immer vorhanden sind.

Die zentrale Rolle der Online-Redaktion für die Weiterentwicklung der Printverlage zu Medienhäusern wird – mit Ausnahme einer Redaktion – aber eher konservativ vorangetrieben. Auch wenn formell erreicht, ist die Produktion der Inhalte für verschiedene Kanäle sowie die Integration zwischen den Plattformen noch verbesserungsfähig.

> „Wir arbeiten an einem Pilotprojekt, das wirklich einen crossmedialen Newsdesk aufstellt, wo es definitiv nur um die Themen geht. Und da sitzt ein Newsdesk-Manager, der entscheidet, ok, das Thema spielen wir so: erstmal online und anschließend Print. Das wir nicht mehr über die Ausgabenmedien an die Geschichte herangehen, sondern definitiv über Themen. Und das medienneutraler." (Chef-Redakteur, Redaktion D).

Die aktuellen Ziele der Redaktion schließen die Darstellung der empirisch gewonnen Informationen ab. Im Kapitel 7 werden die wichtigsten Erkenntnisse erneut zusammengefasst und reflektiert.

# Kapitel 7

## 7 Strukturinnovationen im Journalismus und das Ende einer Print-Ära

Die Auswirkungen unternehmensstrategischer Entscheidungsprämissen auf das journalistische Handeln lassen sich anhand der oben dargestellten Veränderungen in den untersuchten Redaktionen veranschaulichen (s. Kapitel 4-6, S. 77-174). Diese hier genannten „Strukturinnovationen im Journalismus" bzw. deren Auswirkung auf das journalistische Handeln und auf das System Journalismus werden in Kapitel 7 zusammengefasst und im Hinblick auf die ausgewählten Theorien (s. Kapitel 2, S. 30) analysiert. Das heißt, dass die Resultate der empirischen Forschung mit den theoretischen Konzepten aus der Journalismus- und aus der Organisationsforschung systematisch verknüpft werden. Dabei werden die Strukturinnovationen aus einer soziologischen, an die Journalismusforschung angelehnte sowie aus einer betriebswirtschaftlichen bzw. organisationsbezogenen Perspektive betrachtet, die aufeinander aufbauen.

Den analytischen Rahmen aus der Journalismusforschung bilden drei Strukturbereiche, die „in engerem Sinne mit Journalismus als beruflich organisiertem System der Selbstbeobachtung der Gesellschaft" zusammenhängen: die Organisation, die Rollen und die Programme/Routinen/Medienprodukte (vgl. Meier 2013: 119). Sie werden häufig in Anspruch genommen, wenn es sich um die Systematisierung des Journalismus handelt (vgl. Meier 2013: 119).

Darüber hinaus bieten in Anlehnung an Altmeppen (vgl. Altmeppen 2008: 242) die Entscheidungsprämissen und -programme sowie die Ressourcenallokation und die Medienangebote weitere Klassifikationsgrößen. Da die strukturelle Anpassung der journalistischen Arbeit an die Entscheidungsprämissen der Medienorganisationen in bedeutendem Maß auf ökonomische Zwänge zurückzuführen ist, stellen die Entscheidungsprämissen bzw. -programme sowie die Ressourcenallokation als sogenannte „Ökonomisierungstreiber" (vgl. Altmeppen 2008: 242) wichtige Anhaltspunkte für die Darstellung der strukturellen Ökonomisierung des journalistischen Handelns dar.

Aus Perspektive der Organisationsforschung bzw. des Konzepts der organisationalen Gestaltung (vgl. Johnson/Scholes/Whittington 2011: 535) können die Strukturierungsprozesse der letzten Jahre auf den Ebenen der

*Kapitel 7*

Struktur (und Rollen), der Prozesse sowie der Beziehung differenziert werden. Diese organisationbezogene Perspektive kann nicht eins zu eins auf das journalistische Klassifikationssystem übertragen werden, bietet aber eine Hilfestellung für die systematische Darstellung der organisationalen Aspekte der Redaktion.

Als Erstes kommen die Veränderungen in der Struktur der Organisation und in den Organisationsprogrammen des Journalismus im Betracht, gefolgt von den Organisationsprozessen sowie von den Produkten und den Medienangeboten. Danach werden die veränderten Beziehungen der Redaktion sowie die neue Umweltsphäre dargestellt. Die Folgen des Strukturwandelns für den Journalismus schließen die Darstellung der Ergebnisse ab.

## 7.1 Organisation und Struktur

Wenn man davon ausgeht, dass die Gestaltung einer Organisation sich aus den strategischen Unternehmenszielen ableitet (vgl. Johnson/Scholes/Whittington 2011: 535), wird der Einfluss der Unternehmensentscheidungen auf die Organisation der Redaktion ersichtlich. Als „arbeitsteilige Organisation, in der Redakteure die publizistischen Inhalte, den sogenannten Redaktionellen Teil, erstellen und verantworten" (vgl. Pürer/Raabe 2007: 271), weist ebenfalls die Redaktion Organisationsmodelle auf, die im Rahmen der Unternehmensstrategie auf den operationellen Ebenen innerhalb des Medienunternehmens umgesetzt werden. Auch die Organisation der Redaktion erfolgt in dieser Hinsicht „nach Maßgaben des Organisationsziels" (vgl. Altmeppen 1999: 43).

Aus betriebswirtschaftlicher Sicht wird die Struktur häufig mit den formalen Strukturen eines Unternehmens assoziiert, insbesondere durch Organigramme und deren Ebenen, Rollen und Hierarchien (vgl. Johnson/Scholes/Whittington 2011: 535). Die formale Struktur ist für die Analyse der Strukturinnovationen wichtig, weil sie das Ziel der Organisation in konkretere Verhaltenserwartungen übersetzt (vgl. Kieser/Walgenbach 2007: 7) und somit den Bezugsrahmen für das Handeln definiert.

Aus Perspektive der Journalismusforschung bilden ebenfalls die Organisationstypen, die Rollen sowie weiterhin die Entscheidungsprogramme bzw. die -prämissen die Strukturen der Redaktion (vgl. Altmeppen 1999: 25). In den Entscheidungsprämissen fixieren Organisationen ihre Struktur (vgl. Martens/Ortmann 2006: 441), die verallgemeinerten Bedingungen, die als Basis für weitere Entscheidungen herangezogen werden (ebd.: 441).

## 7 Strukturinnovationen im Journalismus und das Ende einer Print-Ära

Sie bilden sozusagen die Spielregeln, die das Tun der Akteure auf das Organisationsziel hin ausrichten (vgl. Altmeppen 2008: 241). Die Entscheidungsprämissen formulieren die publizistischen und ökonomischen Ziele sowie die Rahmenbedingungen für das Handeln in einer Organisation (vgl. Altmeppen 2008: 242).

Das journalistische Handeln richtet sich in dieser Hinsicht „an den vorentschiedenen Entscheidungen von Organisation, Programmen und Rollen" aus, die als Entscheidungsprämissen „aus den Werten und Normen der Redaktionen, den Zielen der journalistischen Organisationen" und „den Standards (Arbeitsweisen) des Journalismus" abgeleitet werden (vgl. Altmeppen 1999: 25). Wenn Handeln als „das Ergebnis einer im Prinzip immer auswählenden, intelligenten, aktiven, kreativen *Anpassung* der Akteure an die vorgefundenen *Gegebenheiten*" (vgl. Esser 1999: 35; Thomas/Znaniecki, 1927: 67 f.; Thomas 1965: 23) zu verstehen ist, sind somit die Gegebenheiten im Newsroom für das journalistische Handeln ausschlaggebend. Veränderte Bedingungen bzw. Anforderungen, wie das in den letzten Jahren in den Zeitungsredaktionen der Fall war, rufen neue bzw. auch veränderte Entscheidungsprämissen hervor, die als Orientierung für die nächsten Handlungen gelten.

Aufgrund der Dualität von Handeln und Struktur (vgl. Giddens 1988) werden die „neuen" Entscheidungsprämissen über die Zeit *als Struktur* verfestigt. Sie geben die Bedingungen des zukünftigen Handelns vor und „strukturieren" somit die neuen Prämissen. Strukturinnovationen sind aus einer soziologischen, strukturierungstheoretischen Perspektive systeminhärent.

Die Unternehmensprämissen werden aufgrund der Spirale der Ökonomisierung und des Dependenzverhältnisses zwischen Journalismus und Medienorganisationen (s. Kapitel 1. S. 27) als redaktionelle Prämissen strukturiert. Die unternehmerischen Entscheidungsprämissen ökonomisieren die Entscheidungen bzw. die Strukturen der Erwartungen der Redaktion und somit das journalistische Handeln. Dabei nehmen die Entscheidungsprämissen der Medienorganisationen Einfluss auf die Entscheidungen der Journalisten und definieren in großem Ausmaß, welche Handlungsmöglichkeiten die Akteure in den Redaktionen zur Verfügung haben.

In Anlehnung an die Strukturationstheorie wird das Handeln als das Vermögen, bestimmte Dinge zu tun, verstanden (vgl. Giddens 1988: 60). Dieses Verständnis von Handeln hat eine herausragende Bedeutung in der Betrachtung der Auswirkung bzw. der Strukturierung unternehmensstrategischer Entscheidungsprämissen auf das journalistische Handeln, denn die unternehmensbezogenen Einschränkungen und Opportunitäten determi-

*Kapitel 7*

nieren die Handlungsspielräume bzw. die Handlungsmöglichkeiten der Akteure in großem Maße.

Die *strukturierten* Umstände in einer *Situation* führen dazu „daß Akteure in *strukturiert*-typischer Weise agieren und dadurch *strukturierte* externe Effekte und darüber jeweils *strukturierte* neue Situationen schaffen, so daß der gesamte Zusammenhang wie ein einziges übergreifendes und kausales „Gesetzt" erscheint" (Esser 1999: 31 f.). Das erklärt, wie die unternehmerischen Prämissen als eine Art strategische „Muster" (Mintzberg et al., 2012: 26) in den journalistischen Entscheidungen strukturiert werden, sodass sie systemkonform bzw. als selbstverständlich erscheinen. Das erklärt auch, warum die Interviewpartner viele typische betriebswirtschaftliche Begriffe anwenden, um die Restrukturierungsprozesse der letzten Jahre zu beschreiben.

Beispiele der strukturierten Umstände, die auf *strukturiert*-typische Handlungsweisen in den Redaktionen hinweisen, sind die Rationalisierungsprozesse, die Mehrfachnutzung bzw. die Mehrfachverwertung der Inhalte über die zahlreichen Ausgaben, Produkte und Medienkanäle hindurch sowie die Kooperationen. Dazu kommt noch der Einzug von marketingrelevanter Themenplanung und von Zielgruppeorientierung in die redaktionelle Arbeit sowie das kontinuierliche Streben nach Effizienzsteigerung.

Der Prozess der Ökonomisierung äußert sich in diesem Zusammenhang durch verstärkte betriebswirtschaftliche und marketingorientierte Denk- und Handlungsweisen in der redaktionellen Arbeit. Hier können die permanenten Optimierungsprozesse, die gemeinsame Ressourcennutzung zwischen kooperierenden Redaktionen bzw. Verlagen und die Produktion von Kundenausgaben in Betracht gezogen werden. Dazu setzen sich Redaktion und weitere Verlagsabteilungen zusammen, um die Themenplanung oder die publizistischen Produkte zu definieren.

> Journalisten beobachten ihre potenziellen und tatsächlichen zur Inklusion anstehenden Publika, weil sie damit die Zyklen von Themenkarrieren leichter kontrollieren können. Dazu gehört die Themensuche ebenso wie die Themenakzeptanz, denn das Veröffentlichen von Themen ist schon lange kein autistischer Prozess mehr, sondern folgt zwischen Kommunikator und Rezipienten abgestimmten Entscheidungen, deren Erfolg kontrolliert wird. [...] der Mainstream hat die Erwartung des Publikums fest im Blick (Hohlfeld 2016: 278).

Die Strukturierung des Handelns ist ebenfalls in der veränderten räumlichen Aufteilung der Redaktionen zu erkennen. In Betracht kommen die

Einführung von Großraumbüros und die daraus entstandene Konzentration der Entscheidung im Newsroom, die Zusammenlegung bzw. die Reorganisation der Ressorts sowie die Einführung von parallelen Desks für die Zusammenarbeit mit Kunden und Kooperationspartnern. Die neue räumliche Organisation der journalistischen Arbeit modifizierte die Workflows und die Arbeitsteilung sowie die Entscheidungs- und Kommunikationswege in den Redaktionen.

Dabei werden die Entscheidungsbefugnisse in den Redaktionen neu verteilt: Das Desk bzw. die Editoren gewinnen an Wichtigkeit und die weiteren redaktionellen Einheiten müssen sich mit weniger Autonomie zufriedengeben. Die Autonomie der lokalen Redaktionen und der Content-Abteilungen wird dabei zugunsten des Produktionsprozesses eingeschränkt und es werden Mitarbeiter eingespart.

### 7.1.1 Struktur, Hierarchie und die Ebenen der Redaktion

Die Veränderungen in der redaktionellen Praxis werden ebenfalls in den Hierarchien und Organisationsebenen sichtbar. Die untersuchten Redaktionen weisen „hybride Organisationsformen" auf, wobei die formelle Struktur als eine Mischung zwischen Ressort und Newsdesk bezeichnet wird. Die Einführung anglo-amerikanischer Arbeitsaufteilung führt eine neue Ebene in die redaktionelle Organisation ein, die für die operativen, produktionsbezogenen Abläufe zuständig ist. Sie ist insbesondere in den Rollen bzw. Funktionen des Chef-Editors, des Desk-Managers, der Editoren sowie Senior-Editoren und Reporter festzumachen (s. Kapitel 5, S. 110).

Die Organisationsform in den untersuchten Redaktionen baut sich in dieser Hinsicht auf drei Ebenen auf: eine hierarchische-disziplinare, eine fachliche, die schon vorhanden waren, sowie eine operative, die mit den neuen Produktionsweisen eingeführt wurde. Diese drei Organisationsebenen der Redaktion bedeuten eine Veränderung der Organisationsstruktur, die sich auf die Entscheidungsbefugnisse und auf den Status der redaktionellen Einheiten auswirkt (s. Kapitel 5, S. 124). In der hybriden Organisationsform beeinflussen sich fachliche und operative Entscheidungen gegenseitig. Die operativen Entscheidungen erfolgen überwiegend durch das Desk, die fachlichen beziehen noch stark das Wissen der thematischen Produktionseinheiten bzw. Ressorts ein.

Durch die neuen Organisationsformen und Arbeitsaufteilungen, die Spezialisierung der Funktionen sowie die Geschwindigkeit des Produktionsprozesses rücken operative Entscheidungen in der redaktionellen Ar-

*Kapitel 7*

beit stärker in den Vordergrund (s. Diagramm 3, S. 124). Dabei fungiert das Desk als höchste operative Instanz, die journalistische Entscheidungen zugunsten des Produktionsprozesses auslegt. Neu dabei sind in dieser Hinsicht die „Absprachen" zwischen den Organisationsebenen innerhalb der journalistischen Praxis zu betrachten (s. Kapitel 5, S. 121). Der sich über die Jahre entwickelte deutsche Newsroom im regionalen Printbereich ist aus diesem Grund nicht eins zu eins mit den importierten Redaktionsmodellen aus dem Ausland zu setzten.

Im Zuge der Kooperationen werden ebenfalls die Ressorts reorganisiert und die Mitarbeiter an das Kooperationsdesk umdisponiert (s. Kapitel 4, S. 92). Zwei Newsrooms produzieren Ausgaben für verschiedene Bundesländer, ebenfalls mit der unternehmerischen Erwartung der effizienteren Nutzung der Ressourcen. Diese Allianzen mit Geschäftspartnern oder Tochterunternehmen erzielen Synergien, die wirtschaftliche Vorteile oder einen effizienteren Ressourceneinsatz ermöglichen. Ihre Zusammenarbeit orientiert sich nicht nur an publizistischen Kriterien wie Vielfalt, publizistische Qualität oder Wettbewerb (vgl. Heinrich 2001: 81 ff.), sondern auch an ökonomischen, wie marktwirtschaftlichen Wettbewerb, Gewinn, Umsatz oder Marktanteil.

Auch die Arbeit der Editoren für die Kundenausgaben bzw. das Kunden-Desk stellen eine Veränderung im deutschen Printjournalismus dar (s. Kapitel 4, S. 94). Die Mitarbeiter der „Kundenblätter" beziehen die Inhalte aus dem Haupt-Desk und bearbeiten sie für die Kundenausgaben. Sie bilden mehr oder weniger einen parallelen Produktionsablauf, der in den klassischen Ressortstrukturen nicht existent war.

> Diese Entwicklung von Konkurrenten zu Kooperationspartnern ist inzwischen in vielen Teilmärkten vollzogen worden. Die Modelle der Zusammenarbeit sind vielfältig und reichen von der Übernahme des kompletten Lokalteils über den Austausch des redaktionellen Materials zwischen personell reduzierten Nachredaktionen. In manchen Fällen beschränkt sich die Kooperation auch auf einzelne Themenfelder, etwa auf den Lokalsport (Röper 2016: 255).

### 7.1.2 Struktur und Ressourcenallokation

Durch die räumliche Verdichtung von Kommunikation, Koordination, Entscheidung und Kontrolle im Newsroom wird letztendlich das gesamte redaktionelle Handeln am Desk koordiniert bzw. kontrolliert. Hiermit tritt eine „gewaltige" Konzentration von Entscheidung am Desk bzw. im Newsroom ein, was sich ebenfalls auf die Verteilung der allokativen Ressourcen auswirkt. Die Reorganisation der Arbeit in den Redaktionen definiert in diesem Zusammenhang auch teilweise die Machtstrukturen neu.

Die aktuelle Organisation der journalistischen Arbeit in den Printredaktionen weist auf mehr Kontrolle der Produktionsabläufe und der Entscheidung vonseiten des Unternehmens hin (s. Kapitel 5, S. 124). Das ist eine bedeutende strukturelle Veränderung im deutschen Journalismus, was in vielerlei Hinsicht mit Autonomieverlust des einzelnen Akteurs zugunsten organisationsbezogener Ziele in Verbindung steht.

In der aktuellen Redaktionspraxis sollen die Ressourcen so effizient bzw. rationell wie möglich geplant und eingesetzt werden. Vorausgesetzt wird der flexible Einsatz des vorhandenen Personals sowie die gemeinsame Ressourcennutzung mit den Kooperationspartnern. Aufgrund der Personalsituation in den Redaktionen und der schon stark rationalisierten Abläufe stellt sich dieses „Ökonomisierungsstreben" als eine zusätzliche Herausforderung. Auch die eingeschränkte Personalkapazität kann hier als Unternehmenszwang in Betracht gezogen werden, denn Rationalisierungsprozesse in der Redaktion weisen auf die Knappheit der Ressourcen hin.

> Das Personalproblem beruht auch darauf, dass mit den Konvergenzprojekten teilweise zugleich Sparziele verfolgt werden. [...] Hier zeigt sich, entsprechend Giddens` theoretischer Überlegungen, die große Bedeutung allokativer Ressourcen für die Frage, inwieweit die veränderten Strukturen handlungsrelevant werden. [...] Unbestritten ist jedoch, dass aufgrund zusätzlicher Aufgaben und des Personalabbaus Stress und Zeitdruck steigen und sich Arbeitszeiten verlängern (Hofstetter/Schönhagen 2014: 245 f.).

Die Rationalisierungs- bzw. Optimierungsprozesse deuten auf die Knappheit der Ressourcen sowie auf eine eingeschränkte Kontrolle der Redaktion über die Ressourcendisposition hin. Sie stellen eine Art „Entmachtung" der Redaktion dar. Klassisches Beispiel dafür ist die Situation über die Besetzung der Fotografenstelle in einer Redaktion, wobei gegen die Erwartung der Redakteure aufgrund des Personalmangels alte Agenturbilder verwenden wurden.

„Entmachtung" zeigt sich ebenfalls durch die Fremdmitbestimmung der Ressourcenverteilung im Rahmen von Kooperationen. Die Redaktion stimmt hierbei die Ressourcenallokation mit externen Akteuren sowie mit anderen Abteilungen des Unternehmens ab, ganz im Sinne der Ressourcenoptimierung. Die Kooperationen zielen insbesondere auf wirtschaftliche Synergien, was auf eine Ökonomisierung der Entscheidungsprämissen

*Kapitel 7*

im Journalismus sowie auf eine Verschiebung des Orientierungshorizonts der Redaktion hinweist.

Kooperationen bedeuten in dieser Hinsicht eine Inkorporation der Leitcodes des Systems Medien in das System Journalismus, die auf medieninstitutionelle und ökonomische Zwänge zurückführen sind und auf eine Art „Unterwerfung" (vgl. Giddens 1988: 364 f.) aus Mangel an Alternativen hinweisen. In der Praxis bedeutet die Zusammenarbeit eine Einschränkung der Autonomie der Redaktion sowie einen Kompromiss ökonomischer Natur zwischen beiden Systemen. Sie weisen weiterhin auf Einschränkungen des redaktionellen Handelns hin.

> Wenn Zwänge die Menge der (gangbaren) Alternativen so einschränken, daß einem Akteur nur eine Option oder ein Optionstyp offen steht, ist zu vermuten, daß es der Akteur nicht mehr Wert findet, irgendetwas anderes zu tun als sich zu unterwerfen. Die dabei getroffene Wahl ist eine negative, insofern man die Folgen der Nicht-Unterwerfung zu vermeiden sucht. Wenn der Handelnde in der Situation „nicht anders handeln konnte", dann deshalb, weil nur eine Option vorhanden war (Giddens 1988: 364 f.).

Die Rationalisierung sowie der Austausch von Ressourcen sind in diesem Zusammenhang plakative Beispiele der ökonomischen bzw. unternehmensbezogenen Zwänge im Journalismus, weil die Entscheidungen über Ressourcenallokation in der Redaktion teilweise über die Einbeziehung unternehmerischer Prämissen erfolgen. Auch wenn manche Redakteure es sich anders wünschen würden, werden die Kooperationen aufgrund der wirtschaftlichen Entwicklungen in der Printbranche in Kauf genommen (s. Kapitel 6, S. 160).

Die getroffene Wahl ist aus Sicht der Strukturationstheorie „eine Negative", da, obwohl die Redaktion teilweise die Macht über die Disposition der eigenen Ressourcen verliert, sie aus ökonomischen Gründen „nicht anders handeln" kann. Das „anders handeln" würde die Sicherstellung der Wirtschaftlichkeit des Unternehmens möglicherweise aufs Spiel setzen, was eine Bedrohung für den Erhalt der Redaktion bedeuten könnte. Aus Mangel an Alternativen wird diese Art der Zusammenarbeit somit in Kauf genommen.

### 7.1.3 Struktur und journalistische Programme

Die Strukturinnovationen im Journalismus können ebenfalls anhand der Modifikationen in den Programmen festgehalten werden. Programme „repräsentieren strukturierende Merkmale der journalistischen Arbeit, die sich nach organisierenden Formen, Tätigkeitsregeln, Mustern der Berichterstattung und Organisationszielen unterscheiden lassen und die zur Institutionalisierung generalisierter Deutungsmuster beitragen" (Altmeppen 1999: 40). Sie werden in Arbeits-, Organisations- und Entscheidungsprogramme unterteilt.

Eine Strukturinnovation in allen journalistischen Programmen stellt die Produktion mehrerer Ausgaben, auch für Kunden und Kooperationspartner, dar. Auch das parallele oder sukzessive Editieren der Seiten vom Desk bzw. Kunden-Desk aus weist auf Modifikationen hin. Zuerst im Arbeitsprogramm aufgrund der parallelen Produktion mehrerer Ausgaben sowie aufgrund der Koordination der Zusammenarbeit.

Zweitens in den Organisationsprogrammen, da sowohl die Strukturen als auch die Rollen beispielsweise in der Zusammenarbeit mit der „Schwester-Redaktion" oder mit dem „Kunden-Desk" eine parallele „sonderbare" Organisationsebene darstellen. Drittens bildet die parallele Edition der Seiten eine enorme Koordinationsaufgabe, die häufig neue oder an die Erwartung der Kooperationspartner angepasste Entscheidungen verlangt. Auch die Organisationsziele verschieben sich dadurch, da im Handeln der Akteure ebenfalls die Ziele der Kooperationspartner berücksichtigt werden müssen.

Eine weitere Veränderung in den Arbeitsprogrammen stellt die Verlagerung vieler Kommunikationsschritte und Verweise auf das Redaktionssystem als etablierte Schnittstelle zwischen Plattformen und redaktionellen Einheiten dar. Die routinierten Kommunikationsabläufe durch etablierte Mechanismen wie das Protokoll nach den Konferenzen, um die redaktionellen Einheiten zu aktualisieren bzw. vernetzen, ist ein Beispiele hierfür.

Auch die neu eingeführten Konferenzen durch ihre Vernetzung- und Koordinationsleistung sind als Programmänderung zu betrachten. Dazu gehören die Telefonkonferenzen mit den regionalen Desks und Redaktionen sowie mit den Kooperationspartnern. Sie stellen gute Beispiele des enormen Koordinationsaufwands und der Komplexität der Zusammenarbeit in den aktuellen Produktionsweisen dar.

### 7.1.4 Struktur und Rollen

Bei der Einführung von Newsrooms wurden ebenfalls neue Funktionen bzw. Rollen eingeführt. Rollen werden als „Struktur von Erwartungen" definiert, wonach Journalisten handeln sowie ihr zukünftiges Tun orientieren (vgl. Rühl 1979: 17 f.). Durch die Einführung neuer Rollen wird diese „Struktur der Erwartung" modifiziert bzw. erweitert. Beispiele davon sind die „Schnittstellen-Funktion" der Editoren, die Sonderrolle der Mitarbeiter für die Kooperationsarbeit sowie die Autonomieabnahme des Ressorts.

Die Spezialisierung der Arbeit durch die Editoren bzw. Spezialisten soll die Qualitätsstandards in der Redaktion erhöht haben, was ebenfalls die Erwartungen an die Editoren „erhöht". Als „Qualitätsfilter" sollen sie Fehler im Herstellungsprozess erkennen und beheben können. Editoren haben im aktuellen Produktionsprozess in der Redaktion auch an Wichtigkeit gewonnen. Dazu zählt die Verschiebung der Aufgabenbereiche und der Erwartungshaltung zwischen Ressortleiter und Editoren: Mit den Ressortleitern wird weniger koordiniert als mit den Editoren, was auf den stark operativen Charakter der Arbeit am Desk hinweist.

Auch die Rollen im Rahmen der Kooperationsarbeit sind hier als neu zu betrachten. So kann beispielweise die Erwartung an den Editor des Kunden-Desks nicht dieselbe wie an den klassischen Editor sein. Einerseits wirken sie als Kollegen, andererseits könnten sie in bestimmten Aspekten sogar als Konkurrenz wahrgenommen werden. Ebenso die Mitarbeiter aus dem „Schwester-Desk" zählen dazu.

Eine veränderte Praxis stellt auch die parallele Ausführung von Rollen dar. Dabei wird die fachliche, hierarchische Rolle zugunsten der operativen nicht immer komplett abgelegt, was zur Kumulation von Rollen bzw. Funktionen führt. Die Kumulation von Aufgaben steht teilweise auch mit der personellen Unterbesetzung der Redaktionen in Verbindung. Hier werden nicht nur die Aufgaben bzw. die Rollen, sondern ebenfalls die Erwartungen mehr oder weniger „kumuliert".

Die neuen Aufgaben und Funktionen im multimedialen Newsroom verändern nicht nur die Erwartungen und die Tätigkeiten, sondern auch das Berufsbild von Print-Journalisten. Sie zeigen sich insbesondere in der spezialisierten Arbeitsteilung, in den organisatorischen Tätigkeiten bzw. Managementaufgaben sowie in der medienübergreifenden Produktion von Inhalten, auch mit Kooperationspartnern. So liegen „aufgrund der Mehrfachverwendung von Inhalten und der vereinfachten Bedienung der Produktionstechnik […] Technik, Gestaltung und Organisation immer mehr in den Händen von Journalisten" (Meier 2013a: 126f.). Diese Veränderungen fasst der stellvertretende Chef-Redakteur der Zeitung B zusammen.

„Ich war früher ein Printjournalist, regionaler, lokaler Printjournalist und heute bin ich ein Manager diverser Distributionskanäle oder Medien unseres Medienhauses." (Stellvertretender Chef-Redakteur, Redaktion B).

Die Kumulation von Aufgaben und Erwartungen bedeutet ebenfalls eine hohe Belastung für die Desk-Leiter. Während der Beobachtung war der Erschöpfungszustand von zwei der untersuchten Personen offensichtlich, darüber äußerten sie sich in informellen Gesprächen. Sie leiteten über mehrere Tage hinweg die Desk-Arbeit und beklagten sich über die hohe Belastung bei der Ausführung der Funktion. Auf den erhöhten Zeitdruck und die Arbeitsbelastung als Folge von Restrukturierungsprozessen in den Redaktionen weisen weitere europäische und amerikanische Untersuchungen hin (Compton/Benedetti 2010; Meier 2007; Mitchelstein/Boczkowski 2009).

## 7.2 Organisation und die Prozesse

Der zweite Bestandteil der Organisationsgestaltung stellen aus betriebswirtschaftlicher Perspektive die Prozesse im Unternehmen dar (s. Kapitel 2, S. 47). Unter „organisationalen Prozessen" werden die Steuerungsprozesse der betrieblichen Abläufe, „die die Umsetzung der Strategie in die Praxis folglich fördern oder behindern können", verstanden (Johnson/Scholes/Whittington 2011: 549). Die Produktionsprozesse werden den Leistungsprozessen eines Unternehmens zugeordnet und spiegeln in dieser Hinsicht die Leistungsziele der Organisation wider. Auch die Gestaltung und Steuerung der betrieblichen Abläufe in der Redaktion folgen somit der Strategie des Unternehmens (s. Kapitel 2, S. 46).

Die aktuellen Produktionsprozesse in Printredaktionen haben eine crossmediale, plattformübergreifende Inhaltsproduktion, eine spezialisierte Produktionsweise, Themenorientierung und Teamarbeit über Ressorts hinweg sowie die Bedienung mehrerer Distributionskanäle. Weiterhin stellen die Zentralisierung der Entscheidung und der Kontrolle, die Produktion, Koordination, Speicherung und Publikation durch Redaktionssysteme sowie die Zusammenarbeit mit Kunden und Kooperationspartnern weitere Charakteristika des Produktionsprozesses dar.

Die Zusammenarbeit mit der Online-Redaktion, der Aktualisierungszwang anderer Medien sowie die permanente Beobachtung der Nachrichtenlage beschleunigen die Print-Produktion. Auch die Aktualisierung in den sozialen Medien und Kurznachrichtendiensten durch die Prosumer beeinflussen den Produktionsprozess am Desk, was eine strukturelle Veränderung im Bereich der Arbeitsprogramme darstellt. Auch wenn die Redaktionen grundsätzlich plattformübergreifende Arbeitsweisen aufweisen, orientiert sich der Großteil der Arbeit weiterhin am Print-Produkt. Dabei werden Modelle für eine plattformübergreifende Inhaltsproduktion kontinuierlich ausprobiert, sie können allerdings manchmal aus technischen Gründen nicht wie erwünscht in die Praxis umgesetzt werden.

Auch die Zerlegung bzw. Spezialisierung des Produktionsprozesses durch Trennung von Content- und Produktherstellung zählt zu den Strukturinnovationen. Der Autor verliert den alleinigen Einfluss auf sein Werk zugunsten des gesamten Produktionsprozesses. Durch die Auflösung der Ressorts und des interdisziplinären Austausches im Großraumbüro wird ebenfalls die thematische Flexibilität vorausgesetzt. Die fließbandartige redaktionelle Arbeit verändert den Charakter des deutschen Printjournalismus grundlegend. Angelehnt an anglo-amerikanische Organisationsformen passen die deutschen Redaktionen das Modell an eigene Anforderungen und Bedürfnisse an.

Aufgrund der Zusammenarbeit zwischen klassischen und neuen Medien hat sich ebenfalls der Selektionsprozess in der Redaktion modifiziert, was auf eine strukturelle Veränderung im Bereich der Themen- und Selektionsprogramme hinweist. Hierzu gehören die Themen- anstelle der Ressortorientierung, der Einfluss von Prosumern und Social-Media in der Themenselektion sowie der Einzug von marketingrelevanten Kriterien für die Themenauswahl und -bearbeitung. Durch die Arbeitsweisen in den crossmedialen Redaktionen soll darüber hinaus ein breiteres Themenspektrum über die verschiedenen Kanäle hinweg abgedeckt werden (vgl. Hofstetter/Schönhagen 2014: 244).

Die zentrale Instanz am Desk macht die Arbeit für die Desk-Leitung komplexer. Das ist der Grund, warum die Produktionsweisen im Newsroom als „anstrengender" wahrgenommen werden. Der Newsroom fordert Mitarbeiter zu mehr Teamarbeit und konstantem Austausch heraus, was in der Ressortstruktur punktueller und koordinierter stattfand. Die permanente Zusammenarbeit bzw. Aufenthalt im Newsroom bedeutet weiterhin mehr gegenseitige Kontrolle. Daraus entwickelt sich eine interdisziplinäre Beobachtungsstruktur zwischen Mitarbeitern verschiedener Ressorts während des Produktionsprozesses, was in der klassischen Ressort-Struktur nicht existent war.

Aufgrund der zahlreichen Absprachen am zentralen Desk ist die Häufigkeit der Entscheidungen während des Produktionsprozesses im Vergleich zu Ressortstrukturen gestiegen (s. Kapitel 6, S. 156). Diese fast permanente Redaktionskonferenz im Großraumbüro bringt als Folge einen hohen Kommunikations- und Koordinationsaufwand mit sich. Ein ähnliches Bild liefert die Studie von Hofstetter und Schönhagen (2014) aus der Schweiz: die redaktionelle Konvergenz in den Redaktionen erfordert einen sehr hohen Koordinationsaufwand, „für den [allerdings] zu wenig Zeit und personelle Ressourcen zur Verfügung stehen" (Hofstetter/Schönhagen 2014: 245 f.).

Die räumlichen Veränderungen seit der Einführung von Newsdesk-Strukturen bringen weitere Modifikationen in der journalistischen Praxis mit sich. Der gemeinsame Arbeitsraum zeigt sich in der Regel durch eine verdichtete, lebendige Atmosphäre, die mit mehr Kreativität und Austausch einhergeht. Auf die möglichen positiven Effekte der Zusammenarbeit in crossmedialen Redaktionen, insbesondere bei der Informationsbeschaffung, weisen verschiedene Untersuchungen hin (Hofstetter/Schönhagen 2014; Erdal 2009; Meier 2007).

Allerdings bietet das Großraumbüro manchem Redakteur kaum Chancen, sich in Ruhe mit den eigenen Aufgaben zu beschäftigen. Die Arbeit ist dadurch weniger fokussiert und konzentriert. Redakteure beschweren sich aus diesem Grund über Lärm und Konzentrationsschwierigkeiten.

### 7.2.1 Produkte bzw. Medienangebote: Standardisierung und Produktentwicklung

Im Bereich der Organisationsprozesse spielen die Zusammenarbeit zwischen redaktionellen Einheiten und Medienkanälen bzw. -produkten eine große Rolle. Die untersuchten Newsdesk-Redaktionen weisen unterschiedliche Entwicklungsstufen in der Integration der Plattformen auf. Der Content wird durch verschiedene Produktionseinheiten dem Desk zugeliefert. Die Themenproduktion erfolgt überwiegend durch die Ressorts, durch interne Reporterbüros sowie durch die Lokalredaktionen.

Aufgrund der industrialisierten, „fließbandartigen" Produktionsweise im Newsroom können mehrere Ausgaben produziert werden. Die redaktionelle Serienproduktion basiert auf der Standardisierung der Inhalte und der Produkte und wird durch ein „Baukasten-" oder „Modulbauweise-Prinzip" in der Herstellung der Seiten erreicht. Sie wird aus diesem Grund mit Effizienzsteigerung und Optimierung in Verbindung gebracht.

Die aktuellen Produktionsweisen erreichen Standardisierung, was gerne als Qualitätssteigerung gesehen wird. Journalistische Qualität wird allerdings an weiteren Maßstäben gemessen (vgl. Beck/Reineck/Schubert 2010), die nicht allein auf Effizienzsteigerung und Optimierungsprozessen basieren dürfen. Die Aufgabe, „journalistische Qualität medienübergreifend zu liefern" (s. Kapitel 4, S. 96), stellt aufgrund der Personalsituation in den Redaktionen, den Konzentrationsschwierigkeiten im Großraumbüro sowie der noch starken Orientierung der Produktion am Print-Produkt eine große Herausforderung dar.

Die Aufbereitung des Contents für mehrere Produkte erweitert die Nutzung der Inhalte für mehrere Darstellungsformen und Plattformen. Typische Beispiele hierfür sind die Zusammenarbeit mit der Online-Redaktion sowie mit dem TV-Sender in der Redaktion D. Durch die Newsdesk-Produktionsweise entstehen somit parallele Workflows, wobei sich die redaktionelle Content-Produktion von einem einstufigen zu einem „mehrstufigen Produktionsprozess" (Kiener et al. 2012: 6) entwickelte.

Vor der Einführung von Newsdesk-Konzepten definierte sich das redaktionelle Handeln in Zeitungsredaktionen in dieser Hinsicht als das *„Herstellen von Zeitungen* in einem industriell hochentwickelten Gesellschaftssystem, das sich in einem durchrationalisierten Produktionsprozess in nicht minder rationalisierten und differenzierten Organisationen vollzieht" (Rühl 1979: 17 f.). Aufgrund der Entwicklung der Zeitungsverlage zu Medienhäusern würde man die eben genannte Definition von Rühl nicht mehr nur auf das Herstellen von Zeitungen beschränken, sondern neu definieren auf das Herstellen *von publikums- und medienspezifischen journalistischen Inhalten und Produkten* „in einem industriell hochentwickelten Gesellschaftssystem, das sich in einem durchrationalisierten Produktionsprozess in nicht minder rationalisierten und differenzierten Organisationen vollzieht" (ebd.: 17 f.).

Allerdings wird durch den digitalen Wandel und die Ausdifferenzierung im Produktionsprozess die klare Rollenverteilung zwischen Journalismus und Medienorganisationen erschüttert (vgl. Altmeppen/Greck/Evers 2016: 61-64). Von Bedeutung sind in diesem Zusammenhang insbesondere die sogenannten „Hybridmedien" (vgl. Altmeppen 2015: 23-25) bzw. die Social Media-Plattformen wie YouTube, Facebook oder Twitter (vgl. Altmeppen/Greck/Evers 2016: 63). Denn, obwohl sie zu einem Teil der Distributionskette journalistischer Inhalte geworden sind und für die Themenfindung und für die Interaktion mit dem Publikum in Anspruch genommen werden, stehen sie in einem anderen Verhältnis zum Journalismus als die klassischen Medienhäuser.

Die Hybridmedien verorten ihre Medienunternehmungen nicht im Orientierungshorizont Öffentlichkeit (Makroebene), sie sehen sich nicht in der Funktion als Scharnier zwischen Gesellschaft und Öffentlichkeiten (Mesoebene), sie stellen Akteure nicht aufgrund ihres journalistischen Selbstverständnisses ein (Mikroebene). Diese Konglomerate definieren ihre Unternehmensziele allein im Orientierungshorizont Wirtschaft, eine Ko-Orientierung mit dem Journalismus besteht nicht (Altmeppen/Greck/Evers 2016: 63).

Loosen (2016: 305) weist in diesem Zusammenhang darauf hin, dass die sozialmedialen Kommunikationsverhältnisse Möglichkeiten für die Weiterentwicklung des Journalismus bieten, diese Leistungen aber nur Sinn machen, wenn der Journalismus „im Kern seine Identität bewahrt und als solches erkennbar bleibt" (Loosen 2016: 305).

Aufgrund dieser neuen gesellschaftlichen und medialen Anforderungen ist auch der Innovationsdruck in den Redaktionen gestiegen. Vor allem leitende Redakteure arbeiten in der Entwicklung neuer Produkte mit weiteren Abteilungen im Medienhaus zusammen, um Mehrwert aus den Inhalten zu erzielen. Dabei spielt die Sicherstellung der Wirtschaftlichkeit des Unternehmens eine große Rolle. Produktentwicklung gehört in dieser Hinsicht ebenfalls zu den redaktionellen Tätigkeiten, insbesondere in den Leitungsfunktionen.

Als Folge dieses Strukturwandels der Medien werden die Ressourcen des Journalismus (vgl. Altmeppen/Greck/Evers 2016: 64) sowie die Finanzierungsmöglichkeiten journalistischer Inhalte unsicher. Lobigs spricht in dieser Hinsicht von einer Entwicklung, in der

„… das alte Modell der privatwirtschaftlichen Finanzierung von Qualitätsjournalismus stirbt, sich parallel dazu aber kein neues Finanzierungsmodell des Qualitätsjournalismus im neuen digitalen Paradigma der Medieninhaltenutzung herausbildet" (Lobigs 2016: 119).

In diesem Szenario würde ein unabhängiger Journalismus nicht aus sich selbst heraus refinanzieren können und „aufgrund eines intensiven Wettbewerbsdrucks evolutionär dem Geschäftsmodell von digitalen Content-Marketing-Agenturen angleichen" (ebd.: 119).

Allerdings berichten Meier und Neuberger über die Entwicklung einer Gründerszene im Journalismus, in der neue Finanzierungskonzepte und digitale Formate experimentiert werden (vgl. Meier/Neuberger 2016: 8).

*Kapitel 7*

Als Beispiele nennen sie Crowdfunding und Stiftungsfinanzierung, Kooperationen für die Stärkung eines investigativen Journalismus sowie neue Berichterstattungsmuster und Formate wie Datenjournalismus, konstruktiver Journalismus, Scrollytelling und Multimediastory oder Apps für mobile Anwendungen (vgl. ebd.: 8).

Doch auch neue Finanzierungsmodelle wie etwa Crowdfunding wie im Fall von *Krautreporter* oder taz-zahl-ich bei der *taz* oder eine Stiftungsfinanzierung wie bei *Correct!v* ändern nichts daran, dass der Journalismus abhängig bleibt von seinen Financiers, und zwar sowohl davon, Financiers zu finden, wie auch davon, den Erwartungen der Financiers gerecht zu werden. Gleiches gilt für alle Spielarten von Paywalls bei den Onlineportalen der klassischen Printmedien (Altmeppen/Greck/Evers 2016: 66).

7.3 Organisation und die Beziehungen: Die Erweiterung der Umweltsphären

Drittes und letztes Element der organisationalen Gestaltung und somit auch die letzte Klassifikationsgröße für die Darstellung der erhobenen Strukturinnovationen sind die Beziehungen (vgl. Johnson/Scholes/Whittington 2011: 555). Die internen und externen Beziehungen werden als ausschlaggebend für die erfolgreiche Umsetzung der Unternehmensstrategie betrachtet (vgl. ebd.: 561). Dabei müssen Organisationen einen doppelten „Fit" herstellen, der sowohl die internen als auch die externen Faktoren berücksichtigt, um erfolgreich auf dem Markt zu bestehen (s. Kapitel 2, S. 47).

Aus redaktioneller Sicht setzt die Fit-Herstellung die permanente Anpassung der Redaktion an neue Umweltveränderungen voraus, was die Redaktion in eine Art „Labor-Zustand" (s. Kapitel 5, S. 101) versetzt. Die neuen Anforderungen gestalten sich als große Herausforderung für Mitarbeiter und Führungspersonen in den untersuchten Redaktionen. Der Newsroom wird in diesem Zusammenhang als ein „unvollendetes Projekt" gesehen, das sich kontinuierlich adaptieren muss.

Diese Anpassung der Strukturen der Redaktion an die neuen Anforderungen der Umwelt wird in den journalistischen Programmen assimiliert. Als fester Bestandteil des journalistischen Handelns werden Programme immer wieder durch die Orientierung der Redaktion an ihre Umweltsphären angepasst (vgl. Rühl 1968: 74 f.). Aus *den Anforderungen der Umwelt* sowie aus der *Reaktion der Redaktion* auf diese unterschiedlichen Anforderungen entstehen in dieser Hinsicht die Grundlagen für die nächsten Handlungen (vgl. Rühl 1979: 76 f.).

Aus Perspektive der Journalismusforschung stellen die Beziehungen der Redaktion die Umweltsphären dar. Hier sind klassischerweise die Informanten bzw. die Informationsquellen wie Agenturen, Informanten oder Ansprechpartner aus unterschiedlichen Teilsystemen der Gesellschaft, das Publikum, die anderen Medien und die Konkurrenz, das Presserecht, das Personal, die Produktionsabteilung sowie das Archiv in Betracht zu ziehen (vgl. Rühl 1968: 71 ff.;1979: 178).

Der Einfluss von Kooperationspartnern, Prosumern, Kunden, Unternehmensabteilungen, Online-Medien sowie externen redaktionellen Einheiten erweitert die Umweltsphären der Redaktion und verschiebt den Orientierungshorizont im System Journalismus. Printredaktionen haben nicht nur den Leser der Druckausgabe, sondern inzwischen ebenfalls die Nutzer und „Follower" der Online-Produkte oder der mobilen Anwendungen als Umwelt.

Social-Media-Plattformen und Kurznachrichtendienste verbreiten ebenfalls die Inhalte der Redaktion, womit sich die klassischen Distributionswege erweiterten, aufgrund der Verlagerung der Distributionskanäle auch außerhalb der Unternehmensgrenzen. Marktforschungsdaten, Online-Klicks, Facebook-Kommentare und Posts sowie Twitter-Meldungen beeinflussen die Themenauswahl bzw. -verfolgung sowie den Informationsfluss der journalistischen Angebote.

Als potenzielle Lieferanten von potenziell informativen Mitteilungen, die „für die Leistungs- und Wirkungsabsichten der Zeitungsredaktion, insbesondere zu deren Zweckerfüllung" auf irgendeine Weise beitragen (vgl. Rühl 1979: 179), kommen hier ebenfalls die Prosumer als neue Umwelt der Redaktion in Betracht. Sie stehen zwischen drei klassischen Umwelten der Redaktion, als Publikum bzw. Konsument redaktioneller Inhalte, als Informant bzw. Informations- oder Themenlieferant sowie ebenfalls als Konkurrenz. In der Rolle als Prosumer können sie keiner vorhandenen Umwelt zugeordnet werden, was eine Erweiterung der Umweltsphären der Redaktion darstellt.

Auch der Verlag, als Umwelt der Redaktion, hat durch seine multimediale und strategisch marktwirtschaftliche Ausrichtung neue Bedingungen für die redaktionelle Arbeit geschaffen, die sich auf das System Journalismus auswirken. Dazu gehört die engere Zusammenarbeit zwischen der Redaktion und den Verlagsabteilungen sowie mit den Kooperationspartnern, soweit sie im Produktionsprozess eingebunden sind. Gerade die Zusammenarbeit zwischen Redaktion und Verlag bzw. Kooperationspartner zeigt

*Kapitel 7*

die Orientierung des journalistischen Handelns an Unternehmensprämissen, denn „diese Praxis gehört zu den Finanzierungsmöglichkeiten journalistischer Redaktionen" (Meier 2013: 137).

In dieser Hinsicht sind auch die Kooperationen ein weiteres Beispiel für die Erweiterung der Beziehungen bzw. Umweltsphären der Redaktion. Die Orientierung der Redaktion an den Partnern sowie an den Kunden ist eine wichtige strukturelle Veränderung im Printjournalismus.

Einen Hinweis für den Strukturwandel liefert der routinemäßige Ablauf der Tätigkeiten im Rahmen der Kooperationsarbeit. Dieser gehört mittlerweile zur Struktur der Erwartungen bzw. der Programme der Redaktion. Die Koordinationen im Rahmen der Kooperationsarbeit sind beispielsweise in den Telekonferenzen oder in der Form des Kunden-Desks institutionalisiert.

Auch die Herstellung der Inhalte für die Kundenausgaben bzw. -zeitung, inklusive der für die Konkurrenz, erfolgt routiniert. Gemeint sind hier die Koordinationen mit dem parallel laufenden Kunden-Desk sowie die Überschriftkonferenzen und die Seiteneditionen für die zahlreichen Ausgaben, eben auch die der Kunden. Das bedeutet eine tägliche Zusammenarbeit mit den Kooperationspartnern auf redaktioneller Ebene, was im Printjournalismus neu ist.

Die Herstellung von Kooperationen, um Synergien zu nutzen, kann in dieser Hinsicht als eine ökonomische bzw. unternehmensbezogene Maßnahme betrachtet werden, die sich auf die redaktionelle Arbeit aufgrund der *Ko-Orientierung* auswirkt (s. Kapitel 2, S. 59). Aus betriebswirtschaftlicher Perspektive wurden sie im Rahmen der Strategie der Medienorganisationen definiert und in der redaktionellen Zusammenarbeit mit den Kooperationspartnern auf operativer Ebene umgesetzt. Die Erwartungshaltung der Synergienutzung fließt von der unternehmerischen Ebene in die redaktionelle Praxis ein.

Die Zusammenarbeit mit Partner-Redaktionen stellt eine Veränderung in allen Programmen des Journalismus dar. In den Arbeitsprogrammen sind alle vier Bereiche betroffen, von der Selektion der Themen und der Darstellungsformen bis zu den Bearbeitungsprogrammen, aufgrund der Edition der Ausgaben für die Kunden bzw. Partner am Desk. Sie beeinflussen teilweise die Auswahl der Themen in der Redaktion sowie die Aufteilung der Reporter und die Belegung der Seiten. Gerade die Ressourcenallokation wird in Anlehnung an Altmeppen als Ökonomisierungstreiber (vgl. Altmeppen 2008: 242) betrachtet.

In den Organisationsprogrammen stellen die neuen Rollen sowie die angepassten Ziele und Strukturen die Strukturinnovationen dar. Aufgrund der Orientierung des Handelns an den Kooperationspartnern und Kunden sowie aufgrund der täglichen gemeinsamen Koordinationen und Entscheidungen wirkt sich die Zusammenarbeit mit den Kooperationspartnern auch auf die Entscheidungsprogramme aus. Den Strukturwandel ermöglichen in dieser Hinsicht die Koordinationen, denn sie erweitern den Orientierungshorizont durch die Interaktion und durch die Entstehung neuer Prämissen (vgl. Altmeppen 1999, 2006).

Kooperationen stellen beispielhaft die strukturelle Ökonomisierung des redaktionellen Handelns dar. Sie sind die direkte Auswirkung der Konzentration im Tageszeitungsmarkt auf die Redaktion. Röper schreibt in diesem Zusammenhang, dass die Marktkonzentration weiterhin sehr hoch und leicht gestiegen ist. Dabei erreichen die zehn auflagenstärksten Verlagsgruppen „im ersten Quartal des Jahres 2016 zusammen einen Marktanteil an der insgesamt verkauften Auflage von rund 60 Prozent", wobei sich der Wert zum vorherigen Jahr von 59,3 auf 59,8 marginal erhöhte (vgl. Röper 2016: 254).

Obwohl Integration und Konzentration aus Unternehmersicht erstrebenswert sind, gestalten sie sich aus wettbewerbs- und gesellschaftlicher Perspektive allerdings als problematisch (vgl. Meier/Trappe/Siegert 2005: 226). Wesentliche Auswirkung davon ist, dass hinter vielen publizistischen Einheiten keine eigenständige Redaktion mehr steht. So berichtet Meier (2013), dass die Anzahl der Vollredaktionen unter 100 liegen dürfte (Meier 2013:150). Eine weitere Auswirkung ist die Reduzierung der Medienvielfalt im Lokalen (vgl. Meier 2013a: 140; Tonnemacher 1996: 96).

## 7.4 Strukturinnovationen und Ökonomisierung

Eine der wichtigsten Erkenntnisse aus der empirischen Untersuchung dieser Arbeit ist somit der Einfluss der ökonomischen Handlungsrationalität auf das System Journalismus, der durch die Aussagen der Mitglieder der Chef-Redaktion sowie auch im täglichen journalistischen Handeln deutlich wird. Die Ökonomisierung wird schon alleine durch die Verwendung betriebswirtschaftlicher Fachbegriffe wie „effiziente Nutzung vorhandener Ressourcen", „Optimierung von Arbeitsabläufen", „Flexibilisierung des Personalbestandes" oder „Rationalisierung der Arbeit" in den Aussagen der Interviewpartner offensichtlich. Auch die Ergebnisse aus der Beobachtung des redaktionellen Handelns geben Hinweise dafür (s. Kapitel 5 und 6, S. 99-174).

Die Darstellung der empirischen Ergebnisse dieser Arbeit zeigt ein Bild der redaktionellen journalistischen Tätigkeit, das sowohl dem Journalismus als Beruf als auch als System neue Facetten zuweist. Der Journalismus ist ökonomischer geworden. Er ist effizienter, produktiver, schneller, vernetzter, multimedialer, stressiger sowie auf Synergien angewiesen. Eine Print-Redaktion im klassischen Sinn existiert eigentlich nicht mehr.

Die aktuellen Wandlungsprozesse im Journalismus werden als eine der stärksten seiner Geschichte betrachtet (vgl. Wyss 2002). Die Veränderungen des gesellschaftlichen Umfelds spiegeln sich in der täglichen redaktionellen Praxis als journalistischer „Pulsmesser des Zeitgeschehens" (Meckel 1999: 96) wider. Wenn man davon ausgeht, dass sich die Strukturen der Redaktion anhand ihrer Orientierung an der Umwelt herausbilden, können die aktuellen Entwicklungen weitere grundlegende Modifikationen im System Journalismus mit sich bringen.

Die strukturelle Ökonomisierung der Redaktionen lässt sich mithilfe der Konfliktbereiche zwischen dem System Journalismus und dem System Wirtschaft veranschaulichen, die unter dem Begriff der *Konfliktivität* (Heinrich 2001: 81 ff.) zusammengefasst werden (s. Abbildung 6, S. 64). In Anlehnung daran können die strukturellen Zielkonflikte im Normensystem, in den Verfahren, im Kontrollsystem sowie im Wirkungsbereich festgestellt werden.

Im Bereich des Normensystems erzielt die Wirtschaft „ökonomische Qualität sowie Maximierung des individuellen Nutzens". Die Publizistik erstrebt „publizistische Qualität oder Vielfalt" (s. Abbildung 6, S. 64). Die Ökonomisierung macht sich hier bemerkbar durch die Herstellung mehrerer Ausgaben mit gleichen oder ähnlichen Inhalten, auch für die Konkurrenz.

Diese Praxis verfolgt primär kein publizistisches Ziel, sondern bezieht sich auf ein ökonomisches Effizienzprinzip, wobei sich Handlungsentwürfe und Entscheidungen immer an den effizienteren Handlungsalternativen orientieren, die aus betriebswirtschaftlicher Sicht durch den geringstmöglichen Mitteleinsatz den größtmöglichen Zielbeitrag ermöglichen sollen (vgl. Kiener et al. 2012: 16 f.). Würde man stattdessen nur publizistische Ziele verfolgen, käme somit eine Einschränkung der Vielfalt durch die Herstellung ähnlicher Ausgaben nie infrage. Dabei ist Vielfalt „ein bedeutsames Qualitätskriterium", das für die Klassifikation weiterer Qualitätskriterien vorausgesetzt wird (vgl. Beck/Reineck/Schubert 2010: 42).

Auch im Bereich des Verfahrens, der zweiten Vergleichsgröße, leidet die journalistische Qualität durch die Reduzierung der Vielfalt sowie durch Rationalisierungsmaßnahmen. Im Bereich der Verfahren ist zwischen ökonomischem Wettbewerb, der Gewinn, Umsatz und Marktanteil als Prämissen hat, und publizistischem Wettbewerb, der Relevanz, Aktualität, Richtigkeit, Vielfalt, und Verständlichkeit erstrebt, zu unterscheiden. Die Effizienz des Desks und die Rationalisierungsprozesse sind Verfahren, die einen ökonomischen Wettbewerb erzielen, teilweise zum Nachteil der publizistischen Vielfalt.

> Mit den Zentralredaktionen wird das Angebot unterschiedlicher Zeitungen einer Verlagsgruppe immer ähnlicher. Die personell stark reduzierten Hauptredaktionen sind vor allem noch für die regionale Gewichtung des Materials einer Zentralredaktion zuständig. Dies gilt insbesondere bei stärker entfernten Verbreitungsgebieten der einzelnen Titel [...] Der publizistische Effekt solcher Kooperationen ist immer derselbe: Die jeweils eigene Berichterstattung wird „ausgedünnt", die Vielfalt des Angebots geht teilweise oder bei einer kompletten Übernahme der Lokalberichterstattung vollständig verloren. [...] Inzwischen hat sich verschiedentlich gezeigt, dass die Leser eine solche Patchwork-Zeitung nicht befürworten (Röper 2016: 254 ff.).

Des Weiteren zeigt die marktwirtschaftliche Entwicklung der Zeitungsbranchen in den letzten Jahren, dass keine staatliche Regulierung des Zeitungsmarktes eine Marktkonzentration verhindern konnte. Denn es war die freie Marktregulierung, die die strukturellen Veränderungen seit der Zeitungskrise 2000/2001 in der Printlandschaft „erlaubte". Dabei wird die Dominanz der Kontrollfunktion der Wirtschaft bzw. die Marktregulierung über der staatlichen Regulierung offensichtlich.

Diese strukturellen Entwicklungen ökonomischer Natur gefährden die Unabhängigkeit journalistischer Arbeit und werden durch die Deregulierungspolitik der Europäischen Kommission begünstigt (vgl. Harcourt 2006, Czepek 2016). Czepek weist in diesem Zusammenhang darauf hin, dass unter Umständen staatliche oder anderweitige Regulierungen notwendig wären, um „ein Versagen des Marktes bei der Bereitstellung von vielfältigen Informationen [...] zu entschärfen" (vgl. Czepek 2016: 42). Darüber hinaus belegen Studien aus Osteuropa und Asien, dass Deregulierung bzw. wirtschaftliche Liberalisierung für die Pressefreiheit nicht unbedingt förderlich ist (vgl. ebd.: 41).

> Gerade die Deregulierung der Medienmärkte kann zu Abhängigkeiten des Journalismus führen, weil Redaktionen Recherche durch Wirtschaftsunternehmen finanzieren lassen oder auf Werbekunden Rücksicht nehmen müssen. In kleinen Medienmärkten dominieren oft we-

nige große Medienkonzerne. Dies bedeutet auch, dass Journalisten auf wenige Arbeitgeber angewiesen sind (Czepek 2016: 35).

Schließlich ist auch im Wirkungsbereich, der letzten Vergleichsgröße, eine bedeutende Veränderung im System Journalismus festzustellen. In der Wirtschaft werden die Akzeptanz und der finanzielle Erfolg eines Produktes auf dem Werbemarkt verfolgt. In der Publizistik ist die politisch-publizistische Leistung auf dem Publikumsmarkt als Ziel zu verstehen (s. Abbildung 6, S. 64). Beide möchten in diesem Zusammenhang eine Publikumswirkung erzeugen.

Stärkere „Kundenbindung" als thematisches Auswahlkriterium und die Einbeziehung von Leserforschungsdaten in die redaktionelle Planung war dem Journalismus bis vor ein paar Jahren fremd. Argumentiert wird in der Redaktion allerdings, dass diese Art der Leserorientierung viele Zeitungen bzw. Medienhäuser oder -Titel vor der Schließung retten konnte bzw. kann, was den organisierten Journalismus überhaupt noch möglich macht.

Das Interesse des einzelnen Lesers bzw. Nutzers im Hinblick auf die thematische Aufbereitung ist in vielerlei Hinsicht eine positive Entwicklung im Journalismus. Allerdings dürften die Themen aus publizistischer Sicht nicht ausschließlich marktorientiert aufbereitet werden. Die überwiegende Ausrichtung der Themenbereiche auf eine „Zielgruppe" ist gerade für das System Journalismus als Leistungssystem des Systems Öffentlichkeit fraglich, da er sich an anderen Leitwerten orientiert. Eine derart marktorientierte Entwicklung könnte den gesellschaftlichen Auftrag des Journalismus stark beeinträchtigen.

**In den oben beschriebenen Konstellationen orientiert sich das System Journalismus teilweise an den Leitcodes der Medien**, die den teilsystemischen Orientierungshorizont bzw. die Leitcodes „Zahlung/Nichtzahlung" der Wirtschaft verfolgen (vgl. Altmeppen 2006: 28). **Diese Situation wird in den Redaktionen aufgrund der wirtschaftlichen Lage der Medienhäuser und des sich veränderten Markts für journalistische Produkte mehr oder weniger in Kauf genommen. Dabei deutet diese Entwicklung auf eine Annäherung beider Systeme hin.**

Wenn man davon ausgeht, dass sich die Zeitungsredaktion „als soziales Handlungssystem" durch die redaktionellen Strukturen von der komplexen Umwelt abgrenzt, würde „zwischen Verlagsunternehmen und Zeitungsredaktion prinzipiell kein integrativ „substantieller" Zusammenhang bestehen (vgl. Rühl 1979: 202 f.). Aufgrund der Informationen aus der empirischen Untersuchung gehen wir aber davon aus, dass die Praxis der engen Zusammenarbeit zwischen den Redaktionen und den Unternehmen eine Schnittstelle zwischen beiden Systemen herstellt, die im Wirkungsbereich am prägnantesten zu verdeutlichen ist.

Die Zusammenarbeit zwischen Redaktion und den weiteren Abteilungen des Verlages stellt beispielsweise bei der abteilungsübergreifenden Themenplanung eine Konvergenz bzw. eine Integration beider Systeme dar, eine Art „System-Schnittstelle", die vorher nicht existent war. Dabei kombiniert sich die Erwartung der Akzeptanz und des finanziellen Erfolgs eines Produktes auf dem Werbemarkt mit der Erwartung der Erbringung politisch-publizistischer Leistung auf dem Publikumsmarkt, was die Grenzen der Systeme durchlässiger macht. Wenn die marktwirtschaftliche Akzeptanz auch als Maßstab für die publizistische Akzeptanz in den Konferenzen einbezogen wird, könnte man doch von einem integrativen Zusammenhang sprechen.

Daraus kann abgeleitet werden, dass die wirtschaftlichen Systemzwänge in den oben beschriebenen Beispielen der aktuellen journalistischen Praxis stärker als die publizistischen zu betrachten sind. Durch die Kooperationen, die Rationalisierungsprozesse bzw. die Umstrukturierungen der letzten Jahre versuchen die Printhäuser ihre Existenz bzw. ihren Erhalt in der Gesellschaft bzw. auf dem Markt zu sichern. Eine Nichterhaltung des Unternehmens auf dem Markt hätte auch für die Redaktion bzw. für die Redakteure dramatische Folgen, was durch das redaktionelle Handeln ebenfalls vermieden werden will. Dabei „muss" auch die Redaktion in ihrem Handeln ökonomische und publizistische Ziele kombiniert verfolgen, da keine andere Auswahlmöglichkeit zur Verfügung steht. Aus Sicht der Theorie der Strukturierung ist das journalistische Handeln in einer solchen Situation ebenfalls „eine Negative".

> Wenn es derzeit dazu auch noch keine belastbaren empirischen Befunde gibt, so ist es doch wahrscheinlich, dass sachbezogene und sozialverbindliche Nachrichten als Kern der gemeinwohlorientierten Kommunikation sich in den neuen Aufmerksamkeits- und Relevanzstrukturen deutlich schwächer abbilden. Die wahrscheinliche Folge dieses digitalen Transparenzfetischs wäre ein beschleunigter Autonomieverlust des Journalismus (Hohlfeld 2016: 280).

Diese Entwicklung hat Folgen für die Zukunft des Berufs sowie für das System Journalismus, weil die Sicherstellung eines ausgeglichenen Dependenzverhältnisses zwischen Inhaltsproduktion und Distribution der journalistischen Aussagen für den Erhalt des journalistischen Systems in der Gesellschaft ausschlaggebend ist. Eine Balance zwischen publizistischen und ökonomischen Leitwerten bei der Produktion journalistischer Inhalte

*Kapitel 7*

ist ebenfalls für die demokratische gesellschaftliche Entwicklung von Bedeutung.

Denn die wirtschaftlichen Rahmenbedingungen schränken die Berichterstattung ein und bedrohen die Freiheit im Journalismus genauso wie Terroranschläge, autoritäre Regierungen oder Drogenkartelle (vgl. Czepek 2016: 23). Wie diese Freiheit zu erreichen ist, lässt sich allerdings schwer prognostizieren. Der Journalismus, wie man ihn heute definiert, steckt zweifelsohne in einer „existentiellen Krise".

Trotz aller Krisenanzeichen zeigt die Beobachtung des redaktionellen Handelns eine Redaktion, die weiterhin stark an ihren Werten hängt. Als *Ko-Orientierungsmanager* bewältigt sie den täglichen Spagat zwischen gesellschaftlichem Auftrag und Budgetverwaltung, um die Spielräume für die Leitwerte des Systems Journalismus trotz des Dependenzverhältnisses zwischen Journalismus und Medieninstitutionen in der redaktionellen Arbeit zu bewahren. Dafür setzen sich die Redakteure in den untersuchten Redaktionen sehr stark ein. Auch wenn Anzeichen von Müdigkeit, Überlastung und Verzweiflung zu spüren sind, kämpfen sie weiterhin für ihren Beruf und für publizistische Vielfalt und Qualität.

Die Handlungsmöglichkeiten von Journalisten sind in der aktuellen redaktionellen Praxis allerdings begrenzt. Die Zwänge und die Einschränkungen scheinen die Handlungsmöglichkeiten der Akteure in vielfältiger Weise einzuengen. Die strukturelle Ökonomisierung „ökonomisiert" das journalistische Handeln, was allerdings in den Redaktionen nicht nur negativ bewertet wird. Die Ökonomisierungsprozesse haben für den Journalismus als Organisation und seine Prozesse aus der Sicht mancher Redakteure auch positive Auswirkungen, das sollte hier ebenfalls festgehalten werden. Dieses wirtschaftliche Denken könnte wiederum als eine weitere Folge des ökonomisierten Handelns gesehen werden.

Wie sich der ökonomisierte Fließbandjournalismus sowohl auf die Entwicklung des Berufs als auch des Systems auswirken wird, ist schwer abzuschätzen. Die Sicherstellung der Existenz publizistischer Werte in der öffentlichen Kommunikation ist für die gesellschaftliche Entwicklung allerdings von enormer Bedeutung. Gerade jetzt, in einer Zeit, in der viele demokratische Werte durch wiedergekommene autoritäre Gedankenströme, Fake-News und wachsende Pressezensur bedroht zu sein scheinen, könnte der Wert professioneller, objektiver Berichterstattung wieder an Wichtigkeit gewinnen. Die Aufrechterhaltung des gesellschaftlichen Auftrags des Journalismus ist alleine aus diesem Grund aktueller denn je. Vielleicht liegt die Chance für seine Weiterentwicklung gerade darin.

# Kapitel 8

*8 Literaturverzeichnis*

Althans, J. (1996): Rechnen ist auch Redaktionssache – Grundzüge der Etatplanung und der Verlagsrechnung. In: Maseberg, E./Reiter, S./Teichert, W. (Hrsg.): Führungsaufgaben in Redaktionen. Band 1: Materialen zum Redaktionsmanagement in Zeitungs- und Zeitschriftverlagen. Gütersloh, S. 129-151.

Altmeppen, K.-D. (1999): Redaktionen als Koordinationszentren: Beobachtungen journalistischen Handelns. Wiesbaden.

Altmeppen, K.-D. (2006): Journalismus und Medien als Organisationen: Leistungen, Strukturen und Management. Wiesbaden.

Altmeppen, K.-D. (2008): Ökonomisierung der Medienunternehmen: Gesellschaftlicher Trend und sektorspezifischer Sonderfall. In: Maurer, A./Schimank, U. (Hrsg.): Die Gesellschaft der Unternehmen – Die Unternehmen der Gesellschaft – Gesellschaftstheoretische Zugänge zum Wirtschaftsgeschehen. Wiesbaden, S. 237-251.

Altmeppen, K.-D./Donges, P./Engels, K. (1999): Transformation im Journalismus: Journalistische Qualifikationen im privaten Rundfunk am Beispiel norddeutscher Sender. Berlin.

Altmeppen, K.-D./Donges, P./Engels, K. (2002): Journalistisches Handeln genauer beobachtet. Zur Quantifizierung qualitativer Merkmale in der teilnehmenden Beobachtung. In: Karmasin, M./Höhn, M. (Hrsg.): Die Zukunft der empirischen Sozialforschung. Graz.

Altmeppen, K.-D., Greck, R. /Evers, T. (2016): Journalismus und Medien – organisationstheoretisch betrachtet. In: Meier, K., Neuberger, C. (Hrsg.): Journalismusforschung. Stand und Perspektiven. 2., aktualisierte und erweiterte Auflage. Schriftreihe „Aktuell. Studien zum Journalismus". Baden-Baden, S. 47-68.

Ansoff, H. I. (1965): Corporate Strategy. An Analytic Approach to Business Policy for Growth and Expansion. Englische Ausgabe, McGraw-Hill Inc.US.

Ansoff, H.I./Deckerk, R. P./Hayes, R.L. (1976): From Strategic Planning to Strategic Management. In: Ansoff, H.I./Deckerk, R. P. /Hayes, R.L. (Hrsg.): From Strategic Planning to Strategic Management. London et al., S. 39-78.

Bakker, P. (2014): Mr. Gates Returns. Curation, community management and other new roles for journalists. In: Journalism Studies, 15. Jg., H. 5, S. 596-606.

Barney, J. B. (1997): Gaining and sustaining competitive advantage. Boston.

Bea, F.X./Haas, J. (2009): Strategisches Management. 5., neu bearbeitete Auflage. Stuttgart.

Beck, K./ Reineck, D./Schubert, C. (2010): Journalistische Qualität in der Wirtschaftskrise.

Eine Studie im Auftrag des Deutschen Fachjournalisten-Verbandes (DFJV), Berlin.

Berg, B. (2009): Neue Erlösquellen von Tageszeitungsverlagen. Unveröffentlichte Magisterarbeit an der Freien Universität Berlin.

Blöbaum, B. (1994): Journalismus als soziales System: Geschichte, Ausdifferenzierung und Verselbständigung. Opladen.

Blöbaum, B. (2000): Zwischen Redaktion und Reflexion: Integration von Theorie und Praxis in der Journalistenausbildung. Münster.

Blöbaum, B./Kutscha, A./Bonk, S./Karthaus, A. (2011): Immer mehr und immer schneller – Journalistische Handlungen in innovativen Redaktionsstrukturen. In: Wolling, J./Will, A./Schumann, C.(Hrsg.): Medieninnovationen. Wie Medienentwicklungen die Kommunikation in der Gesellschaft verändern. Konstanz, S. 43-60.

Böskens, J. (2009): Redaktionsmanagement als Erfolgsfaktor. In: O. Altendorfer/L. Hilmer (Hrsg.): Medienmanagement 1: Methodik, Journalistik und Publizistik, Medienrecht. Wiesbaden, S. 115-126.

Brüggemann, M. (2002): The Missing Link. Crossmedia Vernetzung von Print und Online. München.

Bücher, K. (1917): Die Entstehung der Volkswirtschaft. Bd.1, 2,. Tübingen.

Bücher, K. (1981): Auswahl der publizistikwissenschaftlichen Schriften. Hg. Von Fischer, H. D. / Minte, H. Bochum.

Bundesverband Deutscher Zeitungsverleger e. V. (2016): Die deutschen Zeitungen in Zahlen und Daten 2016. Berlin.

Büschken, J./von Thaden, C. (2007): Produktvariation, -differenzierung und -diversifikation. In: Albers, S., Herrmann, A.,: Handbuch Produktmanagement. Strategieentwicklung – Produktplanung – Organisation – Kontrolle. 3., überarbeitete und erweiterte Auflage. Wiesbaden.

Chandler, A. D. Jr. (1962): Strategy and Structure: Chapters in the History of the Industrial Enterprise. Cambridge, Massachusetts and London.

Chandler, A. D. Jr. (1987): Strategy and Structure. Chapters in the History of the Industrial Enterprise. 15. Aufl., Cambridge, London.

Coleman, J. S. (1990): Foundations of Social Theory. Cambridge, Massachusetts.

Compton, J. R./Benedetti, P. (2010): Labour, new media and the institutional restructuring of journalism. In: Journalism Studies, 11 (4), S. 487-499.

Czepek, A. (2016): Pressefreiheit – Hindernisse und Grenzen. In: Meier, K., Neuberger, C. (Hrsg.): Journalismusforschung. Stand und Perspektiven. 2., aktualisierte und erweiterte Auflage. Schriftreihe „Aktuell. Studien zum Journalismus". Baden-Baden, S. 23-45.

Eichhorn, M. (2004): Die Zukunft des NewsRoom: Ansätze für teamorientiertes Redaktionsmanagement. Diplomarbeit, Hochschule Mittweida. University of Applied Science, Fachbereich Medien.

Engel, B. /Best, S. (2012): Stream, Audio und Page – die Rezeptionsformen in der konvergenten Medienwelt. In: Media Perspektiven, H. 2, S. 62-71.

Erdal, I. J. (2007): Cross-media (re)production cultures. In: Convergence: The International Journal of Research into the New Media Technologies, 15 (2), S. 215-231.

Erdal, I. J. (2009): Researching media convergence and crossmedia news production. Mapping the field. In: Nordicom Review, 28 (2), S. 51–16.

Esser, H. (1999): Soziologie, Spezielle Grundlagen. Band 1: Situationslogik und Handeln. Frankfurt/New York.

fög, Forschungsbereich Öffentlichkeit und Gesellschaft der Universität Zürich (2012): Qualität der Medien: Schweiz – Suisse – Svizzerana. Basel.

García Avilés, J. A./Meier, K./Kaltenbrunner, A./Carvajal Prieto, M./Kraus, D. (2009): Newsroom Integration in Austria, Spain and Germany: Models of Convergence. In: Journalism Practice, 3. Jg., H. 3, S. 285-303.

Gehrau, V. (2002): Die Beobachtung in der Kommunikationswissenschaft: Methodische Ansätze und Beispielstudien. Konstanz.

Giddens, A. (1988): Die Konstitution der Gesellschaft: Grundzüge einer Theorie der Strukturierung. Frankfurt, New York.

Görke, A./Kohring, M. (1997): Worüber reden wir? Von Nutzen systemtheoretischen Denkens für die Publizistikwissenschaft. In: Medien Journal (1): S. 3-14.

Gottschalk, P. (2011): Parallel, crossmedial, integriert – Wie Redaktionen Print und Online verbinden. In: Bundesverband Deutscher Zeitungsverleger (Hrsg.): Zeitungen 2010/2011. Bonn: ZV Zeitungs-Verlag Service, S. 221-232.

Groth, O. (1962): Die unerkannte Kulturmacht, Grundlegung der Zeitungswissenschaft (Periodika), Bd.4. Berlin.

Groth, O. (1928): Die Zeitung. Ein System der Zeitungskunde (Journalistik), Bd.1. Mannheim-Leipzig-Berlin.

Grümer, K. W. (1974): Beobachtung. Stuttgart.

Hagemann, W. (1950): Die Zeitung als Organismus. Heidelberg.

Heinrich, J. (1994): Medienökonomie Band I: Mediensystem, Zeitung, Zeitschrift, Anzeigenblatt. Opladen.

Heinrich, J. (1999): Medienökonomie. Band 2: Hörfunk und Fernsehen. Wiesbaden.

Heinrich, J. (2001): Medienökonomie Bd.1: Mediensystem, Zeitung, Zeitschrift, Anzeigenblatt. 2. Auflage. Wiesbaden.

Hofer, A. (1978): Unterhaltung im Hörfunk: Ein Beitrag zum Herstellungsprozeß publizistischer Aussagen. Nürnberg.

Hofstetter, B./Schönhagen, P. (2014): Wandel redaktioneller Strukturen und journalistisches Handelns. In: Studies in Communication Media, 3. Jg., 2/2014, S. 228-252.

Hohlfeld, R. (2016): Journalistische Beobachtungen des Publikums. In: Meier, K./Neuberger, C. (Hrsg.): Journalismusforschung. Stand und Perspektiven. 2., aktualisierte und erweiterte Auflage. Schriftreihe „Aktuell. Studien zum Journalismus". Baden-Baden, S. 265-285.

Jakubetz, C. (2008): Crossmedia. Konstanz.

*Kapitel 8*

Johnson, G./Scholes, K./Whittington, R. (2011): Strategisches Management: Analyse, Entscheidung und Umsetzung. 9., aktualisierte Auflage. München.

Jung, R.H./Bruck, J./Quarg, S. (2011): Allgemeine Managementlehre, Lehrbuch für die angewandte Unternehmens- und Personalführung. 4. , neu bearbeitete Auflage. Berlin.

Kansky, H. (2010): Auf allen Plattformen – Verlage und ihre digitalen Geschäftsfelder. In: Bundesverband Deutscher Zeitungsverleger e.V., Zeitungen 2010/11. Berlin, S. 176-190.

Keller, D. (2004): Zur wirtschaftlichen Lage der deutschen Zeitungen, in: Zeitungen 2004, hrsg. vom BDZV, S. 43-122.

Kiefer, M. L. (2005): Medienökonomik: Einführung in eine ökonomische Theorie der Medien. 2., vollständig überarbeitete Auflage. München und Wien.

Kiener, S./Maier-Scheubeck, N./Obermaier, R./Weiß, M. (2012): Produktions-Management: Grundlagen der Produktionsplanung und –steuerung. 10., verbesserte und erweiterte Auflage. München.

Kieser, A./Ebers, M., Hrsg. (2006): Organisationstheorien. 6. Auflage. Stuttgart, S. 353-401.

Kieser, A./Walgenbach, P. (2007): Organisation. 5., überarbeitete Auflage. Stuttgart.

Klimecki, R./Probst, G./Eberl,P. (1994): Entwicklungsorientiertes Management. Stuttgart.

Kohring, M./Hug, D. M. (1997): Öffentlichkeit und Journalismus: Zur Notwendigkeit der Beobachtung gesellschaftlichen Interdependenz – Ein systemtheoretischer Entwurf. In Medien Journal (1): S. 15-33.

Kradolfer, E./Custer, U./Künzler, M. (2010): Die wirtschaftliche Entwicklung der Medien in der Schweiz 2000-2010. Strukturen und Perspektiven. Biel.

Kreikebaum, H. (2007): Strategische Unternehmensplanung. 6. Ausgabe, Stuttgart.

Kutscha, A./Karthaus, A./Bonk, S. (2009): Alles anders? In: Journalist, 8/2009, 59. Jahrgang; S. 17-21.

Lamnek, S. (2005): Qualitative Sozialforschung. 4., vollständig überarbeitete Auflage. Weinheim/Basel.

Lobigs, F. (2016): Finanzierung des Journalismus – von langsamen und schnellen Disruptionen. In: Meier, K./Neuberger, C. (Hrsg.): Journalismusforschung. Stand und Perspektiven. 2., aktualisierte und erweiterte Auflage. Schriftreihe „Aktuell. Studien zum Journalismus". Baden-Baden, S. 69-137.

Löffelholz, M./Quandt,T. (Hrsg.) (2003): Die neue Kommunikationswissenschaft: Theorien, Themen und Berufsfelder im Internet-Zeitalter, Eine Einführung. Wiesbaden

Löffelholz, M. (Hrsg.) (2004): Theorien des Journalismus – Ein diskursives Handbuch, 2. vollständige u. überarbeitete Auflage. Wiesbaden.

Loosen, W. (2016): Publikumsbeteiligung im Journalismus. In: Meier, K./Neuberger, C. (Hrsg.): Journalismusforschung. Stand und Perspektiven. 2., aktualisierte und erweiterte Auflage. Schriftreihe „Aktuell. Studien zum Journalismus". Baden-Baden, S. 287-316.

Lungmus, M. (2007): Andere Tischsitten. In: Journalist, H. 9, S. 30-34.

Martens, W./Ortmann, G.(2006): Organisationen in Luhmanns Systemtheorie. In: Kieser, A./Ebers, M. (Hrsg.): Organisationstheorien. Stuttgart, S. 427-461.

Meckel, M. (1999): Redaktionsmanagement: Ansätze aus Theorie und Praxis. Wiesbaden.

Meier, K. (2002b): Ressort, Sparte, Team: Wahrnehmungsstrukturen und Redaktionsorganisation im Zeitungsjournalismus. Konstanz.

Meier, K. (2004): Redaktionen: Organisation, Strukturen und Arbeitsweisen. In: Pürer, H./Rahofer, M./Reitan, C. (Hg.): Praktischer Journalismus: Zeitung, Radio, Fernsehen, Online. Salzburg: Kuratorium für Journalistenausbildung. Konstanz, S. 95-109.

Meier, K. (2006): Newsroom, Newsdesk, crossmediales Arbeiten: Neue Modelle der Redaktionsorganisation und ihre Auswirkungen auf die journalistische Qualität. In: Weischenberg, S./Loosen, W./Beuthner, M. (Hrsg.): Medien-Qualitäten: Öffentliche Kommunikation zwischen ökonomischem Kalkül und Sozialverantwortung. Konstanz, S. 203-222.

Meier, K. (2007): Innovations in Central European Newsrooms: Overview and case study. In: Journalism Practice, Heft 1, S. 4-19.

Meier, K. (2007a): „Cross Media": Konsequenzen für den Journalismus. In: Communicatio Socialis, 40. Jg. H. 4, S. 350-364.

Meier, K. (2010): Crossmedialer Journalismus. Eine Analyse redaktioneller Konvergenz. In: Hohlfeld, R. (Hg.): Crossmedia – Wer bleibt auf der Strecke? Beiträge aus Wissenschaft und Praxis. Berlin, S. 94-110.

Meier, W. A./Jarren, O.(2001): Ökonomisierung und Kommerzialisierung von Medien und Mediensystem. In: Medien & Kommunikationswissenschaft, 49. Jahrgang, H. 2/2001, S. 145-153

Meier, K./Reimer, J. (2011): Transparenz im Journalismus. Instrumente, Konfliktpotenziale, Wirkung. In: Publizistik, 56, Jg., H. 2, S. 133-155.

Meier, K./Giese, V./Schweigmann, T. (2012): Das ‚Kreuzen' der Medien: das Konzept des crossmedialen Labors. In: Dernbach, B./Loosen, W. (Hrsg.): Didaktik der Journalistik: Konzepte, Methoden und Beispiele aus der Journalistenausbildung. Wiesbaden, S. 311-322.

Meier, K. (2013): Journalistik. 3. Aufl., Konstanz/München.

Meier, K. (2013a): Crossmedialität. In: Journalismusforschung: Stand und Perspektiven. 3. Aufl., Baden-Baden.

Meier, K./Neuberger, C. (Hrsg.) (2016): Journalismusforschung. Stand und Perspektiven. 2., aktualisierte und erweiterte Auflage. Schriftreihe „Aktuell. Studien zum Journalismus". Baden-Baden.

Meier, W. A./Trappe, J./Siegert, G. (2005): Medienökonomie. In: Bonfadelli, H./Jarren, O./Siegert, O. (Hg.): Einführung in die Publizistikwissenschaft. 2., Auflage. Stuttgart.

Meyen, M./Löblich, M./Pfaff-Rüdiger, S./Riesmeyer, C. (2011): Qualitative Forschung in der Kommunikationswissenschaft: Eine praxisorientierte Einführung. Wiesbaden.

Mikos, L. (2005): Teilnehmende Beobachtung. In: Mikos, L. (Hrsg.): Qualitative Medienforschung: Ein Handbuch. Konstanz, S. 315-322.

Mintzberg, H./Ahlstrand, B./Lampel, J. (2012): Strategy Safari. Der Wegweiser durch den Dschungel des strategischen Managements. 2., aktualisierte Auflage. München.

Mitchelstein, F./Boczkowski, P. J. (2009): Between tradition and change. In: Journalism, 10 (5), S. 562-586.

Nohr, H. (2013): Zeitungen auf der Suche nach digitalen Geschäftsmodellen. In: Schwarzer, B./Spitzer, S. (Hrsg.): Zeitungsverlage im digitalen Wandel. Aktuelle Entwicklungen auf dem deutschen Zeitungsmarkt. Baden-Baden, S. 11-50.

Ortmann, G./Sydow, J./Windeler, A. (1997): Organisation als reflexive Strukturation. In: Ortmann, G./Sydow, J./Türk, K. (Hg.): Theorien der Organisation: Die Rückkehr der Gesellschaft. Opladen, S. 315-354.

Picard, R. G. (1989): Media Economics: Concepts and Issues. Newbury Park, California.

Picard, R. G. (2003): The Development of Media Economics: History, Traditions and Research Approaches. In: Current Issues in Media Economics. Seoul.

Porter, M.E. (2013): Wettbewerbsstrategie: Methoden zur Analyse von Branchen und Konkurrenten. 12., aktualisierte und erweiterte Auflage. Frankfurt/New York.

Pürer, H./Raabe, J. (2007): Presse in Deutschland. 3., völlig überarbeitete u. erweiterte Auflage. Konstanz.

Pühringer, K. (2007): Journalisten – Kapital und Herausforderung im Zeitungsunternehmen. Implementierung von Personalentwicklungsinstrumente und deren Auswirkung auf redaktionelles Wissensmanagement, Mitarbeitermotivation und Personalfluktuation. Zürich, Berlin.

Quandt, T. (2005): Journalisten im Netz: Eine Untersuchung journalistischen Handelns in Online-Redaktionen. Wiesbaden.

Quandt, T./Singer, J. (2009): Convergence and Cross-Platform Content Production. In: Wahl-Jorgensen K./Hanitzsch, T. (Eds.): The Handbook of Journalism Studies. New York, S. 130-144.

Rinsdorf, L.(2011): Kooperation: Fluch oder Segen? Auswirkungen eines gemeinsamen Newsdesk auf Qualität und Vielfalt der Berichterstattung. In: Wolling, J./Will, A./Schumann, C. (Hrsg.): Medieninnovationen. Wie Medienentwicklungen die Kommunikation in der Gesellschaft verändern. Konstanz.

Quandt, T. (2011): Journalisten unter Beobachtung: Grundlagen, Möglichkeiten und Grenzen der Beobachtung als Methode der Journalismusforschung. In: Jandura, O. u.a. (Hrsg.): Methoden der Journalismusforschung. Wiesbaden, S. 277-297.

Röper, H. (2002): Zeitungsmarkt 2002: Wirtschaftliche Krise und steigende Konzentration. Daten zur Konzentration der Tagespresse in der Bundesrepublik Deutschland im 1. Quartal 2002. In: Media Perspektiven. Frankfurt am Main, 10/2002, S. 478-490.

Röper, H. (2016): Zeitungsmarkt 2016: Pressekonzentration erneut leicht gestiegen. In: Media Perspektiven. Frankfurt am Main, 5/2016, S. 254-269.

Rühl, M. (1968): Die soziale Organisation der Zeitungsredaktion. In: Dovifat, E./ Bringmann, K.: Journalismus, Schriftenreihe des Deutschen Instituts für publizistische Bildungsarbeit. Band 4, Düsseldorf.

Rühl, M. (1979): Die Zeitungsredaktion als organisiertes soziales System. 2. Auflage, Freiburg/Schweiz.

Rühl, M. (1989): Organisatorischer Journalismus: Tendenzen der Redaktionsforschung. In: Neidhardt, F./Lepsius, M. R./Esser, H.: Massenkommunikation: Theorien, Methode, Befunde. Kölner Zeitschrift für Soziologie und Sonderheft, 30. Opladen, S. 253-269.

Schimank, U. (2010): Handeln und Strukturen: Einführung in die akteurtheoretische Soziologie. 4. völlig überarbeitete Auflage. Weinheim.

Schütz, A./Luckmann, T. (1988): Strukturen der Lebenswelt. Bd.1 und 2, 3. Aufl., Frankfurt am Main.

Schütz, W. J. (2012): Deutsche Tagespresse 2012. In: Media Perspektiven 11/2012, S. 570-593.

Sehl, A. (2011): Partizipativer Journalismus in Tageszeitungen. Eine empirische Analyse zur publizistischen Vielfalt im Lokalen. Dissertation am Institut für Journalistik, TU Dortmund.

Siles, I./Boczkowski, P. J. (2012): Making sense of the newspaper crisis: A critical assessment of existing research and agenda for future work. In New Media & Society, 14(8), 1375-1394.

Sjovaag, H. (2013): Journalistic autonomy. Between structure, agency and institution. In: Nordicom Review, 34, S. 155-166.

Spradley, J. (1980): Participant Observation. Fort Worth.

Thomas, W. I. (1965): Das Verhältnis der Forschung zur sozialen Wirklichkeit. In: Volkart, E. H. (Hrsg.), Thomas, W. I.: Person und Sozialverhalten. Neuwied in Berlin, S. 123.

Thomas W. I./Znaniecki, F. (1927): Methodological Note. In: Thomas W. I./ Znaniecki, F.: The Polish Peasant in Europe and America. Band 1, 2. Aufl., New York, S. 67 f.

Tonnemacher, J. (1996/2003): Kommunikationspolitik in Deutschland. Eine Einführung. Konstanz.

Touraine, A. (1973): Production de la societe. Paris.

Trappe, J. (2004): Medienökonomie. In: Pürer, H./Rahofer, M./Reitan, C. (Hg.): Praktischer Journalismus: Presse, Radio, Fernsehen, Online. 5. Auflage. Konstanz.

Usher, N. (2013): Marketplace public radio and news routines reconsidered: Between structures and agents. In: Journalism 14(6), S. 807-822.

Walgenbach, P. (2006): Neoinstitutionalistische Ansätze in der Organisationstheorie. Stuttgart.

Weber, M. (1911): Zu einer Soziologie des Zeitungswesens. In: Deutsche Gesellschaft für Soziologie (Hg.): Schriften der Deutschen Gesellschaft für Soziologie. Serie 1, Band 1. Tübingen, S. 39-62.

Weischenberg, S. (1995): Journalistik. Medienkommunikation: Theorie und Praxis. Bd.2: Medientechnik, Medienfunktionen, Medienakteure. Opladen.

Weischenberg, S. (2004): Journalistik: Theorie und Praxis aktueller Medienkommunikation 1: Mediensysteme, Medienethik, Medieninstitutionen. Wiesbaden.

Weischenberg, S./Malik, M./Scholl, A. (2006): Die Souffleure der Mediengesellschaft – Report über die Journalisten in Deutschland. Konstanz.

Weichler, K. (2003): Redaktionsmanagement. Konstanz.

Welge, M.K./Al-Lahan, A. (2007): Strategisches Management: Grundlagen – Prozess – Implementierung. 5. Auflage. Wiesbaden.

Windeler, A./Sydow, J. (2004): Vernetzte Content-Produktion und die Vielfalt möglicher Organisationsformen. In: Windeler, A./Sydow, J. (Hrsg.): Organisation der Content-Produktion. Wiesbaden, S. 1–17.

Wyss, V. (2002): Redaktionelles Qualitätsmanagement: Ziele, Normen, Ressourcen. Konstanz.

Zäpfel, G. (1996): Grundzüge des Produktions- und Logistikmanagement. Berlin, New York.

## 8.1 Quellen aus dem Internet

Berger, Peter (2011): iPad & Co. erfordern neue redaktionelle Strukturen. 2.1.2011 URL: http://medienstratege.de/2011/01/ipad-co-erfordern-neue-redaktionelle-strukturen/ Abruf von 6.3.2011.

Blöbaum, B./Bonk, S./Karthaus, A./Kutscha, A. (2010): Das Publikum im Blick. In: Journalistik Journal 1/2010. URL: http://de.ejo-online.eu/ressortjournalismus/das-publikum-im-blick/Abruf von 8.6.2017.

Bundeszentrale für politische Bildung: Unter Strom: Der Newsroom. http://www.bpb.de/gesellschaft/medien/lokaljournalismus/151607/unter-strom-der-newsroom.

Dieckmann, M. (2007): Journalismus in der Content-Industrie. Eröffnungsreferat auf der 21. Journalistinnen- und Journalisten-Union. In: ver.di. Berlin, 24. November 2007.

# Kapitel 9

*9 Anhang*

## 9.1 Anhang 1: Interviewleitfaden

Interviewleitfaden

Dieser Interviewleitfaden wird für die Experteninterviews mit Mitgliedern der Chefredaktion im Rahmen der Doktorarbeit „Strukturinnovationen im Journalismus" verwendet.

### 1. Vorbereitung für das Interview

| |
|---|
| 1.1. Dank an den Experten für die Bereitschaft, das Interview zu führen. |
| 1.2. Anonymitätshinweis (Ergebnisse werden anonym behandelt). |
| 1.3. Zustimmung zur Aufzeichnung? |
| 1.4. Anzahl der Personen aus der Chefredaktion, die beim Interview teilnehmen. Beschreibung der Funktionen. |

### 2. Kurzfragebogen über die Person und über die Redaktion

| |
|---|
| 2.1 Wie lang sind sie schon als Chef Redakteur bzw. Stellv. Chef-Redakteur bzw. Mitglied der Chef-Redaktion tätig? |
| 2.2 Wie groß ist das Redaktionsteam? |
| 2.3 Wie lang haben Sie das Newsdesk-Konzept hier in der Redaktion bzw. wann wurde die Umstellung initiiert? |
| 2.4 Wie sieht die formelle Struktur der Redaktion aus? Sind die klassischen Ressortstrukturen vorhanden oder wurden sie aufgelöst? Wenn ja, wie beschreiben Sie die neue Struktur bzw. Organisationsform? |

*Kapitel 9*

### 3. Erzählanstoß 1: Implementierung des Newsdesk-Konzepts

| |
|---|
| 3.1. Newsroom-Konzepte sind seit 2003 Realität in Deutschland. Warum hat die Redaktion bzw. der Verlag sich entschieden, ein Newsdesk-Konzept zu implementieren? Warum wurde die Redaktion umgestellt? Was waren die Gründe für diese Veränderung? |
| 3.2. Welche Ziele verfolgte das Unternehmen mit dieser Umstellung? Was sollte mit der neuen Redaktionsstruktur erreicht werden, was beispielsweise mit der alten Struktur nicht zu erreichen gewesen wäre? |
| 3.3. Ich gehe davon aus, dass sich nicht nur die Redaktion verändert hat, sondern es einen Strategiewechsel beim Verlag gab, der in der Redaktion zu dieser organisatorischen Veränderung geführt hat. Kann man das sagen? |
| 3.4. Welche Aufgabe hatte die Redaktion im gesamten Prozess? |
| 3.5. Wie wurde der Kurswechsel in der Redaktion kommuniziert? Wurden z.B. Ziele mit der Redaktion offensichtlich vereinbart? |
| 3.6. Wie wurde dann die neue Organisationsform implementiert? Können Sie die Schritte der Implementierung nennen? Welche Maßnahmen sind auf der operationellen Ebene umgesetzt worden? |

### 4. Erzählanstoß 2: Die aktuelle Situation

| |
|---|
| 4.1. Was unterscheidet die aktuelle Organisationsform von der vorherigen Form? |
| 4.2. Hat sich viel verändert in der Art und Weise, wie gearbeitet wird aus journalistischer Sicht? |
| 4.3. Für eine erfolgreiche Unternehmenstätigkeit ist es zwingend notwendig, dass die externe Umwelt und die interne Unternehmensentwicklung oder die Binnenstruktur aufeinander abgestimmt sind. Das ist der sogenannte „Fit-Ansatz". Kann man sagen, dass durch das Newsdesk-Konzept dieser „Fit-Gedanke" gewährleistet wird? Leistet diese neue Organisationsform das, was sie leisten sollte bzw. leistet diese neue Struktur das, was sich das Unternehmen mit der Veränderung erhofft hat? |
| 4.4. Welche Ziele hat die Redaktion internalisiert? |
| 4.5.Welche Ziele verfolgt die Redaktion aktuell? Haben sich die Ziele im Vergleich zu vorher geändert? |
| 4.6. Bietet die aktuelle formelle Struktur den Rahmen, unternehmerische und publizistische Ziele besser zu erreichen? |

## 9.2 Anhang 2: Beobachtungsinstrument

Codebuch

Das vorliegende Codebuch ist ein Instrument zur Beobachtung des journalistischen Handelns in Newsrooms bzw. Newsdesks.

## 1. Rahmenbedingungen der Untersuchung

Im Rahmen der Untersuchung werden vier Redaktionen regionaler Abonnementzeitungen beobachtet, die Newsdesk-Erfahrung aufweisen. Beobachtet wird das journalistische Handeln des Desk-Chefs, bzw. des Desk-Managers im Newsdesk bzw. Newsroom. Journalistisches Handeln versteht sich hier als das sichtbare (und hörbare) Verhalten von Journalisten in organisierten Redaktionen, das anhand des persönlichen Wissensvorrates, anhand der Anforderungen der Programme und unter Anwendung der Ressourcen durch Entscheidungs- und Koordinationshandeln situativ vollzogen wird. Beeinflusst wird das journalistische Handeln durch die Veränderungen der redaktionellen Umwelt.

Anhand der Merkmale und der Ausprägungen des Klassifikationssystems soll die Arbeit der Desk-Leitung erfasst werden. Für diese Arbeit werden Kategorien bzw. Variablen wie *Tätigkeit, Art der Kommunikation und der Interaktion, soziale Situation, Art der Koordination und der Entscheidung* verwendet. Weitere Merkmale und Ausprägungen befassen sich mit der zeitlichen und räumlichen Situation der Handlung, andere versuchen zu dokumentieren, für welches publizistische Produkt produziert wird oder an welcher Umwelt sich die Handlung orientiert.

Eine *Beobachtungseinheit* dauerte zehn Minuten, in welcher die Arbeit bzw. die Aktivitäten des Desk-Leiters im Beobachtungsbogen dokumentiert wurden. Die Merkmale und Ausprägungen werden im Zeitverlauf fortlaufend von links nach rechts eingetragen. Eintragungen, die nicht als Merkmale oder Ausprägungen im Codebuch vorhanden sind sowie ergänzende Informationen werden als Tagebucheintrag (B1, B2, B3, usw.) protokolliert und ausführlich separat beschrieben.

### 1.1. Beobachtete Personen

Als Desk-Leiter wird in dieser Arbeit eine Person definiert, welche die redaktionelle Produktion im Newsroom leitet. Zu den Aufgaben eines Desk-Chefs bzw. Desk-Managers gehören die Planung, Steuerung und Überwachung des journalistischen Herstellungsprozesses. Er fungiert als Schnittstelle zwischen den Produktionseinheiten und Plattformen und trägt die Hauptverantwortung für die redaktionellen Entscheidungen im Newsroom. Diese Funktion ist in allen untersuchten Redaktionen vorhanden, wird allerdings unterschiedlich bezeichnet: News-Desk-Manager (NDM), Desk-Leiter Überregional, Regional-(Desk)-Manager sowie Leitender Re-

*Kapitel 9*

dakteur „Nachrichten und Blattplanung" können hier festgehalten werden.

| Person 1 | Desk-Leiter/erste Woche/erste Beobachtung. Funktionen bzw. Rollen: Stellvertretender Chef-Redakteur, Ressortleiter, Desk-Leiter |
|---|---|
| Person 2 | Desk-Leiter/zweite Woche/erste Beobachtung. Funktionen bzw. Rollen: Redakteur, Desk-Leiter bzw. „Blattplaner" |
| Person 3 | Desk-Leiter bzw. Chef-Editor/zweite Beobachtung. Funktionen bzw. Rollen: Stellvertretender Chef-Redakteur, Chef-Editor, Desk-Leiter |
| Person 4 | Desk-Leiter /zweite Beobachtung. Funktionen bzw. Rollen: Regional Manager (1)/ Editor |
| Person 5 | Nachrichtenführer Mantel-Redaktion (1)/zweite Beobachtung |
| Person 6 | Desk-Leiter/zweite Beobachtung. Funktionen bzw. Rollen: Regional Manager (2), Editor |
| Person 7 | Nachrichtenführer Mantel-Redaktion (2) (Senior-Editor)/zweite Beobachtung. |
| Person 8 | Desk-Leiter/dritte Beobachtung. Funktionen bzw. Rollen: Überregionaler Desk-Leiter 1 (Mantel-Desk/Aktuelles), Editor. |
| Person 9 | Desk-Leiter/dritte Beobachtung. Funktionen bzw. Rollen: Überregionaler Desk-Leiter (2) (Mantel-Desk/Aktuelles), Ressortleiter, Editor |
| Person 10 | Desk-Leiter/ vierte Beobachtung. Funktionen bzw. Rollen: StellvertretenderChefredakteur, Leiter Politik, News-Desk-Manager (1) |
| Person 11 | Desk-Leiter/ vierte Beobachtung. Funktionen bzw. Rollen: Stellvertretender Leiter Politik, News-Desk-Manager (2) |
| Person 12 | Desk-Leiter/ vierte Beobachtung. Funktionen bzw. Rollen: Leiter Wirtschaft, News-Desk-Manager (3) |
| Person 13 | Desk-Leiter/ vierte Beobachtung. Funktionen bzw. Rollen: News-Desk-Manager (4), eigentliche NDM |

## 2. Kategoriensystem (Merkmale und Ausprägungen für die Protokollierung)

### 2.1. Zeitliche Situation der Handlung

| Zeit 1 | Am Morgen (8 Uhr bis 12 Uhr) |
|---|---|
| Zeit 2 | Am Mittag (12:01 Uhr bis 18 Uhr) |
| Zeit 3 | Am Abend (18:01 Uhr bis 22 Uhr) |

### 2.2. Räumliche Situation der Handlung

| Raum 1 | Großraumbüro/Newsdesk/Neswsroom/Newspool |
|---|---|
| Raum 2 | Konferenzraum |

| Raum 3 | Büro Chef-Redaktion |
|---|---|
| Raum 4 | Sonstiges |
| Raum 5 | Eigener Büro (Desk-Leiter) |

## 2.3. Redaktionelle Einheit

| Red. 1 | Newsroom/Newsdesk/Newspool |
|---|---|
| Red. 2 | Mantelredaktion (Print) |
| Red. 3 | Lokalredaktion/Regionalredaktion/Ressort am Desk |
| Red. 4 | Korrespondenten/Korrespondentenbüro |
| Red. 5 | Online-Redaktion |
| Red. 6 | Sonstiges |
| Red. 7 | Redaktionelle Einheit im Haus, aber nicht am Desk/Ressort außerhalb Desk |
| Red. 8 | Lokalredaktion/Regionalredaktion außerhalb Desk oder Gebäude |
| Red. 9 | Mehrere redaktionelle Einheiten |
| Red. 10 | Kooperationspartner/Kunden |

## 2.4. Publizistisches Produkt

| Produkt 1 | Printausgabe |
|---|---|
| Produkt 2 | Onlineauftritt |
| Produkt 3 | Print und Online |
| Produkt 4 | Sonderausgabe, Beilagen |
| Produkt 5 | Kunden (inklusive Konkurrenten) |
| Produkt 6 | Paid-Content |
| Produkt 7 | Mobile, elektronische Anwendungen bzw. Geräte oder Social-Media |
| Produkt 8 | Sonstiges (spezifizieren) |
| Produkt11 | Kunden allgemein |
| Produkt12 | Kooperationspartner allgemein |

## 2.5. Darstellungsform

| Darst. 1 | Bericht/Nachricht |
|---|---|
| Darst. 2 | Meldung/Kurznotiz/Infobox |
| Darst. 3 | Reportage |
| Darst. 4 | Meinungsorientierte Darstellungsform/Kommentar/Glosse |
| Darst. 5 | Interview |

*Kapitel 9*

| Darst. 6 | Karikatur/Gag |
|---|---|
| Darst. 7 | Porträt |
| Darst. 8 | Teaser/Tür/Flanke |
| Darst. 9 | Video/Videobeitrag |
| Darst. 10 | Audiobeitrag |
| Darst. 11 | Fotogalerie/Fotostrecke |
| Darst. 12 | Bild |
| Darst. 13 | Leserkommentar/Leserbrief |
| Darst. 14 | Leitartikel |
| Darst. 15 | Social Media Post/Twitt/ Darstellungsformen für mobile, elektr. Anwendungen |
| Darst. 16 | Grafik |
| Darst. 17 | Multimedia |
| Darst. 18 | Umfrage/Meinungsumfrage |
| Darst. 19 | Aufmacher |
| Darst. 20 | Sonstiges |
| Darst. 21 | Mehrere Darstellungsformen |

## 2.6. Thema

| Thema 1 | International/Welt |
|---|---|
| Thema 2 | National |
| Thema 3 | Land |
| Thema 4 | Region |
| Thema 5 | Lokales/Stadt |
| Thema 6 | Politik |
| Thema 7 | Wirtschaft |
| Thema 8 | Kultur |
| Thema 9 | Sport |
| Thema 10 | Polizei/Gericht |
| Thema 11 | Buntes/Vermischtes/Journal |
| Thema 12 | Lifestyle/Trends/Szene |
| Thema 13 | Service |
| Thema 14 | Sonstiges |
| Thema 15 | Mehrere Themen |

## 2.7. Quelle

| | |
|---|---|
| Quelle 1 | Eigene Recherche |
| Quelle 2 | Ereignis |
| Quelle 3 | Agentur |
| Quelle 4 | Kontaktnetz/Informant/Expert |
| Quelle 5 | Reporter/Redakteur (außerhalb der Redaktion) |
| Quelle 6 | Andere Medien/Konkurrenz |
| Quelle 7 | Redaktionssystem |
| Quelle 8 | Medien |
| Quelle 9 | Leser/Leserbrief/E-Mail Leserschaft |
| Quelle 10 | Auftrag Chef-Redaktion |
| Quelle 11 | Auftrag anderen Abteilungen des Verlages bzw. nicht aus der Redaktion |
| Quelle 12 | Auftrag Paid-Content oder Kunden |
| Quelle 13 | Auftrag weiteren gesellschaftlichen Teil-Systeme |
| Quelle 14 | Archiv im Haus |
| Quelle 15 | Fremdarchiv |
| Quelle 16 | Pressemeldung |
| Quelle 17 | Pressekonferenz |
| Quelle 18 | Korrespondenten |
| Quelle 19 | Internet |
| Quelle 20 | Social-Media/Twitter |
| Quelle 21 | E-Mail |
| Quelle 22 | Sonstiges |
| Quelle 23 | Mehrere Quellen |

## 2.8. Tätigkeit, die ausgeführt, begleitet oder koordiniert wird

| | |
|---|---|
| Tätig. 1 | Themenfindung/Themenauswahl |
| Tätig. 2 | Informationsbeschaffung/Recherche/Informationsüberprüfung |
| Tätig. 4 | Redigieren |
| Tätig. 5 | Internetrecherche (wenn möglich, Quelle angeben) |
| Tätig. 7 | Inhaltliche Kontrolle/Korrekturen/Gegenlesen |
| Tätig. 8 | Umschreiben/Korrekturen |
| Tätig. 9 | Publizieren (CMS) |
| Tätig. 13 | E-Mail |
| Tätig. 14 | Kontaktsuche |
| Tätig. 15 | Post |
| Tätig. 16 | Konkurrenz beobachten/Thematische Umsetzung vergleichen |

*Kapitel 9*

| | |
|---|---|
| Tätig. 17 | Thematischer Redaktionsschluss |
| Tätig. 18 | Agenturrecherche |
| Tätig. 19 | Redaktionskonferenz/Konferenz |
| Tätig. 20 | Themenvorstellung des Tages |
| Tätig. 21 | Themen für aktuelle Ausgabe zusammenfassen |
| Tätig. 22 | Redaktionssystem |
| Tätig. 23 | Personal/Disposition |
| Tätig. 24 | Themen/Themendefinition |
| Tätig. 25 | Platzierung der Inhalte im Print/Spiegelsatz |
| Tätig. 26 | Sammlung der fertigen Themen und Texten |
| Tätig. 27 | Printausgabe editieren, Seiten „bauen" (Überschriften, Bilder platzieren) |
| Tätig. 28 | Archiv/Im Archiv suchen |
| Tätig. 29 | Telefonieren |
| Tätig. 30 | Themenlage (kommunizieren/nachfragen) |
| Tätig. 31 | Planung/Tagesplanung/Wochenplanung |
| Tätig. 32 | Arbeit am Rechner (wenn möglich, spezifizieren) |
| Tätig. 33 | Nachrichtenlage überprüfen/ Meldungen beobachten |
| Tätig. 34 | Printausgabe lesen/überprüfen |
| Tätig. 35 | Online-Auftritt lesen/überprüfen |
| Tätig. 36 | Social-Media-Meldung, Tweets lesen/überprüfen |
| Tätig. 37 | Formatdefinition |
| Tätig. 38 | Layout/Gestaltung/Bildauswahl |
| Tätig. 39 | Ausdrucken (Seiten, Planung) |
| Tätig. 40 | Seitenabnahme |
| Tätig. 41 | Meldungen Redaktionssystem |
| Tätig. 42 | Organisation |
| Tätig. 43 | Repräsentation |
| Tätig. 44 | Sonstiges |

## 2.9. Kommunikation

| | |
|---|---|
| Komm. 1 | Einzelgespräch am Telefon |
| Komm. 2 | Einzelgespräch Chefredaktion |
| Komm. 3 | Einzelgespräch Ressortleiter/Leiter redaktionelle Einheit oder externe Redaktion |
| Komm. 4 | Einzelgespräch Redakteur/Reporter |
| Komm. 5 | Einzelgespräch Blattmacher/Editor |
| Komm. 6 | Einzelgespräch Fotograf/Grafische Abteilung/Art Director/Mediengestalter |
| Komm. 7 | Einzelgespräch Redakteur für audiovisuelle Beiträge |
| Komm. 8 | Einzelgespräch Online |

| | |
|---|---|
| Komm. 9 | Einzelgespräch Volontär/Praktikant |
| Komm.10 | Einzelgespräch Leser/Onlineleser |
| Komm.11 | Einzelgespräch Verlagsleitung |
| Komm.12 | Einzelgespräch Kollege aus anderen Abteilung, Raum, Redaktion außerhalb |
| Komm.13 | Gruppengespräch Redaktionskonferenz |
| Komm.14 | Gruppengespräch Redaktion (mehr als zwei Mitarbeiter aus der Redaktion) |
| Komm.15 | Gruppengespräch allgemein (mehr als zwei Mitarbeiter, auch aus anderen Abteilungen/Räume) |
| Komm.16 | Sonstiges |
| Komm.17 | Einzelgespräch Spätdienst/Schlussredaktion |
| Komm.18 | Einzelgespräch Informant |
| Komm.19 | Einzelgespräch Korrespondent |
| Komm.20 | Einzelgespräch Regional Manager |
| Komm.21 | Einzelgespräch Mantelredaktion |
| Komm.22 | Einzelgespräch Chef-Editor |
| Komm.23 | Einzelgespräch Newsmanager |
| Komm.24 | Einzelgespräch Chef vom Dienst |

## 2.10. Grund der Vorgang

| | |
|---|---|
| Grund 1 | Zuständigkeit |
| Grund 2 | Auftrag Chef-Redaktion |
| Grund 3 | Auftrag Redaktionskonferenz |
| Grund 4 | Auftrag anderen Abteilungen des Verlages |
| Grund 5 | Auftrag Konkurrenz |
| Grund 6 | Auftrag Kunden |
| Grund 7 | Auftrag weiteren gesellschaftlichen Teil-Systemen |
| Grund 8 | Eigene Initiative |
| Grund 9 | Sonstiges |

## 2.11. Verantwortung bei der Handlung

| | |
|---|---|
| Verant. 1 | Gesamtverantwortung |
| Verant. 2 | Teilverantwortung (gemeinsam mit …) |
| Verant. 3 | Zugelieferte Tätigkeit, Verantwortung liegt bei … |

*Kapitel 9*

## 2.12. Rollenwechsel

| Wechsel 1 | CvD – Redakteur |
|---|---|
| Wechsel 2 | CvD – Chefredaktion |
| Wechsel 3 | CvD – Ressortleiter |
| Wechsel 4 | CvD – Andere Rolle |
| Wechsel 5 | Desk-Leiter – Chefredakteur |
| Wechsel 6 | Desk-Leiter – Ressortleiter |
| Wechsel 7 | Ressortleiter – Desk-Leiter |
| Wechsel 8 | Stellv. Chefredakteur – Chefredakteur |
| Wechsel 9 | Stellv. Chefredakteur – Ressortleiter |
| Wechsel10 | Stellv. Chefredakteur – Desk-Leiter |
| Wechsel11 | Desk-Leiter – Stellv. Chefredakteur |
| Wechsel12 | Desk-Leiter – Redakteur |
| Wechsel13 | Redakteur – Desk-Leiter |
| Wechsel14 | Editor – Desk-Leiter |
| Wechsel15 | Desk-Leiter – Editor |

## 2.13. Soziale Situation der Handlung

| Sozial 1 | Eigene Tätigkeit allein |
|---|---|
| Sozial 2 | Eigene Tätigkeit zu zweit |
| Sozial 3 | Eigene Tätigkeit Team (mehr als zwei Personen) |
| Sozial 4 | Arbeit zu zweit Koordination (Art der Koordination beschreiben) |
| Sozial 5 | Arbeit zu zweit Entscheidung (Art der Entscheidung beschreiben) |
| Sozial 6 | Arbeit zu zweit sonstiges (spezifizieren) |
| Sozial 7 | Arbeit im Team Koordination (Art der Koordination beschreiben) |
| Sozial 8 | Arbeit im Team Entscheidung (Art der Entscheidung beschreiben) |
| Sozial 9 | Arbeit im Team sonstiges (spezifizieren) |

## 2.14. Art der Kommunikation/Interaktion

| Art. 1 | Koordination |
|---|---|
| Art. 2 | Entscheidung |
| Art. 3 | Konfliktfeld |
| Art. 4 | Rollenverteilung |
| Art. 5 | Aufgabenverteilung |
| Art. 6 | Rollenwechseln |

# 9 Anhang

| Art. 7 | Stimmung |
|---|---|
| Art. 8 | Technik (mit/über) |
| Art. 9 | Meinungsaustausch zum Thema |
| Art. 10 | Meinungsaustausch generell (nicht zum Thema) |
| Art. 11 | Auftragserteilung/Anweisung |
| Art. 12 | Erklärung zum vorherigen Entscheidung |
| Art. 13 | Themenlage kommunizieren/Überblick der Themen |
| Art. 14 | Themenlage nachfragen, kommunizieren am Desk/Ressort im Newsroom |
| Art. 15 | Themenlage nachfragen, kommunizieren externer Ressort/externe Redaktion |
| Art. 16 | Personal |
| Art. 17 | Sonstiges |

## 2.15. Koordination

| Koord. 1 | CvD/Chefredaktion |
|---|---|
| Koord. 2 | CvD/Ressortleiter |
| Koord. 3 | CvD/Redakteur |
| Koord. 4 | CvD/Fotograf |
| Koord. 5 | CvD/Editor, Blattmacher |
| Koord. 6 | CvD/Mitarbeiter anderer Abteilungen |
| Koord. 7 | CvD/Korrespondent |
| Koord. 8 | CvD/Informant, Quelle |
| Koord. 9 | CvD/Onlineredakteur |
| Koord. 10 | Desk-Leiter/Chefredaktion |
| Koord. 11 | Desk-Leiter/Ressortleiter |
| Koord. 12 | Desk-Leiter/Redakteur |
| Koord. 13 | Desk-Leiter/ Fotograf |
| Koord. 14 | Desk-Leiter/Editor, Blattmacher |
| Koord. 15 | Desk-Leiter/Mitarbeiter anderer Abteilungen, Raum, Redaktion außerhalb |
| Koord. 16 | Desk-Leiter/Korrespondent |
| Koord. 17 | Desk-Leiter/Informant, Quelle |
| Koord. 18 | Desk-Leiter/Onlineredakteur |
| Koord. 19 | Desk-Leiter/Archiv |
| Koord. 20 | CvD/Archiv |
| Koord. 21 | Desk-Leiter/Regional Manager |
| Koord. 22 | CvD/Desk-Leiter |
| Koord. 23 | Desk-Leiter/Mantelredaktion/Redaktion |
| Koord. 24 | CvD/Mantelredaktion/Redaktion |
| Koord. 25 | Desk-Leiter/ Newsmanager |

*Kapitel 9*

| Koord. 26 | Desk-Leiter/ CvD |
|---|---|
| Koord. 27 | Desk-Leiter/Grafische Abteilung, Art Director, Mediengestalter |

## 2.16. Gliederung der Situation anhand der Anforderungen der Programmen

| Prog. 1 | Entscheidungsprogramme |
|---|---|
| Prog. 1A | Koordination |
| Prog. 1B | Entscheidung |
| Prog. 2 | Arbeitsprogramme |
| Prog. 2A | Themenprogramm |
| Prog. 2B | Selektionsprogramm |
| Prog. 2C | Darstellungsprogramm |
| Prog. 2D | Bearbeitungsprogramm |
| Prog. 3 | Anforderungen der Organisationsprogramme |
| Prog. 3A | Organisationsstrukturen |
| Prog. 3B | Organisationsziele |
| Prog. 3C | Rollen |

## 2.17. Gliederung der Situation anhand der Ressourcen

| Ress. 1 | Allokative Ressourcen (Sachbezogen) |
|---|---|
| Ress. 1A | Personal |
| Ress. 1B | Technik |
| Ress. 1C | Kapital |
| Ress. 2 | Autoritative Ressourcen (Personenbezogen) |
| Ress. 2A | Organisationswissen |
| Ress. 2B | Führungskompetenz |
| Ress. 2C | Verhandlungsfähigkeit |
| Ress. 1D | Unternehmensimage (bzw. 2D) |

## 2.18. Entscheidungsprozess

| Ent. 1 | Koord. des Handelns: Programm-Koordination-Anwendung der Programme |
|---|---|
| Ent. 2 | Koord. durch Handeln: Programm-Koordination-Modifikation der Programme |
| Ent. 3 | Koordinationshandeln durch Interaktion und Komm. (Entscheidungsprämissen) |

## 2.19. Arbeitsbelastung bei der Handlung

| Belast. 1 | Sehr hohe Konzentration auf die Tätigkeit, kaum/keine Wahrnehmung Umwelt |
| --- | --- |
| Belast. 2 | Hohe Konzentration auf die Tätigkeit, geringe Wahrnehmung Umwelt |
| Belast. 3 | Geringe Konzentration auf die Tätigkeit, hohe Wahrnehmung Umwelt |
| Belast. 4 | Sehr geringe Konzentration auf die Tätigkeit, sehr hohe Wahrnehmung Umwelt |

## 2.20. Flexibilität bei der Handlung

| Flex. 1 | Sehr hohe zeitliche Flexibilität |
| --- | --- |
| Flex. 2 | Hohe zeitliche Flexibilität |
| Flex. 3 | Geringe zeitliche Flexibilität |
| Flex. 4 | Sehr geringe zeitliche Flexibilität |

## 2.21. Verlauf des Arbeitsvorgangs

| Verl. 1 | Normalverlaufender Arbeitsvorgang nach Programmmuster |
| --- | --- |
| Verl. 2 | Kurzer Arbeitsschritt, der zum Arbeitsvorgang gehört |
| Verl. 3 | Kurzer Arbeitsschritt, der zum Arbeitsvorgang nicht gehört (Unterbrechung) |
| Verl. 4 | Längerer Arbeitsschritt, der nicht zu diesem Arbeitsvorgang gehört |
| Verl. 5 | Verlässt Arbeitsplatz, gehört zum Arbeitsvorgang |
| Verl. 6 | Verlässt Arbeitsplatz, gehört nicht zum Arbeitsvorgang |
| Verl. 7 | Unterbrechung durch Kollege, gehört zum Arbeitsvorgang |
| Verl. 8 | Unterbrechung durch Kollege, gehört nicht zum Arbeitsvorgang |
| Verl. 9 | Längerer Arbeitsschritt, der zu dem Arbeitsvorgang gehört |
| Verl. 10 | Verlässt den Raum, gehört nicht zum Arbeitsvorgang |
| Verl. 11 | Zurück am Arbeitsplatz |
| Verl. 12 | Verlässt den Raum, gehört zum Arbeitsvorgang |
| Verl. 13 | Verl.4 (Doppelung) |
| Verl. 14 | Zurück im Raum |

## 2.22. Umweltbezug/Orientierung der Handlung an die Umwelten

| Unw. 1 | Publikum/Leser/Onlineleser |
| --- | --- |
| Unw. 2 | Konkurrenz |
| Unw. 3 | Verlag/Unternehmer/Organisation |
| Unw. 4 | Presserecht |

*Kapitel 9*

| Unw. 5 | Gesellschaft |
|---|---|
| Unw. 6 | Informanten |
| Unw. 7 | Sonstiges |
| Unw. 8 | Kooperationspartner |
| Unw. 9 | Mehrere Umwelten |

## 2.23. Rolle

| Rolle 1 | Operative Rolle (Desk-Leiter) |
|---|---|
| Rolle 2 | Fachliche Rolle (Leiter Politik, Online-Redakteur) |
| Rolle 3 | Hierarchische Rolle (Stellv. Chef-Redakteur, Ressortleiter, Redakteur) |
| Rolle 4 | Sonstiges |